신비신학자
마이스터 엑카르트

OLIVER DAVIES
MEISTER ECKHART: MYSTICAL THEOLOGIAN

Copyright © 1991 Oliver Davies
All rights reserved

Translated by LEE Chang-Hun

Korean translation copyright © 2010 Benedict Press, Waegwan, Korea
Korean translation edition is published by arrangement with SPCK
London, UK

신비신학자 마이스터 엑카르트
2010년 7월 초판 | 2016년 10월 재쇄
옮긴이 · 이창훈 · 펴낸이 · 박현동
ⓒ 분도출판사
등록 · 1962년 5월 7일 라15호
39889 경북 칠곡군 왜관읍 관문로 61
출판사업부 · 전화 02-2266-3605 · 팩스 02-2271-3605
인쇄사업부 · 전화 054-970-2400 · 팩스 054-971-0179
www.bundobook.co.kr
ISBN 978-89-419-1007-7 93230
값 15,000원

이 책의 한국어판 저작권은
SPCK와 독점 계약한 분도출판사에 있습니다.
저작권법에 의해 한국 내에서 보호를 받는 저작물이므로
무단 전재와 무단 복제를 금합니다.

신비신학자
마이스터 엑카르트

올리버 데이비스 | 이창훈 옮김

분도출판사

마이스터 엑카르트를 기리며

하느님의 참벗들(엑카르트 같은 이들)이 사랑으로 하나 된 침묵 가운데 은밀히 들은 말을 되풀이한다. 그 말이 교회의 가르침과 맞지 않는 것은 다만 신방新房의 언어와 장터의 언어가 같지 않은 까닭이다.

시몬느 베이유

차례

□ 감사의 말 9
□ 약어 10
□ 서문 12

I · 마이스터 엑카르트의 배경 19

1 · 마이스터 엑카르트를 읽는 법 21
2 · 인간 마이스터 엑카르트 33
3 · 마이스터 엑카르트와 당대 수도 여성들 63
4 · 마이스터 엑카르트와 독일 도미니코 학파 101

II · 마이스터 엑카르트의 사상 113

5 · 합일의 신학 115
6 · 합일의 표상 147
7 · 합일의 영성 189

III · 마이스터 엑카르트 이해하기 211

    8 · 마이스터 엑카르트의 언어 213

    9 · 마이스터 엑카르트와 그리스도교 정론 233

    10 · 마이스터 엑카르트의 영향 259

    ▫ 에필로그 285
    ▫ 부록 I: 엑카르트의 독일어 설교 본문 편집사 289
    ▫ 부록 II: 성경 주석가 엑카르트 293
    ▫ 참고문헌 297
    ▫ 색인 303

□ 감사의 말

이 책은 마이스터 엑카르트라는 인물과 그의 저작에 평생을 매료당한 결과물이다. 그 여정에서 특별한 빛이 되어 준 목소리들이 있다. 베네딕도회 치프리안 스미스, 프란치스코회 리처드 우즈, 버나드 맥긴, 알로이스 하스, 이들이 전해 준 지혜와 용기에 진심 어린 감사의 마음을 표하고 싶다. SPCK 출판사의 주디스 롱맨과 브렌던 월쉬에게도 변함없는 고마움을 전한다.

1991년 3월
올리버 데이비스

□ 약어

B	BLAKNEY, R.B., *Meister Eckhart*, New York: Harper and Row 1941.
CL	CLARK, J.M., *Meister Eckhart: An Introduction to the Study of His Works with an Anthology of His Sermons*, Edinburgh: Nelson 1957.
CPTMA	*Corpus philosophorum teutonicorum medii aevi.*
CS	CLARK, J.M/SKINNER, J.V., *Treatises and Sermons of Meister Eckhart*, New York: Harper and Row 1958.
DO	*Liber divinorum operum*, in Migne (ed.) Patrologia Latina 147.
DP	QUINT, J. (Hg.) *Meister Eckhart: Deutsche Predigten und Traktate*, München 1963.
DS	*Dictionnaire de spiritualité*, Paris 1932ff.
DW	*Meister Eckhart: Die deutschen und lateinischen Werke*, hrsg., im Auftrage der deutschen Forschungsgemeinschaft, Stuttgart - Berlin: Kohlhammer Verlag 1936ff.
EE	COLLEDGE, E./MCGINN, B., *Meister Eckhart: The Essential Sermons, Commentaries, Treatises and Defence*, New York: Paulist Press 1981.
EV	EVANS, C. de B., *Meister Eckhart by Franz Pfeiffer*, 2 vols., London 1924/31.
LTK	*Lexikon für Theologie und Kirche*, Freiburg 1957.

LW	Latin Works. *Meister Eckhart: Die deutschen und Lateinischen Werke*, hrsg., im Auftrage der deutschen Forschungsgemeinschaft, Stuttgart - Berlin: Kohlhammer Verlag 1936ff.
M	MAURER, A., *Meister Eckhart: Parisian Questions and Prologues*, Toronto: Pontifical Institute of Medieval Studies 1974.
PEPP	*Princeton Encyclopedia of Poetry and Poetics*, Princeton 1965.
PF	PFEIFFER, F. (Hg.) *Meister Eckhart* (Deutsche Mystiker des Mittelalters Bd.2) Leipzig 1987 (repr. Scientia Verlag Aalen 1962).
PL	Patrologia Latina, Migne (ed.).
RS	*Rechtfertigungsschrift* (Defence).
SCH	SCHÜRMANN, R., *Meister Eckhart: Mystic and Philosopher*, Bloomington - London 1978.
TI	Talks of Instruction.
TP	MCGINN, B./TOBIN, F./BORGSTADT, E., *Meister Eckhart: Teacher and Preacher*, Classics of Western Spirituality, London: SPCK; New York: Paulist Press 1986.
VL	*Deutsche Literatur des Mittelalters: Verfasserlexikon*, Berlin 1978ff.
W	WALSHE, M. O'C., *Meister Eckhart: German Sermons and Treatises*, 3 vols., London - Dulverton: Element Books 1979/ 81/85.

□ 서문

　마이스터 엑카르트Meister Eckhart를 더 깊이 알고자 할 때 맨 먼저 부딪히는 어려움이 있다. 엑카르트에 관한 이론이 당혹스러우리만치 많다는 것이다. 문화적으로 엑카르트만큼 다양하고 풍부한 역할을 한 인물도 드물다. 그는 이단이자 '하느님이 아무것도 숨기지 않은 사람'이다. 그리스도교 목자이자 불교 현자다. 신플라톤주의자이자 아리스토텔레스주의자다. 페미니즘의 예언자이자 환경 수호의 성인이다. 프로테스탄트이자 가톨릭이다. 소위 '아리안 철학 왕조의 창시자'이고, 옛 동독의 현대 작가들에게 인도주의 영감을 불어넣은 장본인이며, 현대 철학자뿐 아니라 문학자들까지 지대한 관심을 보이는 인물이다.[1] 마이스터 엑카르트는 모든 이에게 모든 것

---

[1] 이 같은 마이스터 엑카르트 해석 경향은 2장 뒷부분과 에필로그에서 언급할 것이다. Hanns Cibulka는 *Wegscheide Tagebucherzählung* (Halle - Leipzig 1988)에서 엑카르트를 폭넓게 언급한다. Alois Haas는 *La Vie Spirituelle* 53 (1971) 62-79에 실린 자신의 글 "Maître Eckhart dans le miroir de l'idéologie marxiste"에서 엑카르트에 대한 마르크스주의의 관점을 다루고 있다. "Meister Eckhart im Spiegel der Marxistischen Ideologie", in: Haas (1979) 238-54 참조.

이 되었다. 어찌하여 그가 그토록 유별나게 취급되고 빈번히 모순되게 해석되어 왔는지를 짚어 보면서 이 연구를 시작하는 것은, 그래서 적절하다.

우선 대중적 차원에서, 엑카르트가 그리스도교에서 차지하는 **주변성**, 특히 교황 요한 22세가 엑카르트의 저작에서 28개 조항을 뽑아 단죄한 것이 혹자에게는 매력적이라는 점을 인정하지 않을 수 없다. 교의 중심의 종교에 '신비주의'가 발붙이지 못하도록 하려는 해석자들은 엑카르트에게서 신비주의적 기질을 이내 간파해 낸다. 게다가 엑카르트의 폭넓은 수사적 언어 구사("어떤 스승은 이렇게 말한다. … 그러나 나는 달리 말한다"는 식)는 이런 경향을 심화시키고, 다소 비판적 의미에서 그가 교회 바깥의 위대한 영적 스승이라는 인상을 조장한다. 14세기 그리스도교 개념 체계에 깊이 젖어 있으면서 대단히 복잡하고 철저히 스콜라철학적인 이 신학자는, 실제로는 자신과 극히 동떨어진 개념적·정치적 세계에 속하는 사상과 입장에 쉽사리 휘말리곤 했다.

오늘날에는 한결 덜하긴 하지만, 학계에서도 엑카르트에 대한 평가가 다양했다. 이는 그의 라틴어 저작의 상당 부분을 입수할 수 없고, 독일어 설교 비판본을 확립하는 데도 어려움이 많으며(아직 진행 중), 그가 속했던 독일 도미니코 학파의 가치와 특성이 뒤늦게 알려진 데 따른 불가피한 결과다. 하지만 극단적 견해차는 엑카르트의 저작에 나타나는 예리한 수사적 기교 때문이기도 한데, 그것은 종종 확연히 상반된 의미를 지닌다.[2] 물론 엑카르트의 사유가 매우 복잡하다는 점도 과소평가해서는 안 된다.

엑카르트를 제대로 이해하려면, 그러니까 우리의 관심사가 아니라 엑카르트 본인이 제시하는 의미에만 터하여 이해하려면, 먼저 엑카르트를 창조한 그 세계를 다시 구축해야 한다. 이것은 그의 독창성을 저해하는 것이 아니라 오히려 그를 제대로 이해하기 위한 핵심 단계다. 배경과 주변을 먼저 알아야 엑카르트를 보다 깊이 알 수 있지 않겠는가. 따라서 2·3·4장에서는 엑카르트의 생애와 환경, 그가 두루 만난 당시 여성들에게서 받은 영향, 그가 속한 독일 도미니코 학파의 영향을 다룬다. 5·6·7장에서는 작품 분석을 통해 엑카르트의 사상을 스콜라철학이나 교부학적 배경과 대비시킨다. 이로써 그의 사상이 비록 독특하지만 전통을 기반으로 하고 있음이 드러날 것이다. 8·9·10장에서는 엑카르트의 언어 구사, 그리스도교 신비가로서의 정론성正論性(orthodoxy)과 특성, 그의 영향사를 검토한다. 에필로그에서는 전반적 결론을 재검토하면서 엑카르트 영성의 의미를 현대적 맥락에서 평가한다.

수세기에 걸쳐 마이스터 엑카르트를 이해해 온 다양한 방식을 좀 더 구체적으로 고찰하기에 앞서, 이 연구를 시작하면서 대두되는 중요한 문제, 즉 엑카르트 작품의 **위상**에 주목하자. 그는 신비가인가 신학자인가, 아니면 둘 다인가? 답하자면 둘 다이다. 하지만, 우선 신비가이고 그다음이 신학자다.[3] 이 점이 중요하다. 우리는 그의 신학을 본질상 신비주의적으로, 그러니까 체험을 바탕으로 한 통찰력을 **명료화하기 위한 도구**로 이해해야 할 것이다. 신학과 신학적 언어는 마이스터 엑카르트가 하느님과의 실존적 만남에 대해 자신이 의미하는 바를 표현하고 전달하는 하나의 매개가

---

[2] Etienne Gilson은 V. Lossky의 연구(1960)에 부치는 서문에서 엑카르트 해석의 다양성 문제를 놀랍도록 잘 요약했다. "튀링겐 출신의 그 박사를 연구한 역사가들 가운데 몇몇은 탁월하다. 엑카르트에 대한 호의적 해석도 적지 않다. 문제는 그 많은 해석을 선별하는 일이다. 그것들은 조리 있고 논박할 수 없는 본문들에 토대를 두고 있지만 때로는 모순되리만치 차이가 난다. 사실, 자기 나름의 증거에 토대를 둔 하나의 체계로 엑카르트를 축소시키는 일보다 더 쉬운 일은 없다. 그렇게 해 놓고 나서는, 상대방과 똑같이 진짜 본문에 근거하고도, 아주 다른 체계를 구축하기 쉽다는 것이 문제다. 선을 쌓는 것이 가난의 한 형태라고 할 때도 분명 그런 경우 가운데 하나다"(9).

[3] Josef Quint의 견해. 그는 "엑카르트는 스콜라철학적 신비가이지 신비주의적 스콜라철학자가 아니다"라고 말한다. Quint (1928) 674.

된다. 엑카르트의 사유가 체험을 토대로 한다는 것을 모든 해석자가 다 받아들이는 것은 아니다. 그런 것은 '입증하기'도 쉽지 않다. 그러나 엑카르트가 영적 메시지를 지닌 설교가로 당시에 받아들여졌고 또 그가 재평가된 근대 이후에도 그러했다면, 엑카르트의 저작에 체험적 토대가 존재함을 부정하는 이들은 자신의 주장을 '입증'할 책임이 있다. 이 또한 쉽지는 않다. 결국, 십자가의 성 요한이나 노리치의 율리아나Juliana of Norwich에 대해서는 아무도 부인하지 않는 것을 엑카르트에서는 부인하는 구체적 근거가 무엇인가? 나아가 쿠르트 루Kurt Ruh가 썼듯이, 엑카르트가 자신이 기술한 실재를 어떤 식으로든 체험했다는 것에 이의를 제기하는 것은 그의 '내면적 진실'에 이의를 제기하는 것이며, 엑카르트의 체계가 내적 체험이 없는 이차적 관념의 짜깁기라고 주장하는 것이다.[4] 엑카르트는 "삶의 스승 Lebemeister 한 사람이 앎의 스승Lesemeister 천 사람보다 낫다"[5]고 말했다. 스스로 알지 못하는 것을 쓰는 이들에 대해 그는 이토록 단호했다. 그가 보여 준 소통의 절박성["여기 아무도 없었다면 나는 헌금 궤에 대고 설교할 뻔했다"(W 56)]은 체험에서 체험으로의 호소로 이해되어 마땅하다.[6]

엑카르트의 가르침이 삶의 체험을 전달하는 한, 그는 "관상을 통해 배운 것을 다른 이들에게 전한다"(contemplata aliis tradere)는 도미니코회 전통 속에

---

[4] Ruh (1985) 189, Haas (1974) 79-81 참조. Bizet (DS VII 1, 234)와 Vandenbroucke (*History of Christian Spirituality* II, 391) 등은 라인 지방 신비가들 중 소이세(Seuse)만이 스스로 묘사한 실재들을 체험했다고 주장한다. 소이세의 환시 체험이 묘사되어 있는 본문이 존재한다는 사실이 이런 견해의 토대가 되고 있는 것이 틀림없다! Kurt Flasch가 '신비가' 엑카르트의 신원에 대해 논쟁을 벌인 것은 합리성으로서의 철학과 비합리성으로서의 신비주의가 대치된다는 생각에서였다[Flasch (1974) 301ff]; Alois Haas가 Haas (1989b) 10과 (1984) 200ff에서 언급한 내용도 참조.

[5] Pfeiffer, 599 [Haas (1974) 83에서 인용].

[6] 엑카르트의 설교를 인용할 때, 나는 (달리 설명이 없는 한) Walshe의 간행본을 사용한다. 이하의 숫자는 **Walshe 자신이 매긴 번호에 따라** 발췌한 설교 번호를 가리킨다.

있다. 이는 탁월한 도미니코회원, 로마인 훔베르투스Humbertus de Romans의 "관상으로 얻은 것을 설교로 쏟아 낸다"(In contemplatione hauriunt quod postmodum in praedicatione effundunt)는 말로도 요약된다.[7]

엑카르트가 **관상**contemplatio의 결실을 나누는 도미니코회 전통 속에 있다면, '자신을 발설하는 말씀'이라는 신관神觀은 그의 영성과 가르침에 특별한 색깔을 부여한다. 엑카르트의 사유는, 자기반성적 인식이라는 신관에 초점을 맞추고 있다. 이 자기반성적 인식은 신적 말씀 그 자체에서 흘러나와 다시 그 속으로 되돌아간다.[8] 신성神性의 역동적이고 관계적인 측면은 '발설'이라는 표상을 통해 전달된다. 그것은 만물의 창조를 위한 매개가 되는, 무한히 풍요로운 말씀이다. 우리의 고유한 본질은 **인식**으로서, 신적 자기 인식과 밀접한 관계에 있다. 그리고 말씀이 우리 안에서 탄생하는 그 풍요로운 장소는 바로 여기, 우리의 내적 심연이다.

엑카르트에게 영감靈感의 핵심은, 우리 안에 말씀이 탄생하는 것을 체험하고 의식하여 이를 나누는 데 있다.[9] 말씀에 담긴 하느님의 차고 넘치는 에너지는 우리에 대한 그분의 '본질적 관계성'이자 '실질적 개방성'의 표징이기 때문이다.[10] 하느님의 관계성은 말하기speech다. "말하는 가운데, 우리를 지탱하고 합일시키며 자유롭고 인격적인 관계성으로 늘 새롭게 우리에

---

[7] Thomas Aquinas, *Summa Theologiae* III, q.40, a.I, ad 2. 두 번째 인용구는 Haas (1984) 69f에 있다. 로마인 훔베르투스에 대해서는 Simon Tugwell, *Ways of Imperfection* (London 1984) 138-51 참조.

[8] "Die Intention Meister Eckharts" (1974)에서 Kurt Flasch는 이 개념을 멋지게 포착했다. "Meister Eckhart und die Sprache", in: Haas (1984)에 실린 Alois Haas의 논평 참조.

[9] 물론 신비주의 맥락에서는 '체험'이라는 말과 관련된 난점이 있다. 여기서 내가 의미하는 바는 인간적이고 신적인 생명의 상호 관통이라는 드라마틱한 부수 현상(epiphenomena)이 아니라, Hans Urs von Balthasar가 *Pneuma und Institution. Skizzen zur Theologie* IV (Einsiedeln 1974) 302와 *Herrlichkeit* I (Einsiedeln 1961) 287에 실린 자기 글 "Zur Ortsbestimmung christlicher Mystik"에서 언급한, 하느님에 대한 '실존적 인식'에 상응하는 것이다.

게 나타나는 하느님의 말하기에 이끌려 들어간다."[11] '자신을 발설하는' 신적 말씀은 본질상 삼위일체다. 엑카르트는 자기 이전의 많은 그리스도교 삼위일체 신비가들을 좇아, 우리도 하느님의 단일성과 다양성을 향유하는 삼위일체의 내적 생명에 이끌려 들어갈 수 있다고 말한다.

우리와 하느님과의 합일에 관한 견해가 지성적이라는 점에서, 엑카르트는 그리스도교 신비주의 전통에서 확실히 유별나다. 그것은 정신과, 정신의 본질인 인식 행위에 바탕을 둔 합일이다. 엑카르트 체계의 근본이자 그가 끊임없이 전달하려는 그 체험은 우리 개성의 풍요로움과 연관되면서도, **그 자체로 사고**思考**이기도 하다**.[12] 이 사실은 엑카르트 저술의 두 가지 특성으로 이어진다. 첫째, 엑카르트는 우리의 사고 틀을 즐겨 파괴한다. 파악하기 힘들지라도 도달해야만 하는 더 높고 본질적인 인식으로 우리를 인도하기 위해서다. 엑카르트가 모순을 사용하고 이미지를 이리저리 뒤섞어 놓는 것도 이런 목적으로 의도한 것이다. 둘째, 엑카르트의 언어는 체계적으로 추상적 성격을 지닐 뿐 아니라 **언어적 표상**verbal imagery, 말하자면 언어 자체의 과정에서 유래하는 주제와 이미지를 선호한다. (그 이유들은 좀 복잡한데 나중에 살펴보자.) 어쨌거나 그런 이유들 때문에, 엑카르트는 하느님을 있는 그대로 알 수 있는 정신의 그 부분(엑카르트가 '불꽃'이라고 부르는)을 자유롭게 하려면 피조물에 대한 모든 지식을 버릴 필요가 있다고 믿었다. 그래서 엑카르트는 자신의 언어를 엄격히 추상화하고, 창조계의 이미지로부터 창조되지 않은 창조주에 대한 초월적 인식으로의 돌파Durchbruch 가능성을 청중 앞에서 주장함으로써, 자신의 설교에서 피조물의 영역을 체계적으로 억제한다.

---

[10] Flasch (1974) 302; Haas (1984) 75에서 인용.
[11] Haas (1984) 77. [12] Haas (1974) 92.

엑카르트가 **의도적** 방식으로 언어를 사용하고 모순과 역설을 구사하며 피조물의 영역을 억제한 것은 더 큰 오해의 소지가 있다. 그가 어떠한 교의로부터도 자유로운, 정신의 신비주의에만 관계하고 있음을 쉽게 알 수 있다. 하지만 그의 저작에서 초월적 지식과 일상적·물리적 지식의 조화는 변증법적 긴장을 조성한다. 창조되지 않은 것에 대한 지식과 창조된 것에 대한 지식, 이 둘은 완전히 반대되는 것처럼 보이지만 엑카르트에게서는 인간 정신 안에 공존한다. 인간적인 것과 신적인 것의 상호 관통이 엑카르트의 작품에서는 하나의 긴장으로 깊이 감지되며, '피조성'被造性(createdness)을 수사적 기교로 억누르는 것은 그 긴장을 누그러뜨리는 일과는 그다지 관계가 없다. 하느님이 사람이 되셨고 궁극적으로는 십자가에 처형되셨다는 역설에 엑카르트가 보기보다 더 가까이 있다는 사실을 보여 주는 표징이기도 하다.

I

마이스터 엑카르트의 배경

MEISTER
ECKHART'S
BACKGROUND

1 · 마이스터 엑카르트를 읽는 법

엑카르트의 저작에 대한 다양한 비판은 1857년부터 고찰하는 것이 좋다. 독일어 설교와 논문들에 대한 프란츠 파이퍼Franz Pfeiffer 본이 그해 간행되어, (여러 문제점이 있었지만) 독자들이 엑카르트의 작품을 실질적으로 처음 접할 수 있게 되었다.[1] 그런데 엑카르트에 대한 근대의 관심은 이보다 앞서 시작되었다. 그의 작품이 재발견된 것은 독일인의 삶과 문학에 크게

---

[1] 이 장을 위해 나는 Ingeborg Degenhardt의 매우 귀중한 연구, *Studien zum Wandel des Eckhartbildes* (1967)를 폭넓게 원용했다. Toni Schaller는 *Freiburger Zeitschrift für Philosophie und Theologie* 15 (1968) 262-316과 403-26에 실린 "Die Meister Eckhart Forschung von der Jahrhundertwende bis zur Gegenwart", 그리고 같은 잡지 22-39에 실린 "Zur Eckhart-Deutung der letzten 30 Jahre"에서 엑카르트 문학에 대한 유익한 설명을 제공한다. L. Sturlese, "Recenti studi su Eckhart", in: *Giornale critico dalla filosofia italiana*, an. LXVI (LXVIII) fasc. II (Firenze 1987) 368-77 참조. *The Thomist* 42 (1978) 313-26에는 참고문헌 목록이 두루 실려 있다. 또 W. Fues (1981)는 주제별 참고문헌 목록(425-63)과 엑카르트 비평에 관한 논의를 다룬다. 17세기에 이르기까지 엑카르트에 대한 반응을 검토하려면 이 책 10장 '마이스터 엑카르트의 영향' 참조.

기여한 낭만주의 운동의 성과에 비추어 생각해야 한다. 오늘날 영국 낭만주의는 주로 낭만주의가 배출한 (워즈워스Wordsworth와 콜리지Coleridge 같은) 시인들의 모습으로 기억된다. 그러나 18세기 후반과 19세기 초반, 독일 낭만주의 운동은 총체적으로 국가적 · 문화적 삶 다방면에 침투했다. 독일 낭만주의 태두 요한 고트프리트 헤르더Johann Gottfried Herder나 슐레겔Schlegel 형제 같은 인물은 이른바 '국가 정신'이라는 것을 탐구하고자 했다. 지방 민요(아르님Arnim과 브렌타노Brentano가 편집한 『소년의 마적』Des Knaben Wunderhorn)와 민담(가령 영어권에서도 인기 있는 그림Grimm 형제의 우화집)에 새로운 관심이 싹텄고 옛 중세를 새로이 조명하려는 의지도 강했다. 계몽의 시대는 신비롭고 무한하고 초월적인 것을 욕망했고, 이 새로운 감수성은 독일 시인들의 작품(노발리스Novalis의 『밤의 찬가』Hymnen an die Nacht가 대표적이다)에서뿐 아니라 재발견된 중세 신심 서적들에서도 적절히 표현되었다. 애초의 관심은 매우 순수하고 영적이었다. 낭만주의의 다른 위대한 업적, 즉 새로 드러난 텍스트에 따라 과거를 정리하고 목록을 작성하려는 열망이 서서히 일어났다.[2] 따라서 엑카르트의 재발견은 독일 옛 중세의 재발견 및 **신비주의**에 대한 갈망이라는 맥락에서 보아야 한다. 신비주의는 세계와 자아의 한계를 넘어 새롭고 흥미로운 실재에 대해 발언하는 것으로 여겨졌다.

그런데 마이스터 엑카르트는 아주 특수한 형태의 근대적 관심이 싹튼 경우였다. 유명한 동시대인 요한네스 타울러Johannes Tauler나 (하인리히 소이세Heinrich Seuse라는 독일 이름으로 알려진) 헨리 수소Henry Suso와 달리 엑카르트는 철학적 언어를 구사했으며, 그 언어는 당대의 여러 철학적 담론과 놀라우리만치 닮았다. 당대 사상가들에게 큰 영향을 미친 주제 중 하

---

[2] G. Fischer, *Die Wiederentdeckung der Mystiker im 19 Jahrhundert* (Freiburg 1931) 29 (Degenhardt, 108에서 인용).

나가 계몽주의로 인한 이성과 신앙 간의 괴리다. 뮌헨의 철학자 프란츠 폰 바더Franz von Baader는, 이성과 신앙의 재일치를 위해 분투한 근대의 맥락에서 엑카르트에 주목한 최초의 인물이었다. 폰 바더는 엑카르트에게서 철학과 신학의 화해를 대변하는 신비주의적 사변思辨의 거장을 보았다. 사변적 신비주의를 통해 당대의 종교에 새삼 생명의 숨결을 불어넣을 수 있다면, 종교가 이성과 체험 모두를 포용할 것으로 바더는 생각했다. 이런 까닭에 프란츠 폰 바더를 근대 엑카르트 연구의 창시자로 볼 수 있다. 엑카르트에 관심을 가지도록 프리드리히 헤겔Friedrich Hegel을 격려한 사람도 폰 바더였다. 헤겔은 19세기 대철학자 중 한 사람이다. 그의 필생의 관심사는 철학(이성)과 신앙(계시)을 합치시키는 것이었다. 엑카르트에 대한 헤겔의 관심은, 엑카르트가 엄연한 가톨릭 수도승(더욱이 중세 수도승)이었음에도 헤겔 자신과 매우 유사한 견해를 내세움으로써 종교와 철학이 본질적으로 하나라는 자신의 이론을 뒷받침한다고 판단한 데서 기인한다.

일부 프로테스탄트 학자들이 보기에, 자신의 '정신철학'을 그리스도교 진리와 합치시키고자 한 헤겔의 노력은 신앙 자체의 완전성에 대한 공격이었다. 슈트라스부르크의 프로테스탄트 학자 칼 슈미트Karl Schmidt는 최초의 본격적 마이스터 엑카르트 연구(1839)에서, 엑카르트를 그리스도교와 이격시키려 했다.[3] 슈미트의 연구는 엑카르트를 스콜라철학의 족쇄에서 해방된 탁월한 독창적 사상가이자 범신론의 대가로 부각시켰다. 따라서 교의적 진리를 상대화시키려는 엑카르트의 가르침은, 헤겔의 학설이 그리스도교와 조화를 이룰 수 없는 것처럼, 궁극적으로 그리스도교와 조화될 수 없다는 것이다. 그리하여 근대적 연구가 시작되면서도 엑카르트는 강

---

[3] "Meister Eckhart: Ein Beitrag zur Geschichte der Theologie und Philosophie des Mittelalters", in: *Theologische Studien und Kritiken* 12 (1839) 663-744.

력한 시대 경향과 논쟁의 조류에 휩쓸려 다녔다. 데겐하르트가 지적하듯이, 사실 엑카르트에 대한 비판적 연구는 낭만주의가 그의 작품을 신심 교화 문학으로 새로 평가한 데 따른 것이라기보다는 엑카르트가 관념론 논쟁에 연루된 데 힘입은 바가 더 크다.[4]

엑카르트의 독일어 작품의 파이퍼 본이 1857년에 간행되기 전, 실제로 구할 수 있는 엑카르트 텍스트로는 타울러 설교의 바젤 본에 포함된 설교들이 고작이었기 때문에 바젤 본은 대단히 귀했다. 파이퍼 본이 엑카르트에 대한 학문적 관심을 한층 지속적이고 광범위하게 자극하면서, 역사가뿐 아니라 신학자들도 엑카르트를 주목하기 시작했다. 이 초기 연구 단계에서 몇몇 주제가 부상한다. 첫째, 엑카르트는 반反스콜라적이다. 메마르고 뼈대만 앙상한 철학함에 맞서, 그는 살아 있는 신비주의를 표방한다. 스콜라철학에서의 해방과 관련하여, 엑카르트는 독일 정신을 국제적이고 본질적으로 낯선 사고방식의 족쇄에서 (처음으로) 해방시킨 독일 사상가로도 보인다. 그러므로 그는 '독일 사변의 아버지'다.[5] 성직도 저술의 가치도 강조하지 않은 특별한 독일 신학자/철학자 엑카르트를 발견함으로써, 그는 루터의 종교개혁과는 또 다른 독일 신학의 선구자로 여겨졌다.[6] 과연 일부 프로테스탄트 학자들은 마이스터 엑카르트와 독일 신비주의 전반이 로마 가톨릭교회와는 완전히 상반된다고 보았다. 당시 엑카르트에 대한 두 가지 인식이 더 부각되었는데, 이는 지금도 상당한 영향력을 발휘하고 있다. 하나는 엑카르트를 하느님과 피조물 사이에 아무 구별이 없다고 가르친 범신론자로 보는 관점이고, 또 하나는 엑카르트를 모든 교의적 주장

---

[4] Degenhardt (1967) 131.

[5] J. Bach, *Meister Eckhart, der Vater der deutschen Spekulation* (Wien 1864).

[6] C. Ullmann, *Reformatoren vor der Reformation* (Gotha 1866).

과 모든 교파에서 자유로운 영성의 주창자로 보는 관점이다. 데겐하르트가 지적하듯이, 후자가 우리 시대의 세속성에 모호하게 호소하는 접근 방식임은 의심할 여지가 없다.[7]

그때까지 엑카르트에 대한 가톨릭의 대응은 미미했다. 엑카르트가 스콜라 전통에 속한다는 것은 요제프 바흐Joseph Bach와 린젠만F.X. Linsenmann도 알고 있었다. 그러나 엑카르트의 라틴어 저작을 발굴·출간하고 그의 작품을 가톨릭 스콜라철학이라는 중세철학의 맥락에 당당히 자리매김한 것은 하인리히 소이세 데니플레Heinrich Seuse Denifle라는 총명하고 강력한 인물이었다. 혀 못지않게 날카로운 정신을 지닌 티롤 출신의 도미니코회원 하인리히 소이세는 엑카르트에 대한 당시의 피상적 견해를 많이 걷어 냈다. 그는 엑카르트가 국제 가톨릭 전통에서 크게 도움을 받았으며, 특별히 독일적·관념론적·프로테스탄트적 사유를 대표하는 것은 아니라고 주장했다. 엑카르트가 스콜라철학에서 일반적으로 이룩한 업적은 가치가 있지만, 그의 독창성은 나쁘기도 하려니와 이단이기 때문에 교회의 단죄를 받을 만했다고 소이세는 주장했다. 따라서 소이세의 생각에 엑카르트는 '토마스 아퀴나스의 아류'일 뿐이었다.[8]

엑카르트에 대한 소이세의 (좁은 신토마스주의 관점에서 본) 판단은 완전히 폐기되었지만, '신비주의'와 '스콜라철학'을 첨예하게 구분하는 것은 잘못이라는 소이세의 인식은 그럴싸했다. 특히 스콜라철학의 사유 맥락에서만 엑카르트가 올바로 이해될 수 있다는 그의 열렬한 확신은 두고두고 되새길 가치가 있다.

소이세는 특히 마이스터 엑카르트의 독일어 작품을 무시했는데 이 점이

---

[7] Degenhardt (1967) 155.
[8] *ibid.* 182.

도리어 긍정적 결과를 낳았다. 처음에 독문학자들은 중세 전성기의 시詩와는 매우 달라 보이는 엑카르트의 일상어 저술에 미온적 반응을 보였다. 통상 그들은 신학적·철학적 관심을 보이는 이들에게 엑카르트 연구를 떠넘기곤 했다. 그런데 소이세가 엑카르트를 독일 사상가이자 작가로 공격하자 독문학자들 사이에 관심이 새삼스레 촉발된 것이다. 특히 필립 슈트라우흐Phillip Strauch는 엑카르트를 선구자적 문장가이자 독일 산문 전통의 창시자로 옹호했다. 19세기 말경, 할레에서 슈트라우흐를 중심으로 엑카르트 학파가 번성하여 이 신비가의 명예 회복에 적잖이 기여했다.

엑카르트라는 이름이 더 넓은 층에 알려지기 시작한 것은 20세기 초였다. 갖은 해악이 따르기는 했지만, 인기 상승의 요인은 헤르만 뷔트너Hermann Büttner의 탁월한 현대어 번역이었다(원문 훼손이 없지 않았다). 이 번역서는 베스트셀러가 되었고 엑카르트를 반反제도적·주관적 종교성을 띤 신낭만주의 영적 아버지로 제시하는 데 성공했다. 이 무렵 잡다한 '엑카르트 소설'과 '엑카르트 시'가 나타나면서 많은 작가와 예술가들이 엑카르트를 연구한답시고 극성을 부려, 이 도미니코회원을 한층 더 암울한 허구와 악평의 안개 속으로 밀어 넣었다. 뷔트너는 엑카르트가 새로운 그리스도교 상을 제시했다고 주장한다. 그것은 가톨릭도 프로테스탄트도 아닌 우리 자신의 타고난 영적 능력에 토대를 둔 것이었다. 엑카르트의 견해는, 우리가 영혼의 근저와 합일하기만 하면 그리스도 교회와 교의는 불필요해진다는 식으로 곡해되었고, 나치의 열렬한 주목을 받으면서 참담하게 뒤틀렸다. 이른바 나치 '철학자' 알프레트 로젠베르크Alfred Rosenberg는 『20세기의 신화』*Der Mythos des 20 Jahrhunderts*(1933)에서 마이스터 엑카르트를 '게르만 민족의 가장 위대한 사도'로 둔갑시켰다. 로젠베르크의 책은 독일인 집집마다 구비되었다.[9] 뷔트너 번역본에서 두드러진 반反그리스도교적 경향은 엑카르트가 나치에 도용되면서 격렬한 반反교회 논쟁으로 번졌다. 나치는 이 14세기 도미니코회원의 저작을 선별적으로 해석한 헤르만 뷔트너의 무지하고도 피상적인 이해에 입각하여, 활력 넘치고 강하고 인종적으로 순수한 새 게르만 종교를 창시하고자 획책했던 것이다.

엑카르트의 사상이 대중적으로 곡해된 이 암흑기에, 그의 재판에 관한 몇 가지 중요한 문헌이 출간되면서 학문적 진전도 제대로 이루어졌다. 가톨릭은 소이세의 경멸적 판단을 처음으로 진지하게 문제 삼았다. 엑카르트는 '실패한 토마스주의자'가 아니라 오히려 중세 후기의 신플라톤주의적 · 아우구스티누스적 스콜라철학의 대안 학파에 속한다고 처음으로 지적한 인물은 오토 카러Otto Karrer(*Meister Eckhart: Das System seiner religiösen Lehre und Lebensweisheit*, 1926)다. 그는 엑카르트가 정론正論을 펼쳤다고 강력히 주장했다(그의 제자 헤르마 피슈Herma Piesch와 알로이스 뎀프Alois Dempf도 뜻을 같이했다). 반면에 한때 소이세의 제자였던 헤르베르트 그룬트만Herbert Grundmann은 자기 스승의 입장을 적극 옹호했다. 논쟁은 프로테스탄트 진영에도 널리 퍼졌다. 여기서는 엑카르트를 종교개혁의 선구자로 여기는 이들과, 하느님의 본질 안에서 영혼과 하느님의 합일을 설교하는 신비주의는 궁극적으로 그리스도교 복음과 융화될 수 없다고 믿는 프로테스탄트 신학자들 사이에 충돌이 벌어졌다. 이 논쟁은 다소간 엑카르트와 루터의 관계로까지 번졌다.[10]

엑카르트에 대한 학문적 관심이 깊어짐에 따라 그의 전작을 간행하려는 야심 찬 기획이 이루어졌다. 1934년 클리반스키R. Klibansky는 라틴어 본문을 세 권으로 나눠 첫 권을 출간했다. 1936년에는 코흐J. Koch(라틴어)와 퀸

---

[9] *ibid*. 261f.
[10] 관련된 몇몇 쟁론에 대해서는 이 책 274-82쪽 참조.

트J. Quint(독일어)가 독일학술연구지원처Deutsche Forschungsgemeinschaft의 후원으로 엑카르트 전작을 간행하기 시작했으며 아직 진행 중이다(부록 I 참조).

지난 20년간 마이스터 엑카르트의 작품에 대한 비판적 논평은 늘어났다. 일찍이 1891년부터 그리스도교와 타종교 간 대화라는 맥락에서 엑카르트 연구가 시작되었다. 1926년 루돌프 오토Rudolf Otto가 엑카르트와 상카라Sankara를 비교·연구하여 발표(*West-Östliche Mystik*)한 데 이어 많은 연구가 뒤따랐다. 다양한 결과를 낳은 이 연구들은 엑카르트와 선불교·힌두교 전통의 공통 기반을 찾고자 했다.[11]

둘째 관심 분야는 신비가 엑카르트의 위상에 관한 것이었다. 그런데 피셔H. Fisher(1974) 같은 일부 반대 목소리도 있었다. 하스A. Haas는 『너 자신을 알라』*Nim din selbes war*(Fribourg/Switzerland 1971)에서, 엑카르트에게는 자기를 아는 과정 자체가 구원의 길을 발견하는 것이라고 주장했다. 반면에 미트D. Mieth(1969)는, '사회적' 신비가로서 엑카르트는 존재론적·윤리적 차원의 상호 의존성과 일체성을 지닌다고 강조했다. 로스키V. Lossky(1960)와 브루너F. Brunner(1969)는 엑카르트 유비론의 신비주의적 함의를 다룬 프랑스어 저작을 출간했다.

---

[11] Karl Eugen Neumann, *Die innere Verwandtschaft buddistischer und christlicher Lehre* (Leipzig 1891). 이런 형태의 신학 간 교류는 고무적이면서도 어렵다(이 책 255-7쪽 참조). Rudolf Otto의 영역본은 1932년 *Mysticism East and West*라는 제목으로 출간되었다. 참조: Reiner Schürmann, "Trois penseurs du délaissement, Maître Eckhart, Heidegger, Suzuki", in: *Journal of the History of Philosophy* 12/4 (October 1974) 455-78과 13/1 (January 1975) 333-418; Bernard Barzel, *Mystique de l'ineffable dans l'hinduisme et le christianisme: Sankara et Eckhart* (Paris: Editions du Cerf 1982); Shizuteru Ueda, "'Nothingness' in Meister Eckhart and Zen Buddhism", in: *The Buddha Eye: An Anthology of the Kyoto School* (New York: Crossroad 1982) [repr. from *Tranzendenz und Immanenz: Philosophie und Theologie in der veränderten Welt*, D. Papenfuss/J. Söring, Hgg. (Berlin 1977)]; D.T. Suzuki, "Meister Eckhart and Buddhism", in: *Mysticism Christian and Buddhist* (New York: Harper and Row 1971) 3-38.

셋째, 마이스터 엑카르트를 그리스도교 신비주의 전통의 **주변인**Randfi-gur으로 여기는 견해에 맞서 오히려 그가 중심임을 논증하려 했다. 두 권의 책이 대표적이다. 알로이스 하스의 『종교 생활의 규범적 인물 마이스터 엑카르트』*Meister Eckhart als normative Gestalt geistlichen Lebens*(1979)와 치프리안 스미스Cyprian Smith의 『마이스터 엑카르트, 역설의 길』*Meister Eckhart: The Way of Paradox*(1987)이다. 두 저자 모두 선도적 엑카르트 학자들로, 저술을 통해 이 거장의 사상을 더욱 널리 전파했다. 엑카르트의 대중적 시 모음집들도 이런 범주에서 볼 수 있다.[12]

넷째, 엑카르트의 형이상학을 면밀히 검토했다. 여기서는 그의 존재론과 유비 체계, 신플라톤주의 형이상학의 뿌리에 초점을 맞추었다.[13] 엑카르트는 자신이 속한 독일 도미니코 학파의 철저한 아우구스티누스주의와 관련하여 이해되었다. 특히 알베르투스 마뉴스Albertus Magnus와 프라이베르크의 디트리히Dietrich von Freiberg의 작품을 연구함으로써, 인간 지성에 대한 엑카르트의 가르침을 이해하는 데 크게 도움이 되었다.[14]

---

[12] 독일어: Josef Quint, *Meister Eckhart: Deutsche Predigten und Traktate* (1955); Dietmar Mieth, *Meister Eckhart: Einheit im Sein und Wirken* (1979); 영어: Ursula Fleming, *Meister Eckhart: The Man from Whom God Nothing Hid* (1988); Oliver Davies, *The Rhineland Mystics: An Anthology* (1989); 좀 더 학문적인 차원에서: Edmund Colledge/Bernard McGinn, *The Essential Eckhart* (1981); Bernard McGinn, *Meister Eckhart: Teacher and Preacher* (1986) 등.

[13] Karl Albert, *Meister Eckharts These vom Sein: Untersuchungen zur Metaphysik des Opus Tripartitum* (1976); Alain de Libera, *Le problème de l'être chez Maître Eckhart: Logique et Métaphysique de l'analogie* (1980); Bernard McGinn, "Meister Eckhart on God as Absolute Unity", in: D. O'Meara (ed.) *Neo-Platonism and Christian Thought* (1982) 128-37; Burkhard Mojsisch, *Meister Eckhart: Analogie, Univozität und Einheit* (1983); Émilie zum Brunn/Alain de Libera, *Métaphysique du Verbe et théologie negative* (1984).

[14] 참조: Kurt Flasch (Hg.) *Von Meister Dietrich zu Meister Eckhart* (1984); Alain de Libera, *Introduction à la Mystique Rhénane d'Albert le Grand à Maître Eckhart* (1984); Burkhard Mojsisch, *Theorie des Intellekts bei Dietrich von Freiberg* (1984).

마지막으로, 최근 들어 그 가치가 입증되긴 했으나 여전히 외면당하기 쉬운 연구 분야가 있다. 문장가로서의 엑카르트 연구다. 여기서는 신비주의 개념과 체험을 전달하기 위한 매체로서 그의 언어가 지니는 특성을 탐구한다.[15]

영어권에서의 마이스터 엑카르트

이 라인 지방 신비가에 대한 관심이 영어권에서 일기 시작한 것은, 1854년 수잰 윙크워스Susanne Winkworth가 『독일 신학』Theologia Deutsch을 (찰스 킹슬리Charles Kingsley의 서문을 달아) 번역하면서부터다. 뒤를 이어 타울러(1857)와 소이세(1865)의 저작들도 번역되어 나왔다. 정작 엑카르트의 작품은 에반스C. de B. Evans가 파이퍼 본을 두 권으로 나누어 번역하면서 출간이 이루어졌다(1924~1931). 엑카르트의 독일어 문장을 번역하기란 쉽지 않은 일이지만 오늘날 영어권 독자들은 좋은 번역서를 만날 수 있다. 모러Maurer가 라틴어 작품을(1974), 맥긴과 콜리지가 독일어·라틴어 작품을(1981), 맥긴과 프랭크 토빈Frank Tobin과 엘비라 보르그슈태트Elvira Borgstädt가 독일어·라틴어 작품을 함께 선별하여 번역했다(1986). 특히 뒤의 두 작품에는 알차고 귀중한 서문이 수록되어 있다. 뛰어난 독일어 설교와 논문들에 관해서는 월시M. O'C. Walshe의 믿을 만한 번역서 세 권이 있다.[16]

---

[15] 참조: Alois Haas, *Sermo Mysticus: Studien zu Theologie und Sprache der deutschen Mystik* (1979)와 "Meister Eckhart und die Sprache: Sprachgeschichtliche und sprachtheologische Aspekte seiner Werke", in: *Geistliches Mittelalter* (1984); J. Margetts, *Der Satzstruktur bei Meister Eckhart* (1969); Josef Quint, "Mystik und Sprache", in: Kurt Ruh (Hg.) *Altdeutsche und altniederländische Mystik* (1964) 113-51; Frank Tobin, *Meister Eckhart: Thought and Language* (1968). Toni Schaller, "Zur Eckhart-Deutung der letzten 30 Jahre", in: *Freiburger Zeitschrift für Philosophie und Theologie* 16 (1969) 31f에는 엑카르트의 언어에 관한 참고문헌 목록이 폭넓게 실려 있다.

엑카르트의 업적 대부분이 독일어권에 기원을 두고 있는 것은 사실이지만, 영미권에서 엑카르트를 전하는 데 나름대로 크게 기여한 인물이 여럿 있다. 대표적으로 버나드 맥긴Bernard McGinn, 프랭크 토빈, 에드먼드 콜리지Edmund Colledge, 라이너 쉬르만Reiner Schürmann이 있으며, 이들 중 특히 리처드 우즈Richard Woods를 비롯한 몇몇은 엑카르트의 정론성을 강력히 옹호했다.[17] 켈리C.F. Kelly(1977)의 연구는 이론이 지나치게 복잡하고, 명확한 역사적 분석과는 거리가 먼 까닭에, 여전히 학계에 거의 영향을 미치지 못한다. 그 스펙트럼의 다른쪽 끝에 매튜 폭스Matthew Fox가 있다. 엑카르트에 대한 그의 관심은 자신의 '창조 영성'의 선구자로 엑카르트를 내세우려는 바람에서 비롯된 것 같다. 따라서 그는 우리에게 엑카르트의 저작 가운데 극히 일부만 선별적으로 소개한다.[18]

엑카르트 연구의 성과

마이스터 엑카르트에 대한 지난 두 세기 동안의 평가를 간략히 살펴본 결과, 강조점은 두 가지다. 첫째, 해석자가 관념적 시각에 집착할수록 엑카르트를 제대로 이해하기 어렵다. 아르투르 쇼펜하우어Arthur Schopenhauer의 멋진 표현이 바로 이런 견해를 강력히 대변해 준다.

그리스도교 신화神話라는 족쇄가 엑카르트에게 채워져 있기는 해도, 붓다와 엑카르트와 내가 가르치는 것은 본질적으로 동일하다. 불교에는 어떤

---

[16] 번역자들의 솜씨에도 불구하고, 엑카르트의 힘차고 표현력 풍부한 문장의 상당 부분은 번역하는 데 어려움이 있었다.

[17] Woods (1986) 151-219; McGinn (1980) 390-414. 참조: E. Colledge, "Eckhart's Orthodoxy reconsidered", in: *New Blackfriars*, vol.71 (1990) 176-84.

[18] O. Davies, *The Tablets* (5 August 1989) 890f 참조.

신화에도 물들지 않은 동일한 관념이 존재한다. 종교가 투명할수록 그 관념도 단순하고 명백하다. 내 작품에는 완전한 명백성이 존재한다.[19]

엑카르트의 가르침이 관념론을 표방하든, 교의에 어긋나는 보편 종교나 '창조 영성'을 표방하든, (적절치는 않지만) 파시즘이나 공산주의 이데올로기적 편향성을 표방하든 간에, 초창기부터 오늘날에 이르기까지 가르침 그 자체로 이처럼 별스럽고 불균형한 평판을 불러일으키고 있다. 엑카르트에 대한 이해는 서서히, 그리고 그의 생애와 작품과 사상에 대한 학문적 재구축을 통해 신중히 이루어졌다. 이러한 것들이야말로 엑카르트를 **그의 관점에서**, 우리가 선택한 대로가 아니라 실제 그가 존재한 대로 보게 해 주는 독특한 요인들임은 말할 필요도 없겠다.

---

[19] Degenhardt (1967) 158에서 인용.

2 · 인간 마이스터 엑카르트

빈약한 뼈대만 가지고 한 사람의 인품을 재구성하자면 적지 않은 상상력과 대담성이 필요하다. 중세에는 더욱 그러했다. 편의상 사실로 여겨지던 일들도 자세히 들어가 보면 순전히 추측으로 판명되는 경우가 종종 있었다. 마이스터 엑카르트도 분명 이와 같은 경우다. 많은 업적에도 불구하고 그 자신의 인생 역정에 관해서는 단편적 흔적만 남아 있을 뿐이다.[1]

불확실함은 이름에서부터 시작된다. 초기 필사본에서 그의 이름은 Eckhart, Ekhart, Eggert 등으로 다양하게 표기된다(라틴어로는 Aycardus, Equardus, Eycardus). 유일하게 남아 있는 친필 서한에 적힌 그의 라틴어 이름은 Ekhardus다. 요한네스Johannes라는 성姓에 관한 당시 자료는 전혀 확보하지 못했다. 출신지도 매우 불분명하다. 언젠가 아우구스티누스 축일 설교에

---

[1] Koch (1973) 247-347은 엑카르트 생애 연구의 표준이 된다. 그의 생애에 관한 적절한 텍스트는 L. Sturlese (ed.) LW V, 153-240 참조.

서 언급한 '호흐하임의 엑하르두스'Echardus de Hochheim라는 말로 미루어, (독일 동부의) 튀링겐에서 태어났을 것으로 추정할 따름이다. 어린 시절 엑카르트가 교육을 받은 에르푸르트Erfurt가 그곳에 있다. 그런데 튀링겐에는 호흐하임이라는 마을이 두 곳이다. 고타Gotha 근처와 에르푸르트 근처에 각각 하나씩 있다. 최근의 한 연구는 '호흐하임의'de Hochheim란 말은 당시 가계家系를 일컫는 말이며, 엑카르트는 고타 남쪽에 있는 탐바흐Tambach의 귀족 가문 출신임을 강력히 시사했다.[2]

엑카르트의 생애를 개관하면서 우리가 확실히 알고 있는 날짜는 1294년 4월 18일로, 이날은 엑카르트가 파리 대학에서 부활절 설교를 한 날이다.[3] 이 설교가 수록된 필사본에서는 그를 『명제집』 강사lector sententiarum로 언급하고 있다. 여기서 '명제집'이란 중세의 권위 있는 신학 교과서인 페트루스 롬바르두스Petrus Lombardus의 『명제집』*Libri quattuor sententiarum*을 가리킨다. 교양과목(문법, 논리학, 수사학) 공부를 마치고 이미 신학사神學士가 된 젊은 신학도들은 신학 전반을 다루는 이 긴 작품의 강의를 맡곤 했다. 『명제집』 주해는 흔히 중세 대신학자들의 중요한 첫 작품이었으나, 엑카르트의 주해가 남아 있는지는 아쉽게도 여전히 논쟁 중이다.[4] 하지만 엑카르트의 것임이 분명한 작품으로 『명제집 모음』*Collatio in libros sententiarum*이 있다. 이것은 『원리』*Principium*의 제1부로, 후에 나올 『명제집』에 관한 설교 주제들을 다루고 있다. 따라서 『명제집 모음』은 1293년 9월 14일에서 10월 9일 사이의 것으로 여겨진다.[5]

---

[2] Albrecht (1978).

[3] 이 설교는 1957년 Thomas Kaeppeli가 파리 대학 설교 필사본 모음집과 크렘스뮌스터에 남아 있는 성인전 모음(collationes)에서 찾아냈다. LW V, 136-48에 수록.

[4] 이 주해는 슈투트가르트 본의 제5권으로 출판될 것이다. 하지만 대개는 이를 엑카르트의 작품으로 여기지 않는다. Koch (1973) 255-7 참조.

이상의 날짜들은 대략 1260년으로 추정되는 엑카르트의 출생 시기와 잘 맞아떨어진다. 뚜렷한 증거는 없지만 우리는 그가 열다섯 살에 도미니코회(에르푸르트 수도원)에 입회했을 것으로 본다. 요제프 코흐Josef Koch는 엑카르트가 파리에서 교양과목 초기 교육을 받았으며, 1277년 그곳에서 (토마스 아퀴나스의 작품에서 끌어낸 몇몇 조항을 포함하여) 219개 조항에 대한 스테판 탕피에Stephan Tempier 주교의 단죄를 직접 목격했을 것이라고 주장했다.[6] 또 엑카르트가 파리 대학 교양학부에서 시제 브라방Siger de Brabant의 강의를 들었을 것으로도 추정한다. 시제는 논쟁적 인물이자 아베로에스주의 운동의 지도자로서, 아리스토텔레스의 몇몇 철학 원리에 대단히 큰 비중을 두었다. 당시 도미니코 수도회에는 각 관구마다 두 명씩 파리에서 공부하게 하는 규칙이 있었다. 하지만 엑카르트가 이 경우에 해당하는지는 확실치 않다. 훗날 그가 쾰른 도미니코회 수도원 대학studium generale에서 공부했다고들 하지만 이 점 역시 불확실하다. 그곳은 당대 최고 신학자 중 한 사람이자 작품을 통해 엑카르트에게 영향을 미쳤음에 분명한 알베르투스 마뉴스가 1248년에 세운 유명한 학문 센터다. 여기서 엑카르트는 실제로 알베르투스와 함께 지냈을 수도 있다. 젊은 토마스 아퀴나스를 가르치기도 했던 알베르투스는 수壽를 누리고 1280년 쾰른에서 죽었다. 엑카르트는 1293년 파리에서 롬바르두스의 『명제집』 강사로 활동하기 전까지 도미니코회에서, 그리고 어쩌면 고향 에르푸르트 수도원에서 초보 교수로 활동한 듯하다.

현존하는 엑카르트의 첫 독일어 작품 『강화』*Die rede der underscheidunge/ Die Reden der Unterweisung*는 그의 훗날 이력을 밝혀 준다.[7] 엑카르트가 에르

---

[5] LW V, 3-26.
[6] Koch (1973) 252ff.

푸르트 도미니코회 공동체 원장이자 튀링겐 관구장 대리였음을 제목에서 확인할 수 있다. 둘 다 사목적 직무를 수행하는 직책으로, 원장은 자체 공동체를, 관구장 대리는 도미니코회 관할 관구의 여성 공동체들을 담당했다. 1298년 이후, 두 직책은 더 이상 한사람이 맡을 수 없게 되었다. 원장은 공동체에 정주하고, 관구장 대리는 주로 여행을 다녀야 했기 때문이다. 토이토니아의 원장이 모두 바뀐 1300년 이후 엑카르트는 분원장직을 유지할 수 없었다. 1302년 두 번째 파리 생활을 앞두고 있던 그는 1298년에 분원장을 그만두고 관구장 대리로만 지낸 것 같다. 이렇게 볼 때 엑카르트는 일찍부터 사목 활동에 나섰다고 볼 수 있으며, 이 내용은 뒤에서 다시 언급할 것이다. 『강화』는 엑카르트가 파리를 떠나 있던 1294년에서 1298년 사이의 작품이다. 1302년 그는 주임교수magister actu regens 자격으로 파리에 돌아왔다.

엑카르트는 과거 연구를 토대로 파리 대학의 두 신학 교수직 가운데 하나를 한 해 동안 수행했다.[8] 이 시기 그의 저술은 거의 남아 있지 않다. 공식 논쟁을 다룬 두 편의 『문제집』*Quaestiones*과 프란치스코회 신학박사 발보아의 곤살부스Gonsalvus de Balboa와의 논쟁 그리고 아우구스티누스 축일 설교뿐이다.[9] 당시 엑카르트는 성경 강의도 맡았기 때문에, 그의 광범한 성경 주해는 이 시기까지 거슬러 올라간다고도 볼 수 있다.

---

[7] *ibid*. 258ff. 이 제목은 일반적으로 현대 독일어 Die Reden der Unterweisung으로 번역되는데, 이는 '식별 상담'이 아니라 '강화'를 의미한다. DW V, 312f에 있는 중세 고지 독일어 (MHG) underscheidunge의 의미에 관한 J. Koch의 언급 참조.

[8] Tugwell (1988)은 파리 대학 신학 교수직 중 하나는 '교내 거주직'(intern)이고 다른 하나는 '교외 거주직'(extern)이었다는 추정에 대해 의문을 제기했다. 교대 원칙은 자리보다는 임명 순서에 따라 적용되었고, 이런 관행은 13세기보다는 14세기의 특징이라고 Tugwell은 주장한다(note 77, 102ff).

[9] LW V, 29-83; 87-99.

엑카르트 생애의 다음 단계는 도미니코회 조직 발전과 관련 있다. 13세기 초 설립된 이래 급격히 성장한 도미니코회는 1303년 브장송Besançon 총회에서, 너무 비대해진 몇몇 관구를 다시 나누기로 결정했다. 이에 따라 토이토니아는 두 개 관구로 나뉘었다. 하나는 옛 이름을 그대로 쓰고 다른 하나는 작소니아로 명명되었다. 작소니아 관구는 본디 근대 독일과 폴란드 접경 주변 지역에서부터 네덜란드에 이르는 북 독일을 관할했는데, 엑카르트의 고향인 에르푸르트 지방이 포함되었다.[10] 마이스터 엑카르트는 1303년 후반 새 작소니아 관구의 초대 관구장에 임명되어 1311년까지 일했다. 현존하는 엑카르트의 유일한 친필 서한은 이 시기 것으로, 팽창하는 도미니코회와 새롭게 발흥하는 도미니코회 거점 도시들 사이의 명백한 긴장을 전하고 있다.[11] 이를 통해 당시 엑카르트가 관여했던 행정적·외교적 직무를 간명하게 통찰할 수 있다. 여행을 자주 하는 것도 도미니코회 관구장의 일이었다. 엑카르트가 슈트라스부르크·툴루즈·피아첸차의 총회 모임들에 참석한 것으로 볼 때, 그가 도보로 유럽을 횡단하여 여행한 범위를 파악할 수 있다. 당시 작소니아 관구에서는 도미니코회 수도원이 세 군데에 새로 설립되었으며, 여기에 엑카르트가 깊이 관여했음이 분명하다.[12] 도미니코회 관구장의 다양한 직무로 볼 때, 창조적 활동 면에서는 엑카르트 본인에게도 풍요로운 시기가 아니었던 것 같다.

마이스터 엑카르트가 행정적·조정적 직무를 훌륭히 수행했음을 알려주는 예화가 많다. 1310년 토이토니아 관구 선거인단은 엑카르트를 자신들의 관구장으로 추대하려 했다. 하지만 이런 움직임은 1311년 나폴리 총회에서 제지당한다. 총회에서는 엑카르트를 파리로 보내, 전에 맡았던 도

---

[10] Koch (1973) 261ff.   [11] ibid. 268ff.   [12] ibid. 273ff.

미니코회 신학 교수직을 2년 임기로 다시 맡기기로 한 것이다.[13] 이는 마이스터 엑카르트에 대한 극진한 예우로 보아야 한다. 그때까지 도미니코회 신학 교수직을 두 번이나 맡는 영예를 누린 사람은 토마스 아퀴나스뿐이었다. '박사' 엑카르트는 또다시 파리에서 성경 주해 직무를 맡았다. 따라서 현존하는 그의 성경 주해에 대해서는, 이 시기는 물론이고 이전에 파리에서 활동하던 시기까지 거슬러 올라가는 것이 합리적이다.

엑카르트 생애의 다음 단계에서는 그의 사목적 관심을 다시금 살펴볼 수 있다. 파리의 박사가 고향으로, 엑카르트의 경우 작소니아로 돌아가는 것은 일반적 수순이다. 그런데 1313년 그는 도미니코회 토이토니아 관구 슈트라스부르크에 있었다. 남아 있는 문헌들은 뜻밖에도 엑카르트가 그곳 도미니코회 공동체에서 교수직을 맡지 않았다고 증언한다. 이 이례적 사실로 볼 때 그는 관구 총대리로서 남부 독일 지방의 많은 여성 공동체를 담당한 듯하다.[14] 엑카르트의 단죄와 관련하여 주변 환경을 상세히 고찰할 때 다시 이 시기로 돌아올 것이다. 『축복의 서書』*Liber benedictus*가 이곳 슈트라스부르크에서 태어났다. 이 책은 헝가리 왕후 아녜스에게 바치는 두 편의 작품 「신적 위로의 서」*Daz Buoch der götlichen Troestunge*와 「고귀한 사람」*Von dem edeln Menschen*을 담고 있다. 아녜스의 아버지 알베르투스 왕은 1308년에 살해당했고 어머니 엘리사벳도 1313년에 세상을 떠났다. 최근에 루 K. Ruh는 『축복의 서』가 아녜스의 수도생활 시작에 즈음하여 쓰였다는 본문상의 증거가 있다고 주장했다.[15]

---

[13] Ruh (1985) 30.

[14] 이 문서들은 Koch (284ff)와 LW V, 182-6에 수록되어 있다. 두 문헌은 도미니코회가 슈트라스부르크에서 정식으로 기증받은 재산에 관한 내용이고, 세 번째 문헌은 도미니코회가 알자스 지방 운터린덴 수도원을 행정적으로 방문한 내용을 다루었다. 아울러 당시 수녀들의 생활에 대한 엑카르트의 활동을 간략히 언급한다.

엑카르트의 쾰른 시절에 관한 자료는 빈약하다. 1323년 그는 쾰른 생활을 시작했다. 도미니코회와 여타 공동체에서 설교한 내용으로 판단할 때, 엑카르트는 사목과 학문 활동에 모두 관여했다. 신학박사 엑카르트는 쾰른 도미니코회 수도원 대학 학장으로서 자신의 **강사**lector와 함께, 여러 관구에서 뽑혀 온 젊은 도미니코회원 30~40명의 고등 신학 교육을 책임졌다.[16] 엑카르트의 강사는 슈트라스부르크의 니콜라우스Nikolaus von Straßburg였다. 그는 엑카르트가 슈트라스부르크에서 맡았던 특별한 사명을 쾰른에서 부여받았고, 1325년에는 교황 요한 22세에 의해 토이토니아 관구 시찰관에 임명되었다. 그런데 여기에 한 가지 미심쩍은 점이 있다. 그러니까 1325년경, 시찰관 자격으로 엑카르트보다 우위에 있었다고는 하나, 강사(수도원 대학에서든 쾰른 도미니코회 공동체에서든 간에)로서 학문적으로는 엑카르트에 못 미쳤던 니콜라우스가 엑카르트 작품의 정론성에 대한 비판적 심사에 들어간 것이다. 이 심사는 기본적으로 『축복의 서』와 몇몇 독일어 설교에 집중되었고, 1326년 초 마이스터 엑카르트에 대한 완전한 면책이라는 결과로 종결되었다. 엑카르트의 단죄 이유를 검토할 때 이 사건을 더 자세히 다루겠다.[17]

1326년 여름, 비르네부르크의 하인리히Heinrich von Virneburg는 실제로 엑카르트의 이단 심문 소송에 착수했다.[18] 하인리히는 주교좌성당 참사위원 라이네리우스 프리스코Reinerius Frisco와 페트루스 데 에스타테Petrus de Estate

---

[15] Ruh (1985) 115-35 참조.   [16] Koch (1973) 304.

[17] 니콜라우스에게는 소송을 담당할 권한이 없었고 다만 다른 사람들의 고발을 심사할 권한만 있었기 때문에 그런 조치만으로 심사가 끝났을 리 없다고 트루젠은 주장하지만[Trusen (1988) 66] 그를 따를 이유는 없다. 니콜라우스가 심사를 원했다면, 그것은 엑카르트의 정론을 문제시하는 사람들을 찾으려는 그의 권한 범위 안에서였음이 확실하다.

[18] 엑카르트의 재판에 관한 본문은 Laurent, Daniels, Théry 등 참조. 엑카르트의 재판에 대한 자세한 설명과 평가는 Trusen (1988) 참조.

로 구성된 위원회에 엑카르트의 저작을 검토하게 했다. 1326년 페트루스 데 에스타테가 세상을 떠나자 밀라노의 알베르투스Albertus di Milano가 후임이 되었다. 페트루스와 알베르투스는 모두 프란치스코회원이었다. 요제프 코흐에 의하면 엑카르트 같은 지위와 실력을 지닌 스승이 이단 심문에 기소당한 경우는 처음이었다고 한다. 마이스터 엑카르트를 제외하면, 중세기에 이단 혐의를 받은 신학자들은 대부분 신앙 검열만 받았을 뿐 중형이 부과되는 이단 심문, 즉 악의적 이단 심문inquisitio haereticae pravitatis을 강도 높게 받지는 않았다. 따라서 라이네리우스 프리스코와 페트루스 데 에스타테가 소송 진행을 서두르지 않은 것도 무리는 아니었다.

그들이 채택한 방법은 아벨라르두스Abelardus의 재판(1140) 때부터 사용한 것으로, 위배되는 진술들을 가려내어articuli 목록을 작성하는rotuli 것이었다. 이단 심문의 다음 절차는 그 목록을 피고에게 제시해 답변을 듣는 일이다. 1326년 첫 번째 청문회가 열렸다. 『축복의 서』, 엑카르트가 『축복의 서』에 대해 슈트라스부르크의 니콜라우스에게 제출한 변론(유실), 몇몇 라틴어·독일어 본문에서 발췌한 49개 항의 목록이 엑카르트에게 제시되었다. 이어 독일어 설교에서만 뽑아낸 59개 항의 목록이 제시되었다. 세 번째 목록에는 엑카르트의 『요한 복음 주해』*Expositio sancti Evangelii secundum Ioannem*에서 발췌한 내용이 포함되었는데 어느 정도인지는 알려지지 않았다. 1328년의 교서에서 단죄받은 조항이 열거된 마지막 목록에는, 『요한 복음 주해』에서 발췌되지도 않았고 쾰른에서 작성된 처음 두 목록에도 들어 있지 않은 6개 조항이 추가된 것으로 보아, 한두 가지 목록이 더 있었을 수도 있다. 이 6개 조항은 그 고발에 대한 엑카르트의 논평과 함께 단일한 필사본, 한 권의 작품으로 남아 있다. 일반적으로 이 작품을 엑카르트의 『변론』*Rechtfertigungsschrift*이라고 부른다.[19]

이때 두 인물, 헤르만 데 숨모Hermann de Summo와 빌헬름 데 니데케Wilhelm de Nidecke가 등장한다. 두 사람 모두 쾰른의 도미니코회원으로서 소추의 증인으로 나선 것이다. 유별난 개성을 지닌 두 사람 모두 동료 회원들의 존경을 받지 못한 것 같다. 헤르만은 관구 시찰관의 감찰을 피해 쾰른에서 아비뇽으로 달아나던 중 허락 없이 공동체를 떠났다는 이유로 아비뇽에서 붙잡혔다. 빌헬름도 비슷한 사건을 겪은 듯한데, 종국에는 당시 교황과 대대적 충돌을 빚고 있던 바이에른의 루드비히Ludwig von Bayern 군대에서 싸우고 싶다고 선언했다. 결과적으로, 미심쩍은 이들 두 증인을 파면한 것은 도미니코회의 엑카르트 지지자들이 이룩한 중요한 업적이다.[20]

재판이 진행되고 약 6개월이 경과한 1327년 1월 24일, 교황 요한 22세에게 보내는 편지에서 엑카르트는 재판 절차가 불필요할뿐더러 성가실 만큼 지연되고 있다며 공식적으로 불평했다. 또 교황이 임명한 시찰관(슈트라스부르크의 니콜라우스)이 이미 '오래전에' 자신의 저작을 심사해 그것이 정론임을 입증했다는 점을 들어 전 재판 과정이 무효라고 주장했다. 1327년 2월 13일, 엑카르트는 후속 조치를 취했다. 동료 도미니코회원 할베르슈타트의 콘라트Konrad von Halberstadt가 쾰른 도미니코회 성당(오늘날 성 안드레아 성당)에서 설교한 다음 낭독한 라틴어 문서에 대해 엑카르트가 일상어로 구두 논평을 한 것이다. (서기가 기록한) 이 논평에서 엑카르트는 이단을 배격한다고 항변하면서 자신의 가르침 가운데 오류가 될 만한 것이라면 무엇이든 철회할 의향이 있노라고 진술했다. 그는 자신의 새끼손가락이 만물을 창조했다고 가르친 사실을 부인하면서, 그 새끼손가락은 아기 예수

---

[19] Trusen은 MS Soest 33에 실린 글이 위원들이 아닌 다른 이들에 의해 작성된 것이기에 엄격한 의미의 '변론'을 나타낼 수 없다고 설득력 있게 논증한다.

[20] Koch (1973) 328f; Trusen (1988) 114f.

의 손가락을 의미한다고 말했다. 영혼에는 '창조되지 않은 어떤 것'이 있다고 가르친 것도 부인했다. 그러나 인간 영혼이 본질적으로 지성이라면, 그 지성에 대해서는 창조되지 않았다고 말할 수 있노라고 강조했다. 요제프 코흐는 이날을 가리켜 '재판 전체를 가장 당혹스럽게 한 사건'이며 무의미한 진술이었다고 말한다.[21] 그리고 최근에 이르러, 오류가 될 만한 것이라면 무엇이든 철회할 의향이 있다는 분명하고 공개적인 진술은 이단으로 낙인찍힐 위협에 대응하기 위한 전략이었다는 주장이 제기되었다. 만일 엑카르트가 신학적 입장에 위배되는 태도를 **완강히**pertinaciter 고수하는 것처럼 보였다면, 이단으로 몰릴 수밖에 없었을 것이다. 과연 엑카르트는 쾰른에서의 **항변**protestatio을 통해 아비뇽 이단 재판의 강도를 낮추는 데 크게 기여했다.[22]

쾰른 당국자들은 엑카르트의 요청을 거부했다. 사실상 그들은 판결문을 비롯한 모든 재판 관련 서류가 아비뇽의 요한 22세 법정으로 넘어가는 것을 막을 힘이 없었다. 엑카르트는 도미니코회 토이토니아 관구장 헨리쿠스 데 치뇨Henricus de Cigno와 세 명의 강사를 대동하여 아비뇽으로 갔다. 엑카르트가 가까운 동료들 사이에서 크나큰 지지를 받고 있었음을 보여주는 장면이다. 코흐에 따르면, 아비뇽에 설치된 두 위원회(하나는 신학자, 다른 하나는 추기경들로 구성)는 엑카르트의 저작을 또다시 면밀히 심사할 능력이 없었기에 다만 쾰른 위원회가 이미 이단으로 판단한 조항들을 검토했을

---

[21] Koch (1973) 332f.

[22] Trusen (1988) 104ff; 118. 자신이 가르친 것 중 오류로 보일 수 있는 것이라면 무엇이든 철회할 준비가 되어 있다는 엑카르트의 진술은 그의 변론과 전반적으로 성격을 같이한다. 자신의 가르침은 가톨릭의 정론이며 오해받았다는 것이다. 쾰른에서의 '철회'(또는 교서의 다른 언급들)는 오류를 인정한다는 것이 아니라 오류로 보일 수 있는 진술을 철회할 의향이 있다는 의미일 뿐이다. 교회의 단죄에 의해서가 아니라 **논증에 의해서** 오류로 보일 수 있는 것을 의미한다는 점은 실로 그럴듯하다.

뿐이다. 원래 150개였던 조항은 28개로 줄었다. 코흐는 이 숫자마저도 이런 유형의 소송치고는 유달리 많고, 쾰른에서 명백히 드러난 바와 같이 엑카르트의 저작 전체를 공격하려는 의도를 반영하는 것이라고 지적한다.[23] 이 28개 조항은 모두 '드러난 대로 보자면 이단'hereticus, prout sonant으로 판명되었다. 그런데 마지막 교서에서는 단지 15개 조항만을 '드러난 대로 보자면 이단'이라고 선언했으며, 11개 조항에 대해서는 '악의적으로 표현되었고, 경솔하며, 이단의 혐의가 있다'고 판결했다. 그리고 마지막 두 개 조항에 대해서는 엑카르트가 가르치지 않았다고 부인했음을 인정했다. 이러한 어조 변화는, 오류로 보일 만한 것은 철회할 의향이 있다는 엑카르트의 중요한 항변과 더불어 아비뇽의 '한층 호의적인 분위기'에 따른 결과로 추측된다.[24] 위원회의 한 사람인 귈렐무스 페트리 데 고디노Guillelmus Petri de Godino 추기경이 바로 이러한 결과를 낳는 데 영향을 미친 인물이다. 25년 전 파리에서부터 엑카르트를 알아 온 그는 다른 사안들에 대해서도 영향력을 행사해 왔다.[25]

교서 자체도 난점을 내포하고 있었다. 엑카르트가 가르치지 않았다고 부인한 마지막 두 조항 중 하나는 실제로 그의 『변론』에 포함되어 있었고, '이단스러운' 것과 '악의적으로 표현된' 것의 구별이 매우 자의적인 경우도 있었다.[26] 어쨌든 마이스터 엑카르트는 요한 22세의 1329년 3월 27일 자 교서 「도미니코회 땅에」In agro dominico가 공포되는 것을 보지 못하고 세상을 떠났다(이 교서는 쾰른 시와 쾰른 대교구, 쾰른 관구에만 공포되었다). 그런데 1328년

---

[23] Koch (1973) 335.
[24] Trusen (1988) 118.
[25] Koch (1973) 342f.
[26] *The Thomist* (1980)에 실린 McGinn의 논문 참조. 이 논문은 교서를 둘러싼 신학적 오해에 대해 훌륭한 논의를 제공한다. 교서의 일관성 없는 사항에 관해서는 Colledge/McGinn, 14f 참조.

4월 30일 교황이 비르네부르크의 하인리히에게 보낸 편지에서는 엑카르트가 죽더라도 그에 대한 소송은 계속될 것임을 확실히 하고 있는 것으로 보아, 엑카르트는 1327년 겨울에서 1328년 사이의 어느 날 아비뇽 도미니코회 수도원에서 숨을 거두었을 확률이 높다.

뼈대만 남은 전기에서도 우리는 인간 엑카르트를 충분히 느낄 수 있다. 외적으로 그는 튼튼하고 건장한 체격이었음에 틀림없다. 그렇지 않고서는 도미니코회 관구장으로서 그토록 멀리 여행을 다닐 수 없었을 것이다. 수도회 장상이 된 것도 그가 형제들의 신임을 얻었다는 사실을 반영한다. 적이 몇 명 있었다고는 해도 그 또한 그의 성공에 대한 반증이거나 (설교 어조에서 분명히 드러나듯) 도전적이고 비타협적인 성품의 결과일 것이다. 무엇보다도 엑카르트의 생애에서 학문 업적과 사목 활동(특히 그가 생애의 상당 기간을 함께한 수도 여성들에 대한 활동) 사이에 지속적으로 긴장이 드러난다. 그의 독일어 설교들도 어쩌면 이와 같은 긴장을 담아내고 있는 듯하다. 설교의 내용은 지성적인 반면에 형태는 극히 사목적이다. 오늘날 엑카르트가 널리 기억되는 것은, 그러므로 매우 당연한 일이다.

「도미니코회 땅에」

근자에 교서 「도미니코회 땅에」에 대한 학문적 관심이 깊어지고 있는 이유를 찾는 것은 어렵지 않다. 우선, 도미니코회원 한 사람 때문에 이단 심문의 모든 방법이 가동된 경우는 처음이자 유일할뿐더러, 최고 대신학자가 그토록 가혹하고 무거운 형벌이 부과되는 악의적 이단 심문을 당한 것도 처음이자 유일했다. 그러나 빈프리트 트루젠Winfried Trusen의 최근 연구가 보여 주듯이, 엑카르트의 재판은 그 유별한 성격에도 불구하고 근본적으로 합법적이었다. 트루젠은 엄격한 법조문 내에서 엑카르트에게 최대한 타격을 가하려 한 비방자들의 악의적 의도를 밝혀냈다. 그들이 엑카르트를 이단으로 걸어 재판에 부치지 않았더라면, (엑카르트의 가르침에 대한 심사에서 명확히 드러나듯이) 자신은 도미니코회원으로서 그들 관할권에 속하지 않는다는 엑카르트의 반론은 정당했을 것이며, 그 선동자들이 전적으로 파렴치하다는 것이 드러났기 때문에 자신에 대한 소송은 무효라는 엑카르트의 항의도 마찬가지로 정당했으리라는 것이다.[27] 따라서 트루젠의 결론을 증거로, 우리는 쾰른 재판이 시작될 때부터 비방자들을 고무시켰던, 엑카르트에 대항하는 질문에 곧바로 직면한다. 그리고 이 재판의 정치적·역사적 배경을 구명함으로써, 엑카르트에게 공개적으로 수치를 안겨 주려던 이들의 의도를 밝혀 보겠다.

엑카르트에 반하는 움직임의 첫 조짐은 그의 나이 예순여섯이던 1325년 무렵 나타나기 시작했다. 1323/4년에 엑카르트는 쾰른 도미니코회 수도원 대학 주임교수magister regens가 되었다. 파리 대학에서 두 차례나 신학 교수를 지냈고, 슈트라스부르크라는 말썽 많은 고장에서 힘든 소송을 성공적으로 치러 낸 그는 생애 절정의 시기에 있었다. 바로 그때 쾰른에 도착하여 영향력 있는 신학자이자 탁월한 행정가로서 수도회의 최고 교수직을 맡은 것이다.

따라서 엑카르트가 가톨릭 신앙과 배치되는 내용을 가르친다는 이유로 처음으로 공식 비난을 받은 시점이 이때라는 사실은 놀랍다. 게다가 더 놀

---

[27] 슈트라스부르크의 니콜라우스가 이미 자신의 작품을 심사했으니 재판은 무효라는 엑카르트의 반론과 관련하여, 시찰관 니콜라우스가 이단 소송 절차를 수행할 수 없었다는 점을 Trusen은 지적한다(71). 또 위원들은 신학박사(Master of Theology)인 자신에 대해 아무 권한이 없다는 엑카르트의 반론과 관련해서도 Trusen은 Stephan Tempier 주교와 Robert Kilwardby 대주교의 단죄를 선례로 제시한다(91). Trusen은 혐의가 부족한데도 엑카르트를 제소하기로 결정한 점보다는 이단이라는 이유로 제소를 결정한 점에서 위원들이 사실상 법조문을 넘어섰을 것으로 본다(97).

라운 것은 이 소송을 제기한 인물이 도미니코회 신학자인 슈트라스부르크의 니콜라우스였다는 사실이다. 니콜라우스가 1325년 이후 토이토니아 관구의 교황 시찰관(어떤 의미로는 엑카르트의 장상)이었다손 치더라도 그 역시 도미니코회의 수도원 대학과 도미니코회 공동체의 강사직에 있었고, 학문적으로는 엑카르트보다 한 수 아래였다. 애석하게도 엑카르트의 가르침에 대한 이 최초의 검열에서는 그의 공식 변론 진술 몇 가지, 훗날 다른 고발자들이 채택해 사용한 그 진술들 말고는 전해지는 바가 없다.[28] 그러나 엑카르트의 나중 진술들로 미루어, 슈트라스부르크의 니콜라우스가 발견한 것들에서는 엑카르트가 결코 이설을 가르치지 않았다는 사실이 자명하게 드러난다.

엑카르트의 가르침에 대한 이 검열을 전적으로 별개의 사건으로 치부하는 것은 옳지 않다. 1325년 봄 베네치아에서 열린 도미니코회 총회에서는 '배우지 못한 순진한 사람들을 설교를 통해 쉽사리 오류에 빠뜨리는 토이토니아 형제들'을 견책하는 성명을 발표했다. 이 성명은 1328년 툴루즈 총회에서 되풀이되는데, 이때는 엑카르트의 재판이 절정에 이르러 단죄 교서가 공표되기 직전이었다. 툴루즈 총회에서는 수도승들의 설교에 담긴 위험 요소를 일컬어 '미묘한 문제들'subtilia이라고 규정했다. 이는 엑카르트가 일반인들에게 차원 높은 신학을 전달하는 데 대한 언급이 분명하다.[29] 여기서 우리는 1320년대 초 엑카르트 주변에 먹구름이 몰려들고 있었다는 점과, 도미니코회가 적어도 공개적으로는 그의 주장과 거리를 두려 했다는 징후를 읽을 수 있다. 이쯤에서 두 가지 사실을 더 짚어 보는 것이 의미가 있다. 첫째, 총회를 한 해 앞둔 1324년에 도미니코회 지도자가 바뀌었

---

[28] LW V, 192f 참조.

다. 엑카르트를 (베렌가르의 수하에서) 슈트라스부르크 시찰관으로 임명하도록 주장한 것으로 보아 그를 꽤 존경한 것이 분명한 헤르페우스 나탈리스Herveus Natalis가 1323년에 죽고, 엑카르트에게 덜 우호적인 바르나바스 카뇰리Barnabas Cagnoli가 뒤를 이었다. 둘째로 고려할 것은, 도미니코회 토이토니아 관구 시찰관으로 있던 슈트라스부르크의 니콜라우스에게 교황 요한 22세가 교황 시찰관이라는 책무를 추가로 맡긴 해에 그 달갑지 않은 견책 성명이 나왔다는 점이다. 그렇다면 여기서 도미니코회 토이토니아 관구에 존재하는 정치적 민감성과 엑카르트라는 인물 자체를 주시하는 상황에 관하여 몇몇 징후가 포착된다.

니콜라우스가 교황 시찰관으로서 1325~1326년에 행한 심문이 더할 나위 없이 간결했다는 점, 또 그 자신이 마이스터 엑카르트와 대단히 밀착해 있었던 점으로 보아, 그것은 본질적으로 도미니코회의 주요 신학자 겸 행정가 한 사람을 쓰러뜨리려는 초기 시도들에 대한 도미니코회 측의 전략이자 방어 작전이었음을 강력히 시사한다.[30]▶ 니콜라우스가 자기 수도회 장상과 협의하지 않은 채 그와 같은 심문을 하기란 거의 불가능했을 것이다. 따라서 1325년 봄 토이토니아 관구의 특정 설교자들을 향한 경고성 성

---

[29] 이 점에서 나는 Kurt Ruh (1985) 171ff에 동의하고 Josef Koch (1973) 314ff에 반대한다. Koch는 문제의 '오류'는 정치적 성격의 것이고, 교황과 황제 사이의 충돌에 있어서 도미니코회의 역할과 관계된다고 논증한다. 반대로 Ruh는 '오류'가 일반적으로 이단에 대한 중세기의 약식 표현이라고 주장한다. 또한 '배우지 못한 순진한 사람들'은 교황과 황제 사이의 정쟁에서 아무런 역할도 하지 않았음을 중시한다. 1328년에 되풀이된 그 명령(injunction)은 'subtilia'라는 말을 첨가함으로써 1325년의 명령과 매우 동일한 문구를 사용하는데['그들은 백성을 오류로 이끈다'(ducunt populum in errorem): *Monumenta ordinis Fratrum Praedicatorum historica*, IV, 180] 이 또한 Ruh의 입장을 지지하는 듯하다.

Trusen은 그 논쟁을 둘러싼 도미니코회의 긴장을 조명하는 새롭고 흥미로운 자료들을 제시하면서 Koch의 해석을 강력히 내세운다. 그러나 1325년의 선언이 '엑카르트와는 하등의 관계도 없다'는 것이 이제 '자명하다'는 Trusen의 진술(60)은 두 명령에서 같은 문구가 사용되었다는 사실이 아니라 Ruh가 제시한 두 요점을 Trusen은 실제로 전혀 거론하지 않았다는 사실과 비교·평가되어야 한다. 어떤 경우에서든 그 문제는 해결책과는 거리가 멀어 보인다.

명은, 다가오는 공격을 피하려는 수도회의 결연한 시도와 균형을 이룬다. 그러나 이것이 엑카르트를 보호하기 위한 책략이었다면, 물론 실패였다.

중세기 도미니코회원으로서는 엑카르트가 유일하게 이단으로 기소되었고 고위 신학자로서 이러한 모욕을 당했다는 점에서도 유일했기 때문에, 쾰른 대주교 비르네부르크의 하인리히 2세가 집행한 재판은 주목할 만한 것이었다. 엑카르트가 교황 요한 22세에게 위협적인 존재가 아니었는데도 엑카르트의 저작을 검열할 쾰른 대주교의 권리를 교황이 완강하게 고집한 것 또한 이례적이라 할 수 있다. 지도적 위치의 도미니코회 신학자 한 사람을 단죄하는 것이 교황의 최고 관심사였을 리는 참으로 만무하다. 소송에 관련한 모든 사건 가운데 특히 놀라운 점은 **엑카르트가 죽은 후에도** 교황이 단죄를 밀어붙였다는 것이다. 반면에 슈트라스부르크의 니콜라우스를 겨냥한 쾰른 대주교의 고발은 단순히 서류로만 남았다. 아비뇽을 탈출해 바이에른의 루드비히 편에 섬으로써 노골적으로 교황에 맞선 오컴의 윌리엄William of Ockham에 대한 소송은 공식적으로 결코 종결되지 않았다는 점이 중요하다. 오컴의 격렬한 공격에 비하면 마이스터 엑카르트의 미묘한 가르침은 교황 요한 22세에게 한결 덜 위협적이었을 테지만, 단죄받은 사람은 오컴이 아닌 엑카르트였다. 물론 오컴을 고발한 것은 신앙 검열이었을 뿐 정식 이단 심문 소송이 아니었다.

여기서 세 가지 의문점이 두드러진다. 첫째, 엑카르트를 공격하도록 부추긴 자가 누구인가? 둘째, 공격한 까닭이 무엇인가? 셋째, 유순한 인물로

◂[30] X. Hornstein이 *Les grandes mystiques allemands du 14ᵉ siècle* (Lucerne 1922) 34에서 제일 먼저 주목한 점이다. 다른 사람들이 고발자로 나서지 않고서는 니콜라우스가 그런 소송 절차를 시작할 권한이 없었다는 이유를 들어 부정하는 Trusen의 견해(66)는 석연치 않다. 니콜라우스가 이런 유형의 심문을 참으로 원했다면 그런 사람들을 찾는 것이 니콜라우스의 권한 밖이었을 리가 없다. 그러나 니콜라우스의 심문의 법적 지위는 엑카르트가 주장하듯이 나중 재판의 적법성을 훼손하는 데 불충분했다는 Trusen의 지적은 적절해 보인다(71).

알려진 교황 요한 22세를 움직인 요인은 무엇인가?

첫 질문에 대한 답은 쉽게 나온다. 모든 평자의 일치된 견해다. 교황 요한 22세는 비르네부르크의 하인리히 2세에게 보낸 서한에서 엑카르트가 죽더라도 재판은 계속될 것임을 보장한다. 그 쾰른 대주교가 사건 전체의 중심에 있다는 명백한 증거다. 여기에는 정신적 동기, 적대감이라는 원천이 있다.[31] 그렇다면 쾰른 대주교의 성격과 체험을 자세히 고찰함으로써, 1323년 이전에는 한 번도 만난 적이 없는 도미니코회 원로 신학자에게 그가 반감을 품게 된 이유를 살펴보자.

비르네부르크의 하인리히 2세는 독일 아이펠 지방(오늘날 벨기에 아르덴 접경 지역)의 귀족 가문 출신이었다.[32] 그 가문은 13세기 말 유성처럼 반짝 생겨났다가 두 세기 후 갑작스레 어둠 속으로 사라져 버렸다. 1338~1346년 마인츠 대주교를 지낸 하인리히 3세도 같은 가문 출신이다. 하인리히 2세는 젊어서부터 야심 가득한 인물이었지만, 50대 중반이 된 1299년에야 비로소 트리어 대교구장에 선출된다. 그런데 불행하게도 교황 보니파시오 13세가 교구장 임명을 유보했고 선출은 무효가 되고 말았다. 하인리히가 대교구장직을 포기하도록 설득하기 위해 교황이 몸소 개입했다. 하인리히는 1304년 홀테의 비그볼트Wigbold von Holte의 죽음으로 공석이 된 쾰른 주교좌의 후보이기도 했는데, 세 명의 후보를 두고 표가 나뉘었다. 후보 중 하나였던 윌리히의 빌헬름Wilhelm von Jüllich은 얼마 후 전장에서 죽었고, 하

---

[31] 엑카르트에 대한 불평의 원천이 그를 시기하는, 또 엑카르트 자신이 거론하는 동료 도미니코회원들이라 할지라도 큰 이견은 없다(*Rechtfertigungsschrift*, Daniels, 1; Théry, 185). 그러나 엑카르트가 도미니코회 내부의 개혁자들과 그 반대자들 간의 파괴적 충돌의 희생물이었다는 이론은 타당치 않다(Trusen, 70).

[32] 더 알려면 비르네부르크의 하인리히 2세에 대한 Gregor Schwamborn의 자세한 연구(*Heinrich II: Erzbischof von Köln*, Neuss 1904, 특히 8-12) 참조. 내가 쓴 *God Within* (1988)에서는 하인리히를 프란치스코회원으로 오기(誤記)했다.

인리히와 베스터부르크의 라인하르트Reinhard von Westerburg는 제각기 유리한 결과를 얻고자 교황청에 의지했다. 교황 베네딕도 11세와 후임 클레멘스 5세에게 2년 동안 맹렬한 로비를 펼친 끝에 비로소 하인리히는 쾰른 대교구장에 선임된다.

일단 대교구장이 된 하인리히는 교구의 재정난을 타개하는 데 탁월한 역량을 발휘했다. 과연 그는 수완이 좋은 인물이었다. 1332년 하인리히가 타계하자 교황은 쾰른 대교구의 '훌륭한 (재무) 상태'를 두고 그를 치하했다.[33] 하지만 이런 능력이 아주 기괴하게 나타난 경우도 있었다. 1314년 이중 선거 때 하인리히는 [합스부르크가家 출신의] 프리드리히 미남왕Friedrich der Schöne을 지지하는 대가로, 필요하다면 왕의 돈을 들여서라도 자신에게 군사적 도움을 줄 것을 요구했다. 그런 반면 하인리히 자신은 아무런 의무도 지지 않았다. 대주교는 언제든 왕을 접견할 수 있고 왕은 대주교가 궁정에 묵는 비용을 지불해야 했다. 대주교의 이익에 해가 될 만한 일을 절대 하지 않는다는 약속의 의미로, 왕은 자기 비용을 들여 대주교의 특사 두 명을 궁정에서 지내도록 해야 했다. 하인리히에 대해 우호적인 전기 작가로서, 그의 광범위하고 파괴적인 족벌주의를 늙은이의 '도락' 정도로 너그러이 보아주는 그레고르 슈밤보른Gregor Schwamborn조차도 이런 행태들은 '비열한 탐욕'schnöde Habsucht이라고 묘사했다.[34]

하인리히식 통치의 두 번째 기조는 이단에 대한 혐오다. 1306년 직무를 시작하자마자 그는 이른바 비정상적 모임들, 즉 베긴회원Beguines과 남자 베긴회원인 베가르드Beghards 문제에 의욕적으로 착수했다. 이들은 복음적 계율에 토대를 둔 삶을 살았으나 정식 수도 규칙을 따르지는 않았다. 여성

---

[33] Schwamborn, 72.   [34] ibid. 22.

회원인 베긴은 때로는 홀로, 때로는 함께 살면서 유기 서약만 했다. 남성인 베가르드는 보통 탁발 순회자였으나, 이러저러한 이유에서 정규 탁발 수도회에 소속되지는 않았다. 하인리히는 바로 이들을 공격 대상으로 삼았다. 그가 이들을 자유정신Free Spirit을 지닌 도덕률 폐기론자antinomian라고 이단시하며 비난했다는 점은 특히 흥미롭다. '자유정신의 형제들'에 대해서는 알베르투스 마뉴스가 1270년대에 아우크스부르크 인근 리스에서 남긴 글이 있다. 그들은 우리 영혼이 하느님과 완전히 하나가 될 수 있기 때문에 더는 죄를 짓지 않으며 모든 것이 허용된다고 주장한다는 것이다. 특히 간음은 죄로 여겨지지 않는다. 완전해진 영혼은 교회 관습에서도 자유롭다. 하인리히는 무규율의 방식을 포기하지 않는다는 이유로 이들을 권력과 파문으로 위협했다. 로베르트 레르너Robert Lerner는 이른바 '자유정신의 형제들'이라는 이단을 베긴·베가르드와 처음으로 연관 지은 인물이 하인리히라고 말한다. 그러면서 그는 이 시기 쾰른에서 '자유정신의 형제들'이라는 죄목으로 베긴이나 베가르드가 재판받은 사례가 남아 있지 않다는 점을 지목한다.[35] 1310년 마인츠와 트리어에서 발표된 법은 쾰른에서와 마찬가지로 베가르드를 구체적으로 언급하지만 도덕률 폐기론 원칙에 대해서는 아무 언급이 없다. 마인츠와 트리어의 법은 1307년 발표된 하인리히 칙령 이전의 문제들, 즉 베긴회의 탁발 생활을 규제하지 않는 문제만을 강조했다.[36]

1311~1312년 비엔 공의회Concilium Viennense도 두 교령(「어떠한 여인들도」 *Cum de quibusdam mulieribus*와 「우리에게」*Ad nostrum*)에서 베긴회와 자유정신의

---

[35] R.E. Lerner, *The Heresy of the Free Spirit in the Later Middle Ages* (London 1972) 78 참조.

[36] *ibid.* 67.

형제들 간의 연관성을 제시했다. 여기에는 두 요인이 작용했다. 첫째, 마르그리트 포레트Marguerite Porète의 경우다. 그녀는 『단순한 영혼의 거울』Le Mirouer des simples âmes의 몇몇 주장을 철회하지 않았다는 죄목으로 1310년 화형당했다. 당시 어떤 연대기에는 그녀가 베긴회원(더욱 수상쩍게도 순회巡廻하는 유형의)임을 암시하는 대목이 있다. 그녀 작품의 이단 여부는 논쟁의 여지가 있으나 적어도 도덕률 폐기론적 성격을 띤다는 점은 확실하다.[37] 여기서 중요한 둘째 요인은 하인리히 자신이다. 마인츠와 트리어의 대주교가 비엔 공의회에 참석하지 않았기에, 하인리히는 슈트라스부르크 주교인 취리히의 요한네스Johannes von Zürich[뒤르프하임의 요한네스(Johannes von Dürbheim)로도 알려져 있음]와 더불어 가장 영향력 있는 독일인 참석자였다.[38]

첫 교령 「어떠한 여인들도」는 경건한 베긴회원과 교회 정통 교리orthodoxy에 위협이 되는 베긴회원을 예리하게 구별한다. 이 교령은 특별히 도덕률 폐기론 분파의 관점에서 베긴회를 다루지는 않는다. 반면에 둘째 교령 「우리에게」는 '선한' 베긴회원을 보호하려는 어떤 시도도 없을뿐더러 도덕률 폐기론적 관습의 혐의를 명백히 밝히고 있다는 점에서 대체로 엄한 어조를 띤다. 한층 완고한 이 둘째 교서는 지리적으로 관련 있는 '독일 땅'in regno Alemaniae을 언급한다는 점이 의미심장하다. 독일 대주교로는 유일하게 공의회에 참석한 비르네부르크의 하인리히가 이 문서에 영향을 끼친 것으로 보아도 무방하다.[39]

마이스터 엑카르트가 단죄받은 이유를 살피면서, 그렇다면 어째서 그가 하인리히 대주교의 끝없는 적대감과 주목의 대상이 되어야 했는지를 알아

---

[37] Paul Verdeyen, "Le procès d'Inquisition contre Marguerite Porète et Guiard de Cressonessart (1309~1310)", in: Revue d'histoire ecclésiastique 81 (1986) 47-94 참조.

[38] 비엔 공의회 참석자 명단은 Carl Müller, Der Kampf Ludwig des Baiern mit der römischen Curie (Tübingen 1879) Bd.I, 73ff 참조.

보자. 1313년 엑카르트가 파리에서 두 번째 주임교수 임기를 마치고 슈트라스부르크로 옮겨 간 사실에서 그 해답을 일부 찾을 수 있다. 통상적으로 파리의 박사가 자기 관구로 돌아가는 것에 비추어 보건대 엑카르트는 작소니아로 돌아가는 것이 맞다. 그런데 토이토이아 관구 슈트라스부르크로 간 것으로 보아, 우리는 그가 도미니코회 총장 란도라의 베렌가르Berengarius de Landora의 명령에 따라 그곳으로 파견되었으리라는 결론에 이르게 된다. 그런데 실상은 엑카르트가 슈트라스부르크 도미니코회 공동체에서 교수직을 수행하지 않았음을 증명하는 문서가 여럿 남아 있다. 그는 남부 독일 지방의 많은 여성 공동체를 감독하면서 그곳 관구장 대리로 봉직했던 것 같다. 그의 이름이 등장하는 당시 문서들(재산 문제, 공동체 규율에 관련한 순시)에서 우리는 이 점을 추론할 수 있다.[40] 빈프리트 트루젠은 엑카르트가 슈트라스부르크로 옮겨 간 배경이 제대로 밝혀지지 않았음을 지적한다. 그 배경에는 도미니코회에 대한 묵시적 위협이 깔려 있었다는 트루젠의 견해는 타당하다.[41]▶ 그 위협은 도미니코회가 사목적으로 큰 책임을 지고 있던 베긴회를 비엔 공의회에서 배척한 데서 야기된 것이었다.

1267년 이후 교황 클레멘스 4세의 영에 따라, 도미니코회는 많은 여성 공동체를 관할했다. 12~13세기 유럽에서 발흥한 여성 공동체의 수가 늘어나 기존 수도회 안에 머물 수 없었던 것이다. 모임의 형태는 다양했으며 베긴 공동체가 특히 많았다. 일부는 도미니코회 (또는 프란치스코회) 제3

---

[39] Schwamborn (66, n.2)의 견해이기도 하다. Lerner (81)는 비엔 공의회 교령이 총회가 아니라 위원회에서 작성되었다고 밝힌다. 이는 *Ad nostrum*이 베긴회를 향한 적대감에 고취된 소수 급진적 독일 당파의 견해였을 것이라는 이론을 밑받침한다. 이와 관련하여, 교황 교서 「바른 이성」(*Ratio recta*)이 1319년에 발표되었음을 주목하자. 이는 베긴회에 대한 독일에서의 지나친 박해에 제동을 걸고, 비엔 공의회의 두 교령 중 먼저 발표된 *Cum de quibusdam mulieribus*에서 제시한 '선한' 베긴회원과 '악한' 베긴회원의 구별을 강화하기 위함이었다.

[40] LW V, 182-6 참조.

회에 편입되기도 했으나 대부분 견고한 독립성을 유지하고 있었다. 베긴회와 도미니코회 간의 이렇게 특별한 관계에 비추어 보면 왜 엑카르트가 슈트라스부르크로 파견되어야 했는지 이해하기 쉽다. '도미니코회' 수녀원의 절반 이상이 토이토니아 관구에 있었고 슈트라스부르크도 그곳에 속했다. 그중 꽤 많은 수녀원이 베긴회에 기반을 두고 있었다. 도미니코회의 사목이 실제로는 베긴회 공동체에 도미니코회 지도수사 한 명을 배치하는 형태에 그쳤는지 몰라도, 많은 베긴 공동체가 도미니코회와 통합하는 과정에서 지속적으로 그 수가 증가했다. 중세기 기록이 잘 보존되어 온 슈트라스부르크와 쾰른 같은 도시에서 베긴 공동체가 도미니코회(와 프란치스코회) 수도원 주위로 모여드는 경향이 두드러졌다는 것은 주목할 만하다.[42] 슈트라스부르크의 경우도 확실히 그러했다. 엑카르트가 슈트라스부르크에 머무는 동안(1313~1323?) 도시 한가운데 있는 수도원 바로 인근의 투름, 오펜부르크, 이넨하임 세 곳에 도미니코회 수녀원이 있었다. 세 공동체 모두 원래는 베긴회원의 집이었지만 1276년 이전에 도미니코회가 이 공동체

◀[41] Trusen (1988) 19-61. Trusen은 하인리히 대주교를 베긴회에 반대하는 비엔 공의회 교령(Vienne decretals)과, 슈트라스부르크 주교인 취리히의 요한네스와 연관시키는 조직망에는 주목하지 않는다. 하인리히와 요한네스는 바이에른의 루드비히에 맞서 합스부르크가 후보자를 지지하는 데 뜻을 같이했다(Hauck, *Kirchengeschichte Deutschlands*, Bd.1, 495 참조). 또한 1307년[대주교가 처음으로 비정규 수도자들(extraregulars)을 공격한 해]에 프란치스코회의 지도적 신학자 둔스 스코투스(Duns Scotus)가 쾰른에 나타난 것은 엑카르트의 발령과 상응한다고 볼 수 있다. 이 가능성은 반박당했으나[좋은 참고 목록을 곁들인 E. McDonnell (1954) 519 참조], 베긴회원 가운데 존재하는 이단과 싸우기 위해, 따라서 추론컨대 프란치스코회를 옹호하기 위해 둔스 스코투스가 쾰른에 파견되었으리라는 점을 입증하는 17세기 초 전승이 분명히 남아 있다. Wadding, *Annales Minorum* (1636) vol.III, 71과 Ferchius, *Oratio in Ionnem Dunsium Scotum* (1634) 10 참조.

[42] Langer (1987) 36-8 참조. R.W. Southern은 *Western Society and the Church in the Middle Ages* (Harmondsworth, Penguin 1970) 327f에서 밝힌다. "1263~1389년 무렵 쾰른에 주소를 둔 개별 베긴회원 167명 중 136명이 도미니코회와 프란치스코회 인근에 살았다." McDonnell (1954) 203f도 참조.

들을 받아들였다. 1304년 몰레스하임 공동체에 이어 1323년에는 슈피겔 공동체가 합류했다. 반면에 도미니코회와 모호한 관계를 유지하던 수도 여성도 많았다. 데이턴 필립스는 중세 슈트라스부르크의 베긴회에 관한 중요한 연구에서, 1300~1310년 무렵 도미니코회 수도승들 곁에 약 90명의 베긴회원이 살고 있었다고 주장한다. 이 가운데 상당수는 슐라우흐 골목Schlauchgasse에 머무르며 홀로 지냈던 것 같다. 슐라우흐 골목은 수사들 집과 직접 연결되어 있었다. 14세기 말 슈트라스부르크에는 베긴회원 집 약 85곳이 도미니코회에 딸려 있었다는 기록이 남아 있다.[43]

엑카르트를 슈트라스부르크로 파견한 도미니코회 지도부의 결정은 적절했다. 실제로 비엔 교령(1317년 10월 25일)이 공포되기 전인 8월 13일, 파리에서 슈트라스부르크 주교는 자유정신의 형제들과 관계하는 비정규 수도자들을 배격하는 캠페인을 주도했다. 이는 도미니코회·프란치스코회와 긴밀히 결합된 베긴회원이나 수도 여성들을 염두에 둔 것은 결코 아니었다. 과연 슈트라스부르크 주교는 (「어떠한 여인들도」의 정신을 충실히 따르는) '정직한' 베긴회원과 프란치스코회 감독하에 있던 베긴회원은 배격 대상에서 제외했다.[44] 그럼에도 1317년 8월의 훈령을 교구 성직자들은 베긴회에 기회를 주라는 의미로 해석한 듯하다. 이듬해 8월 교황은 마지못해 교서 「바른 이성」*Ratio recta*을 발표하고, 「어떠한 여인들도」에 따라 '선한' 베긴회원과 '악한' 베긴회원을 구별하도록 당부한다. 1319년 1월 18일 슈트라스부르크 주교는 베긴회원들에게 '교구 성직자들의 원의에 따라' 해산하여 정상적 본당 생활로 돌아갈 것을 권고하였고,[45]▶ 이는 교황 교서

---

[43] D. Phillips, *Beguines in Medieval Strasburg* (Palo Alto 1941) 90ff.
[44] McDonnell (1954) 528ff; Ruh, 112ff; Trusen, 24ff에서 슈트라스부르크 상황을 잘 다루고 있다.

「사도들」 Etsi apostolicae(1319년 2월 23일)로 귀결된다. 이 교서에서 교황 요한 22세는 비엔 교령을 프란치스코회 제3 회원에게 확대 적용해서는 안 된다는 점을 분명히 했다.

슈트라스부르크 상황이 베긴회원들에게 당혹스럽고도 혹독했음은 의심할 여지가 없다. 무엇보다도 이 상황은 교구 사제단과 탁발 수도회 간의 오랜 적대감의 산물이었다. 교구 주교들의 영향하에, 비엔 공의회에서 발표된 교령들은 프란치스코회와 도미니코회의 특권을 축소시키는 데 결정적 역할을 했다. 갈등의 분명한 사례로, 오류에 빠진 이들을 감싸는 것으로 간주된 탁발 수도자들에 대항하여 1318년 8월 5일 슈트라스부르크 주교좌성당 참사회와 성 토마스와 성 베드로 성당 참사회 간 제휴가 선언되었다.[46] 결과적으로 이러한 격랑의 시기에 도미니코회의 핵심 인물 가운데 하나인 마이스터 엑카르트가, 슈트라스부르크 주교인 취리히의 요한네스뿐 아니라 교구 사제단의 이권에 맞서 베긴회의 대의大義를 옹호한 인물로 부각된 점은 딱히 놀라울 것도 없다.

이리하여 마이스터 엑카르트가 쾰른에 도착하자마자 쾰른 대주교의 관심의 대상이 된 까닭이 그 윤곽을 드러낸다. 슈트라스부르크 주교와 동맹관계였던 쾰른 대주교는 이단 혐의가 있는 집단을 맹렬히 추궁하기로 유명했다. 슈트라스부르크에서 지낸 몇 해 동안 엑카르트는 앞서 밝힌 활동과 더불어 일찍이 자신의 라틴어 작품에 녹아 있던 일부 급진적 사상을 독일어로 발표하기 시작했다. 특히 『축복의 서』에 수록된 논고 「고귀한 사람」이 이러한 경우다. 엑카르트의 의심스러운 조항을 다룬 쾰른의 첫 목록

---

[45] McDonnell (1954) 533.

[46] Trusen (1988) 26. 이 시기 문헌에 대해서는 A. Patschovsky, "Straßburger Beginenverfolgungen im 14 Jahrhundert", in: *Deutsches Archiv* 30 (1974) 94-161 참조.

은 『축복의 서』에 있는 자료로 특징지어진다. (완전히 다른 성격이기는 하지만) 무지하거나 냉담한 이들이 쉽게 접할 수 있는 그 조항들은, 위험스럽게도 하인리히 대주교가 베긴회원에게 큰 위협이 되리라 여긴 '자유정신의 형제들'의 몇몇 규율과 유사했다. 이제 하인리히 대주교가 자신이 마이스터 엑카르트에게 품은 적의를 교황 요한 22세가 기꺼이 공감할 것으로 믿은 이유를 알아볼 차례다.

8~14세기 독일 역사를 간략히 살펴보면, 독일 황제(와 그의 제후들), 교황, 프랑스 왕, 이탈리아 속주들이 연관된 끝없는 권력 변천의 양상이 드러난다. 774년 롬바르디아의 왕이 된 샤를마뉴Charlemagne는 800년 서로마제국 황제에 즉위했다. 951년 이탈리아를 침공한 오토 1세는 962년 로마에서 '황제요 아우구스투스'imperator et Augustus라는 칭호를 받는다. 프리드리히 바르바로사Friedrich Barbarossa는 자신의 본거지 슈바벤(독일 남서부 지방 — 옮긴이)을 기점으로 하여 북부 이탈리아를 향해 광범한 군사행동을 전개했다. 그는 마침내 롬바르디아뿐 아니라 토스카나 지방을 비롯한 중부 이탈리아 전역에 상당한 영향력을 발휘한다. 1220년 프리드리히 2세의 이탈리아 무대 진출은 상대적으로 적절치 못했기에 독일 군주제의 심각한 약화, 독일 제후들의 부상浮上이라는 결과를 낳았다. 따라서 1323년부터 바이에른의 루드비히가 북부 이탈리아에 적극 개입하기 시작하여 1327년 이탈리아를 침공한 것은, 제국을 확장하고 이탈리아에서 수입을 꾀하려는 독일 왕들의 오랜 전통에서 가장 최근 일에 지나지 않는다.

교황들은 벌써부터 독일의 이탈리아 침입을 각별히 민감하게 여기고 있었다. 프리드리히 바르바로사는 이탈리아에서 엄청난 이익을 거두어들였으나 그의 벗 교황 루치오 3세는 이를 공식적으로 인정하지 않았다. 교황은 시칠리아 노르만인들과의 제휴를 꺼렸음이 분명하다. 프리드리히 2세

역시 이탈리아 진출로 교황과 멀어졌다. 교황의 이탈리아 보유 재산에 대해 암묵적 위협을 가한 것도 한 이유였다. 이는 프랑스와 독일 간 세력 균형을 유지하려는 역대 교황의 의도와도 간혹 결부되었다. 그런데 바이에른의 루드비히가 이탈리아를 침략한 데 대해 요한 22세가 분개한 이유는 따로 있었다. 요한 22세는 재위 초부터 이탈리아 문제에 관심이 많았다. 교황 선출 직후인 1317년 3월 발표한 헌장 「형제들」Si fratrum에서 그는 "황제의 자리가 비어 있다 여겨 교황의 통치권을 거역하고 제국을 주무르려 하는 자는 누구든 벌을 받을 것"이라고 선언했다.[47] 1323년 10월 8일 바이에른의 루드비히에 대한 교황의 소송이 시작되었다. 이때는 루드비히가 자신의 적수인 오스트리아의 프리드리히를 격파한 뮐도르프 전투(1322) 이후이며, 1323년 3월 자신의 부관 나이펜의 베르톨트Berthold von Neiffen를 통해 롬바르디아 문제에 최초로 개입한 시기이기도 하다.[48] 교황과 황제 간 갈등의 최대 요인은, 바이에른의 루드비히 선출 과정에서 야기된 불화가 아니라 이탈리아에 있었다. 이유는 간단하다. 바이에른의 루드비히는 사실상 자금 능력이 전혀 없었다. "당대인 대다수가 고개를 내저을 만큼 그의 자금 사정은 고질적이고 절망적이었다."[49] 그런 그가 이탈리아에서 황제의 권리를 주장하려 한 것은, 비단 입지를 강화하려는 의도를 넘어 세수稅收 확충을 꾀하는 정책이었다. 이는 그간 미미했던 그의 독일 내 위상을 공고히 하는 데도 중요한 역할을 했다. 이탈리아에서 주도권을 장악하는 데 따른 재정상 이익에 신경 쓰기는 요한 22세도 마찬가지였다. 하지만

---

[47] H.S. Offler, "Empire and Papacy: The Last Struggle", in: *Transactions of the Royal Historical Society* series 5, vol.VI (1956) 25.

[48] *Monumenta Germaniae Historica Const.*, v, nr.729, 568 (Offler, 24에서 인용).

[49] Offler, 31f.

이탈리아에서 치른 전쟁의 대가로 요한 22세는 교황 세수를 널리 확보하기 위해 여타 유럽 지역에서 압박 조치를 취할 수밖에 없었다.[50] 무엇보다 이 교황에게 중요한 것은 로마 귀환에 앞서 중부 이탈리아에서 교황권을 회복하는 일이었다. 온건한 합스부르크가에서 롬바르디아를 통치함에 따라 교황은 로마를 기반으로 새로운 독립을 이룰 것으로 여겼지만, 이 계획은 바이에른의 루드비히의 개입으로 완전히 무산되고 말았다. 바이에른의 루드비히는 공공연한 적대감을 드러내며 교황과 싸웠고 끝내 승리를 거두었다. 그는 1328년 로마 시민의 대리인에 의해 왕위에 올랐다.

마이스터 엑카르트의 명제들이 단죄받은 이유를 다룰 때, 이탈리아에서 교황 요한 22세가 노골적으로 적대적인 독일 왕에 번번이 패하면서 겪은 고뇌를 살펴보는 것이 중요하다. 엑카르트의 재판과 관련하여 끊임없이 제기되는 질문 가운데 하나가, 어째서 교황이 문제를 단순히 묵살해 버리지 않았는가 하는 점이다. 엑카르트의 가르침을 단죄하는 것이 성좌聖座에 이로울 리는 만무했다. 하지만 엑카르트가 죽고 나서도, 교서 「도미니코회 땅에」가 공표되었다. 따라서 마지막으로, 비르네부르크의 하인리히 대주교가 그토록 막강해 보이는 영향력을 교황 요한 22세에게 행사하게 된 배경이 무엇인지 묻지 않을 수 없다.

비르네부르크의 하인리히 대주교는 국왕 선출 권한을 지닌 가장 강력한 독일 교회 인사 세 명 가운데 하나였다. 그는 이미 1308년의 선거 경쟁을 통해 뛰어난 정치 감각을 뽐냈으며, 다른 독일 대주교들로부터 고립되는 것을 결코 두려워하지 않았다. 그해에 하인리히 대주교는 프랑스 후보에

---

[50] 1320~1321년과 1325~1326년 사이에 교황의 수입은 11만 2,490플로린(13세기 이탈리아 피렌체에서 발행한 금화)에서 52만 8,857플로린으로 늘었다. 그중 약 33만 6,000플로린이 롬바르디아 전투에 사용되었다. Offler, 27 참조.

맞서 룩셈부르크의 하인리히를 지지하면서 교황 편에 섰다. 프랑스 영향 하에 있던 마인츠 대주교와 트리어 대주교는 반대했으나 교황과 쾰른 대주교를 이길 수는 없었다. 1314년의 두 번째 선거 경쟁에서, 다시 한 번 하인리히는 자신이 영민하고 기회주의적이며 독자적으로 판단하는 인물임을 드러냈다. 이번에는 마인츠와 트리어의 대주교들이 먼저 룩셈부르크의 하인리히의 후계자인 보헤미아의 요한을 지지하면서 합스부르크가家 후보를 따돌렸다. 하지만 젊다는 이유로 교황이 보헤미아의 요한을 수락하지 않으려 하자 그들은 또 다른 룩셈부르크 후보인 바이에른의 루드비히와 손잡았다. 반면 비르네부르크의 하인리히는 합스부르크가 후보인 오스트리아의 프리드리히에 대한 지지를 변함없이 고수했다. 이 경쟁으로 아헨에서는 마인츠 대주교에 의해 바이에른의 루드비히가 왕위에 오르고, 본에서는 비르네부르크의 하인리히에 의해 프리드리히가 왕위에 오르는 공동 선출이 이루어졌다.[51] "제후들 가운데 오스트리아 당의 핵심 지지자"인 비르네부르크의 하인리히는, 이처럼 교황의 주요 동맹이자 측근이었다.[52] 교황이 바이에른의 루드비히와 투쟁하던 주요 시기를 간략히 살펴보면, 당시 요한 22세에 대한 하인리히 대주교의 큰 영향력이 엑카르트 재판의 결정적 단계와 밀접히 맞물려 있음을 알 수 있다. (엑카르트가 쾰른에 도착한) 1323년 바이에른의 루드비히에 대한 소송이 시작되었다. 1324년 소송이 절정에 이르고 교황은 그를 파문한다. 엑카르트가 죽고「도미니코회 땅에」는 미처 공표되기 전인 1328년, 바이에른의 루드비히는 로마에서 황제에 즉위했다. 그는 교황에 대한 지속적 저항의 일환으로 반反교황anti-pope을 임명하는데, 단명한 니콜라우스 5세Nicholaus V가 바로 그다. 이 시기 교

---

[51] 황제 선출에서 하인리히의 역할에 대한 설명은 Schwamborn (13ff) 참조.
[52] Carl Müller (1879) 151.

황과 하인리히 대주교 간 관계의 본질은, 1324년 6월 3일 교황이 하인리히에게 보낸 편지에서 명백히 드러난다. 이보다 앞선 4월 6일 자 편지에서 교황은 하인리히에게 (그때까지 쾰른 시민의 반대로 지연된) 바이에른의 루드비히에 대한 첫 소환장을 발부할 것을 촉구한다. 그리고 이 두 번째 편지에서 교황은 라인 지방 일대에서 일어난 통행세 전쟁 중에 알브레히트 왕이 교구에서 빼앗아 버린 모든 통행세 권리를 되돌려 주기로 하인리히에게 약속한다. 하인리히는 권리의 현 소유자들을 교황에게 통보하기만 하면 되었다.[53] 이 문서는 당시 쾰른 대주교가 교황 요한 22세에게 광범위한 영향력을 행사했고, 교황은 독일 동맹자의 원의를 기꺼이 따랐음을 증명하는 가장 확실한 자료다. 따라서 엑카르트 단죄 이유에 대한 평가에서도 매우 중요한 의미를 지닌다.

교황 요한 22세가 「도미니코회 땅에」를 통해, 도미니코회 최고 신학자의 작품을 단죄한 까닭을 다각도로 살펴보았다. 쿠르트 루는 엑카르트 저작의 상당 부분이 일상어로 저술되어 있어 대중에게 큰 영향력을 발휘했기 때문이라고 주장한다.[54] 물론 이것도 한 가지 요인이었을 것이다. 하지만 엑카르트가 십 년 이상 일상어로 설교하고 저술한 슈트라스부르크 교구에서는 문제가 되지 않고 오로지 쾰른 교구에서만 단죄가 공표된 것으로 보아 그것이 일차적 요인은 아님을 알 수 있다. 토마스 아퀴나스 시성과 관련하여 프란치스코회를 진정시키고 보상하는 차원에서 엑카르트가 '희생되었다'는 오토 카러의 논증도 지지하기 어렵다.[55] 1328년 요한 22세는 프란치스코회의 반발과 관련해 비교적 강력한 위치에 있었다. 그의 1323년 교서 「몇몇 사람들」*Cum inter nonnullos*은 그리스도의 절대 가난에 대한 가르

---

[53] ibid. Müller는 *Oberbairisches Archiv* I, 64, n.25f에서 이 편지를 언급한다.
[54] Ruh (1985) 173.   [55] Koch (1973) 321, n.195 참조.

침을 이단으로 선언했다. 프란치스코회원들로서는 달갑지 않았을 것이다. 그러나 그 교서는 1325년 리옹에서 열린 프란치스코회 총회에서 받아들여졌다. 이 명백한 승리에 더하여, 1328년 초 프란치스코회 총장인 체세나의 미카엘Michaele di Cesena이 요한 22세의 법정에 (오컴의 윌리엄과 함께) 사실상 피고인으로 서게 된다. 교황에게 매우 유리했던 이 세력 균형에 비추어 볼 때, 요한 22세가 프란치스코회를 무마하거나 그들의 요구에 영합할 하등의 이유가 없었다.

앞서 보았듯이, 엑카르트 재판의 극히 중요한 시기에 교황 요한 22세의 관심사는 주로 이탈리아에, 이탈리아로 돌아가고자 하는 희망에, 이탈리아 땅을 두고 바이에른의 루드비히와 벌인 투쟁에 있었다. 이러한 정치적 맥락에서, 마이스터 엑카르트에 대한 쾰른 대주교 비르네부르크의 하인리히 2세의 유별난 적대감이 성좌에까지 깊은 영향력을 행사한 것이다. 학문적 **미묘함**subtilia을 만끽하며 한 시대를 풍미했던 저 도미니코회 신학자가 자신과 교회에 적잖이 치욕스러운 사건으로 이단 심문에 회부된 것도 결국 이 적대감의 산물이었다.

3 · 마이스터 엑카르트와 당대 수도 여성들

엑카르트를 당대 수도 여성들의 작품과 여성 공동체들의 풍부한 영성생활의 맥락에서 살펴보려는 데는 특별한 이유가 있다. 첫째, 그들도 엑카르트처럼 일상어로 영성 작품을 집필했다. 당시 여성이 라틴어 정규교육을 받지 못한 까닭이다. 일상어 영성 저술이 유럽에 처음 등장할 무렵, 마그데부르크의 메히틸트(독일어권)와 마르그리트 포레트(프랑스어권)가 특히 눈에 띄는데, 둘 다 엑카르트와 관련 있다.[1] 둘째, 13세기 후반에서 14세기 초반 독일 공동체들의 독특한 영성생활에 비추어 엑카르트의 작품을 고찰할 필요가 있다. 엑카르트가 이 공동체들과 꽤 오랫동안 관계했기 때문이다.

---

[1] 엑카르트가 Hadewijch의 작품(또는 Hadewijch II의 것으로 추정되는 전집)을 알았던 것 같지는 않다. 하지만 Ruusbroec은 Hadewijch의 도움을 크게 받았다. Hadewijch는 13세기 중엽 안트베르펜 지방에서 활동했다. 그녀는 튀링겐의 엑카르트가 쉽게 접할 수 없었을 법한 중세 플랑드르 방언으로 집필했다. 그리고 엑카르트에게서는 Hadewijch 작품의 가장 큰 특징인 사랑의 본질신비주의(Wesensmystik)를 떠올리게 하는 어떠한 흔적도 찾아볼 수 없다.

빙엔의 힐데가르트

그런데 일상어가 아닌 라틴어로 저술 활동을 한 12세기 여성을 소개하면서 이 장을 시작하려 한다. 빙엔의 힐데가르트Hildegard von Bingen는 1098년 독일 라인헤센 지방에서 태어났다. 하지만 생애 대부분을 디지보덴베르크와 루페르츠베르크에서 보냈고, 아이빙엔에서 베네딕도 수녀회를 설립했다. 루페르츠베르크는 오늘날 라인 지방 빙엔에 속하며, 아이빙엔은 라인 강의 강둑 맞은편 뤼데스하임을 내려다본다. 디지보덴베르크는 나헤 강에서 약간 떨어져 있다.

힐데가르트는 어린 시절(『생애』Vita에 따르면 세 살 무렵)부터 환시를 보았다. 이는 세 편의 환시 작품, 『스키비아스』Scivias Domini, 『책임 있는 인간』Liber vitae meritorum, 『세계와 인간』Liber divinorum operum의 토대가 된다. 그 밖에도 「자연학」Physica, 「원인과 치료」Causae et Curae 같은 의학 및 과학 논고들, 직접 작곡한 「심포니아」Symphonia를 비롯한 노래 모음집, 짧은 신학 논고와 전기물, 편지 등 약 300편의 유고가 전해진다. 당대 저명인사였던 그녀는 네 명의 교황을 비롯하여 황제 프리드리히 바르바로사, 영국의 헨리 2세, 클레르보의 베르나르두스Bernard de Clairvaux, 그 밖에도 수많은 대주교·성직자·귀족과 편지를 주고받았다. 네 차례에 걸쳐 설교 여행을 했으며, 지역 교계의 초청으로 방문한 쾰른에서는 카타리파Cathari 이단에 반대하여 설교하기도 했다. 그녀는 1179년에 세상을 떠났다.[2]

힐데가르트는 환시 신학자로서 대단히 주목할 만하다. 그녀의 작품은 플라톤주의에 상당한 영향을 받은 12세기 그리스도교 우주론의 관심사를

---

[2] 힐데가르트의 생애와 사상: F. Bowie/O. Davies (eds.) *Hildegard of Bingen: An anthology*, London: SPCK; New York: Crossroad 1990 참조. 힐데가르트의 생애: Sabina Flanagan, *Hildegard of Bingen: A Visionary Life*, London - New York: Routledge 1989 참조.

한데 통합하면서도 재기 번뜩이는 독창적 요소들을 담고 있다. 힐데가르트 사상에는 세 핵심 영역이 있는데, 이것은 특히 그녀의 저작을 동시대인의 것과 구별하는 데 도움이 된다. 첫째, 창조와 교회를 논할 때 그녀는 여성적 의인 화법을 포괄적으로 사용한다. 바바라 뉴먼Barbara Newman이 제시하듯이, 힐데가르트는 "다양하게 변장한 영원한 여성(그분)을 탐구함으로써, 하느님이 세상에 오심과 세상 스스로 존재함을 연결시킨다".[3] 힐데가르트의 둘째 독창성은, 물리적 세계의 풍부한 생명이 영靈의 내적 생명과 연속성을 지닌다는 믿음이다. 이 연속성의 토대는 성령이다. 성령은 살아 있는 모든 것에 작용하는 생명 원리이자 우리 자신의 영적 · 윤리적 치유 원리다. 이러한 관점은 힐데가르트가 폭넓게 사용하는 '푸름'viriditas의 이미지에 요약되어 있다. '푸름'은 그녀의 독특한 심상이다. 피터 드롱케Peter Dronke는 이를 가리켜, "천상 햇살의 현세적 표현이자, 지상의 존재가 현세의 것과 천상의 것 사이의 이중성을 기꺼이 수용하기 위한 조건"이라고 표현한다.[4] 힐데가르트에 의하면, 우리는 생명 원리에 의해 세상과 결합되어 있다. 이것이 자연계에서는 풍요fertility로 드러나며, 은총으로 충만한 인간 차원에서는 그리스도교 덕행과 하느님 사랑으로 드러난다.[5] 셋째, 힐데가르트는 '하느님의 모상'imago Dei으로서 매우 성숙한 인간관을 보여 준다. 하느님이 창조주시라면, 인간은 '창조'(다분히 그리스도교적 색채를 띠고 있는)에 있어서 하느님을 도울 수도 있고 돕지 않을 수도 있다. 이 관점은 힐데가

---

[3] Barbara Newman, *Sister of Wisdom* (California: Scholar Press 1987) 64.

[4] Peter Dronke, "Tradition and Innovation in Medieval Western Colour-Imagery", in: Dronke, *The Medieval Poet and His World* (Rome 1984) 84.

[5] 이 주제는 아벨라르두스가 플라톤의 '세상의 영혼'(anima mundi)을 성령과 동일시한 점을 반영하고 있기는 하나, 이것을 폭넓게 발전시킨 데 힐데가르트의 독창성이 있다(*Theologia christiana* I, 72).

르트 『생애』(II, 35)의 한 대목에서 이렇게 요약된다. "모든 피조물과 더불어 인간은 하느님의 작품이다. 동시에 인간은 하느님의 일꾼이기도 하다."[6] 인간이 하느님의 창조 활동에 협력할지 말지를 선택할 수 있다는 이 믿음이야말로 힐데가르트 작품의 교훈적 특성이다.[7]

본론에 들어가기 전에, 젊은 시절 엑카르트가 힐데가르트 작품을 어느 정도는 알고 있었을 것으로 여길 만한 이유를 밝혀야겠다. 언뜻 보기에 '환시가' 힐데가르트와 '학자' 엑카르트 사이에 공통점이 별로 없어 보일지 모른다. 하지만 역사적 · 지리적으로 두 사람은 겹친다. 힐데가르트가 죽은 후 마인츠 교구와 라인 지방 인근에서는 힐데가르트라는 인물에 대한 숭배cult가 하도 성행하는 바람에, 그녀의 공동체는 마인츠 대주교에게 이 성녀가 더는 기적을 행하지 않도록 빌어 달라고 요청할 정도였다(!).[8] (엑카르트가 쾰른에 있었을 것으로 추정되는) 1324년 교황 요한 22세가 힐데가르트에 대한 '장엄한 공적 예식'[9]을 명시적으로 허용한 사실은 매우 중요하다. 14세기 중엽, 엑카르트의 가까운 추종자로 슈트라스부르크(엑카르트가 1313년부터 10여 년을 살던 곳)에 본거지를 둔 요한네스 타울러는 힐데가르트의 이름을 언급하며 그녀를 '고귀한 피조물'이라 칭하고는, '그녀의 책'에서 '하느님 경외'의 빛을 보았다고 말한다.[10] 하지만 힐데가르트는 에르푸르

---

[6] "Unde et homo opus Dei cum omni creatura est. Sed et homo operarius divinitatis esse dicitur" (PL 197, col.116).

[7] Margot Schmidt, "Hildegard von Bingen als Lehrerin des Glaubens", in: Anton Brück (Hg.) *Hildegard von Bingen, 1179~1979. Festschrift zum 800 Todestag der Heiligen* (Mainz 1979) 95-157 참조.

[8] J.P. Schmelzeis, *Das Leben und Wirken der heiligen Hildegardis* (Freiburg im Bresgau - Leipzig 1879) 602.

[9] 관련 문서에 대한 논의: H. Hinkel, "St. Hildegards Verehrung im Bistum Mainz", in: Brück (Hg.) 385-411.

트(엑카르트의 출신지이자 1294년부터 그가 원장으로 있던 곳)에서 더 널리 알려졌음이 분명하다. 메히틸트의 『신성의 흐르는 빛』Das fließende Licht der Gottheit에는 마그데부르크의 베긴회원이던 메히틸트 자신이 힐데가르트의 『책임 있는 인간』을 접했으리라 짐작할 만한 대목들이 있다.[11]

따라서 역사적으로 조망할 때, 젊은 엑카르트가 힐데가르트의 이런저런 작품을 접했으며, 그녀가 엑카르트의 관심을 끌기에 충분한 재능을 지닌 인물이었음을 짐작하고도 남는다. 엑카르트의 설교에도 힐데가르트의 영향을 받은 듯한 내용들이 있다. 문제의 설교들은 모두 『지혜로운 영혼의 낙원』Paradisus animae intelligentis으로 알려진 모음집에 실려 있다. 이 설교 모음집은 14세기 중엽부터 두 편의 필사본으로 우리에게 전해져 왔다.[12] 여기에 쓰인 튀링겐 방언으로 보아, 그 설교들의 출처는 엑카르트가 초년기를 보낸 에르푸르트의 도미니코회 수도원임을 확실히 알 수 있다. 이 모음집에 있는 설교 64편 가운데 32편이 엑카르트의 것으로 여겨지며 1303년에서 1311년 사이의 것으로 추정된다.[13]▶ 이 설교들은 단죄된 명제들(퀸트의 비판본에서는 진정성의 기준이 되었다)과 사실상 아무 관련이 없다는 점에서,

---

[10] G. Hoffman (Hg./tr.) *Johannes Tauler: Predigten* II (Einsiedeln: Johannes Verlag 1979) 526 (Sermon 68) 참조. Tauler가 언급하는 이 빛은 Scivias에 대한 Rupertsberg의 원 필사본에 있는 삽화 중 맨 처음 것이다.

[11] (설교가들과 순교자들과 함께) '좋은 옷을 입고 멋진 화관을 쓰고 사랑의 노래를 부르며' '햇빛 속의 공기처럼 하느님의 숨결 가운데 떠도는' 동정녀들의 미래 생활에 대한 환시는, 동정녀들의 내세 삶에 대한 힐데가르트의 환시를 우리에게 상기시켜 준다. 그녀는 이것을 자신의 『책임 있는 인간』 6장에서 묘사한다. 『신성의 흐르는 빛』(VI, 6)에 나오는, 아름답게 치장한 젊은 여인으로서의 교회에 대한 환시는 힐데가르트가 베르너(Werner von Kirchheim)에게 보낸 편지에도 유사하게 등장한다. 같은 책 VI, 29에서는 천사들을 하느님의 불에서 튀어오르는 '불꽃들'에 비유하는데, 이는 『세계와 인간』(4, 11)에서 묘사하는 천사들과 밀접히 연관된다.

[12] 이 본문에 대한 Strauch의 비판본은 1919년 베를린에서 출간되었다. 그 모음집에 대한 논의는 Ruh (1985) 60-71과 VL 7, 298-303 참조.

이 선집은 새로운 비판본에서 모아들인 모음집과는 다소 상이한 엑카르트를 그리고 있다. 편찬자가 그런 종류의 자료를 배제했기 때문일 수도 있다. 이 설교들이 엑카르트 사유의 초기 단계를 보여 주고, 특히 많은 문제의 원인이 된 수사적 문체가 채 완성되지 않은 탓으로 보아도 좋다. 『지혜로운 영혼의 낙원』에 실린 설교의 상당수는 창조 질서에 대해, 엑카르트의 후기 저작에서보다 한층 깊은 관심을 보인다.

각 설교는 힐데가르트 작품의 핵심 개념과 긴밀히 병행하는 주제를 담고 있다. 퀸트 비판본의 82번 설교(파이퍼 비판본 62번, 월시 비판본 62번)가 그러하다. 여기서 힐데가르트 사상의 두 중심 요소를 보게 된다. 인간은 하느님의 '작품'일 뿐 아니라 '연장' 또는 '도구'이기도 하다는 믿음이 그 하나요, 생명력과 영적 은총의 토대는 바로 성령이라는 견해가 다른 하나다.

> 셋째로 주목할 점은 하느님이 영혼에게 행하시는 놀라운 일이다. 말하자면 '이 아이에게서 어떤 놀라운 일들이 이루어지게 될 것인가?'이다. 장인匠人이 일을 완벽하게 하려면 연장이 모두 적합해야 한다. 인간은 하느님의 도구이고, 연장은 장인의 고결함을 따를 뿐이다. 그러므로 성령이 영혼 안에서 활동하는 것만으로는 충분하지 않다. 성령은 영혼의 본성이 아니기 때문이다. 내가 종종 말했듯이 성령은 자신을 닮은, 다시 말해 자신의 본성에 속하는 신적 빛을 영혼에게 주었다. 영혼의 일부가 될 만큼 그토록 많은 빛을 주신 것은 영혼 안에서 기쁘게 일하시기 위함이었다. 우리는 빛을 통해

◀13 Ruh (1985) 61ff 참조. Ruh는 이 설교들이 의지보다 지성을 우위에 둔다는 점을 부분적으로 참조하여 작성 연대를 추정한다. 의지에 대한 지성의 우위는 엑카르트의 『문제집』 *Quaestiones*의 특징이다. 이 『문제집』은 1302~1303년 엑카르트가 파리에서 주임교수로 있던 시기의 것이다. 여기서는 발보아의 곤살부스로 짐작되는 파리의 어느 박사의 연설도 언급한다. 이에 맞서서 엑카르트는 구체적으로 정식 논쟁을 벌였다. 개별 설교 일부가 훨씬 후대의 것이라는 Ruh의 지적은 적절하다.

이 점을 잘 알 수 있다. 빛은 만나는 대상에 따라 다양하게 작용한다. 목재와 만난 빛은 고유한 작업을 통해 열과 불을 만들어 낸다. 빛은 나무를 성장시키고 습기를 제거한다. 열을 일으키거나 푸른 결실을 맺게 하는 것이다. 빛은 피조물의 생명을 만들어 낸다. 풀은 양에게 먹혀 양의 눈과 귀가 된다. 그리고 인간 안에서 빛은 축복을 불러일으킨다. 이는 영혼을 하느님께로 들어 올려 그분과 일치시키고 그분의 빛깔을 띠게 하는, 하느님 은총으로부터 온다. 신적 존재가 되기 위해 영혼은 들어 올려져야 한다. 탑 꼭대기에 도달하고 싶은 사람은 탑 높이만큼 들어 올려져야 한다. 마찬가지로 은총을 통해 영혼은 하느님께 들어 올려져야 한다. 은총의 역할은 잡아 이끄는 것, 온전히 잡아 이끄는 것이다. 이를 따르지 않는 이는 모두 비탄에 젖을 것이다. 그런데 영혼은 여전히 은총의 역할에 만족하지 못한다. 은총 역시 피조물의 하나인 것이다. 하느님이 당신 본성에 따라 일하시는 곳으로 영혼은 이끌려야 한다. 그곳은, 장인이 도구의 고결함에 따라 일하는 곳, 장인의 고유한 본성으로 일하는 곳, 일이 장인만큼 고결한 곳, 흘러넘치는 그분과 그 흘러나옴을 받아들이는 것이 모두 하나인 곳이다.

이 설교에서 엑카르트는 "이 아기가 대체 무엇이 될 것인가? 정녕 주님의 손길이 그를 보살피고 계셨던 것이다"(Quis, putas, puer iste erit? Etenim manus domini cum ipso est: 루카 1,66)라고 표현되는 세례자 성 요한의 탄생 축일(6월 24일) 독서를 언급한다. 그는 전통에 따라 '주님의 손'을 성령으로 해석하면서, 성령의 '손'을 통해 자기 '일'Werk을 완성하는 '장인'Werkmeister으로서의 하느님 역할을 강조한다. 여기에는 창조주 하느님과, 인간을 '하느님의 완전한 작품'plenum opus dei이자 '하느님의 일꾼'operarius dei으로 보는 힐데가르트의 견해가 반영되어 있다. 그러나 무엇보다도 엑카르트는 인간이 자신 안에 있는, 하느님을 가장 닮은 모습을 통해 그분과 일치할 수 있다는 인식에 관심을 둔다. 인간 자신의 고결함이 '장인'의 고결함과 부합하는 한 하느님의 완전한 '연장'gezouwe이 될 수 있다는 것이다. 따라서 신성과의 인격적 합일이 중요하다. 이는 세상 안의 윤리적 행위자로서의 인간을 강조하는 힐데가르트의 특징과 대조된다. 그러나 두 인물이 사용하는 묘사 형식에는 일치점이 있다.

우리는 앞에서 성령의 활동이 빛의 작용에 비견되는 것을 보았다. 빛은 자연계의 생명과 푸름, 성장과 결실을 이루어 내며, 영혼 안에서 '축복'을 만들어 낸다. 성령과 빛의 관계가 명백하지는 않더라도, 영적 덕행이라는 내면 세계와 자연의 풍요라는 외부 세계가 (실로 연속성 안에) 나란히 존재하는 것을 우리는 주목하지 않을 수 없다. 이것은 힐데가르트가 매우 좋아하는 주제다. 성령은 "푸른 생명력을 모든 남녀의 마음속에 불어넣음으로써 좋은 결실을 맺게 한다"(DO 10, 2)는 것이 그녀의 생각이었다. 물론 이러한 전이의 근간이 되는 것은, 자연계의 생명 유지와 성장에 필요한 에너지와, 은총의 삶에 필요한 영적 에너지가 모두 동일한 신적 생명에서 비롯된다는 인식이다. 존재의 두 질서를 나란히 두면서 엑카르트는 힐데가르트에 비해 조심스럽고 불분명한 태도를 취하지만 그들 둘의 인식과 묘사에는 합치점이 있음을, 이 설교에서는 새삼 강조한다.[14]

설교 72(W 95)에서 엑카르트는 피조물의 존재론적 지위를 언급하면서, '푸름'의 이미지를 구체적으로 밝힌다.

---

[14] 후일의 설교(W 81)에서도 자연계의 생명을 유지하는 빛과 내적 덕의 원천인 빛을 나란히 둔다. "그러므로 이것들(믿음, 희망, 사랑)은 대신덕(對神德)이라 불린다. 영혼 안에서 하느님의 일을 수행하기 때문이다. 지상에서 생명의 역할을 수행하는 태양도 이와 마찬가지다. 만물을 살게 하고 그 존재를 지탱해 주는 존재가 바로 태양이다." 이 설교도 『지혜로운 영혼의 낙원』에 실려 있다.

예언자가 말한다. "하느님께서는 당신 양 떼를 푸른 목장으로 인도하실 것이다." … 모든 피조물은 하느님 안에서 푸르다. 모든 피조물은 먼저 하느님에게서, 그다음에는 천사를 통해서 나온다. … 높은 데서는 모든 것이 푸르다. '산꼭대기'에서는 모든 것이 푸르고 새롭다. 시간 속으로 내려올 때 그것들은 옅어지고 바랜다. 모든 피조물의 새로운 '푸름' 안에서, 우리 주님은 '당신 양 떼를 먹이실' 것이다. 저 높은 곳에 있는 저 푸른 모든 피조물은 천사들 안에 존재하기에, 세상 그 무엇보다도 영혼을 기쁘게 한다. 태양이 밤과 별개이듯, 제아무리 작은 피조물일망정 그곳에 있는 한 온 세상과 별개이다.

그러므로 하느님의 가르침을 얻고자 하는 이라면 누구나 이 산에 올라야 한다. 거기에서 하느님은 빛으로 충만한 영원 가운데 당신의 가르침을 완성하실 것이다. 하느님에 관해 내가 아는 바, 그분은 빛이시다. 피조물을 상하게 하는 것은 어둠이다.

'푸름'은 힐데가르트 저작에서 특별한 위치를 차지하는 용어이자 그녀에게 속한 고유 이미지다.[15] 힐데가르트 영성을 나타내는 독창적 표현으로, 그녀는 하느님을 계시하는 물리적 세계의 움트는 생명뿐 아니라 은총의 질서를 나타내기 위해 이 표현을 거듭 사용한다. 은총의 질서는 교회의 활동이며, 성령에 토대를 둔 덕스러운 삶이 지니는 풍요로운 생산력이다. 따라서 앞의 설교에서 '푸름'이라는 말을 사용한 점으로 보아, 힐데가르트를 의식적으로 언급한 것이라고 보아도 좋겠다.

---

[15] Bowie/Davies, *Hildegard*, 31ff 참조. Peter Dronke, 84f에서는 일부 사소한 유사점을 가리키면서(Hugues de St. Victor) 힐데가르트에게 있는 이미지의 본질적 독창성을 강조한다. '푸름'의 궁극적 기원은 물론 성경으로, 예레미야서 11장 16절 같은 데서 찾아볼 수 있다.

엑카르트가 '푸름'이라는 명사를 사용하는 방식은 흥미롭다. 이 설교의 성경 본문은 "예수님께서는 그 군중을 보시고 산으로 오르셨다"(Videns Jesus turbas, ascendit in montem: 마태 5,1)인데, 산에 대한 언급 부분에서 엑카르트는 느닷없이 "예언자가 말한다. '하느님께서는 당신 양 떼를 푸른 목장으로 인도하실 것이다'(에제 34,11 참조)"라는 구절을 삽입한다. 이로부터 엑카르트는 '푸름'이라는 개념의 논의를 진전시킨다. 원문에서 제시하는 '올라감'의 이미지에서부터 '푸름'이라는 주제까지 나아가, '높음'이라는 맥락 그리고 본질적 존재라는 형이상학적 맥락에서 푸름을 해석한다. 따라서 피조물의 '푸름'은 엑카르트에게 이미 친숙한 개념이었으며, 자신의 고유한 형이상학적 체계를 전달하려는 목적에서 엑카르트가 '푸름'의 이미지를 사용했다고 추정하는 것이 타당할 듯하다.

과연 그렇다면, 여기서 피조물에 대한 엑카르트의 이해가 힐데가르트의 작품에서 보이는 것과는 두드러지게 차이가 난다고 볼 수 있다. 힐데가르트는 거듭 단호하게 하느님의 피조물이 창조주를 계시한다고 가르친다. '모든 피조물은 하느님이 걸치시는 옷'(DO IX, 14)이라는 것이다. 힐데가르트는 영혼이 육신을 옷 입듯이 하느님이 땅을 입는다고 서술한다(DO IX, 14). 우리는 물리적 세계의 '광채'와 풍요로운 생명을 이미 언급했다. 그렇다면 이 관점은 만년의 엑카르트의 입장과는 확연히 대조된다. 피조물은, 우리가 자신의 신적 형상을 통해 무한하고 본질적인 신적 존재로 올라가는 데 거추장스러운 한정되고 제약된 요인이라는 것이 엑카르트의 입장이기 때문이다. 그는 창조 질서를 신비 교육의 관점에서 해석하기보다는 신적 질서와 대치시킨다. 그리하여 "모든 피조물은 순전한 무성無性(nothingness)"(W 68)이며, 피조물에는 "아무런 진리도 없다"(W 17)고 말할 수 있는 것이다.

엑카르트와 힐데가르트의 신학은 많은 부분이 겹친다. 두 사람 모두 신성에서의 창조라는 원점原點에 대해, 또 말씀을 통한 창조의 기원에 대해 지대한 관심을 보인다. 두 사람 모두 제4 복음서의 첫머리를 폭넓게 언급한다. 강생에 초점을 두는 존재론을 구축하는 데도 두 사람 모두 관심을 가지고 있다. 심지어 표상의 차원에서도 유사점이 많다. 힐데가르트에게서 나타나는 '살아 있는 불꽃'(DO IV, 105)으로서의 영혼의 이미지는 엑카르트의 '영혼의 불꽃'을 상기시킨다. 또한 힐데가르트는 신성의 첫째가는 '샘' 또는 원천으로부터의 창조를 언급하면서 '흘러넘침'bubbling이라는 표현을 사용하고 있다(DO VIII, 2: fons saliens; bulliens – ebulliens에 관한 엑카르트의 말장난은 LW II, 21ff 참조). 이런 유사점들은 궁극적으로 두 사람 모두 하느님의 **풍요로움**에 관심을 기울이고 있음을 드러낸다. 하지만 여기까지다. '푸름'이란 용어의 쓰임에서 보았듯이, 피조물의 지위에 대한 엑카르트의 이해는 힐데가르트의 그것과는 매우 달랐다. 엑카르트에게 시간과 공간의 제약을 받는 피조물이란, 모든 존재의 원천인 신성에 가까운 우주적이고 무한한 존재에로 나아가면서 반드시 초월해야 할 대상이다. 반면에 힐데가르트에게 피조물은 저마다의 피조성createdness을 통해 창조주를 드러낸다. 피조물은 창조주의 옷이기 때문이다. 그 **제한된** 존재 자체로 '광채'radiance의 한 면모를 드러내는 것이다. 초기 저작에서 엑카르트는 "만물이 하느님을 이야기한다"라고 기술하지만 "그들은 극히 보잘것없는 것만 드러낼 뿐"(W 22)이라는 말로 이어진다. 반면에 힐데가르트에게는 "만물이 하느님을 이야기한다"라는 말의 정감이 신학의 핵심을 이룬다. 따라서 엑카르트의 '푸름'은 자신의 형이상학을 위해 힐데가르트의 언어를 단순히 차용하는 것을 넘어, 그녀의 입장을 비판하는 것처럼 보인다. 결국 힐데가르트에게 하느님의 풍요로움은, 영혼과 교회와 성사를 통한 은총의 삶에서뿐 아니라 자연과 창조계의 차원에서도 드러나는 반면, 엑카르트에게서 창조질서는, 창조되지 않은 하느님과 만나려는 우리의 본성을 가로막고 흐리게 한다. 따라서 우리 안의 하느님 탄생은 동시에 '세상 밖에서의'(W 7) 우리의 탄생인 것이다.

마그데부르크의 메히틸트

마그데부르크의 메히틸트Mechthild von Magdeburg의 생애에 관해서는 우선 대표작 『신성의 흐르는 빛』에서 메히틸트 자신이 전해 준다. 메히틸트는 1212년경 마그데부르크 교구에서 태어났다.[16] 작품의 묘사와 문체에서 독일 기사도의 '궁정 연애' 전통에 속하는 **연가**Minnesang에 친숙하다는 것이 드러나는데, 이는 그녀가 귀족 출신이었음을 시사한다. 메히틸트의 남동생이 좋은 교육을 받고 할레의 도미니코회 부원장이 되었다는 전승도 이를 뒷받침한다. 1230년 고향을 떠나 마그데부르크로 간 메히틸트는 베긴 공동체에 입회한다. 노년에 이른 1270년경 그녀는 학문과 영적 저술의 본거지인 헬프타 베긴 공동체에 속해 있었고, 그녀가 마지막 작품을 쓴 곳도 헬프타였다. 그리고 1294년경 그곳에서 사망한 것으로 추정된다.

『신성의 흐르는 빛』은 독일어로 쓰인 최초의 장편 영성 작품이다. 메히틸트는 도미니코회원이자 자신의 고해사제인 할레의 하인리히Heinrich von Halle 지도하에 자신이 쓰던 저지 독일어(독일 북서부 방언 — 옮긴이)로 이 작품을 집필했다. 현존하는 텍스트는 1343년에서 1345년 사이 도미니코회원

---

[16] Jeanne Ancelet-Hustache, *Mechthild de Magdebourg* (Paris 1926)는 메히틸트 생애에 대한 값진 연구서다. Hans Neumann, "Beiträge zur Textgeschichte des 'Fließende Licht der Gottheit' und zur Lebensgeschichte Mechthilds von Magdeburg", in: *Nachrichten der Akademie der Wissenschaften in Göttingen* (Göttingen 1954) 27-80 [Kurt Ruh (Hg.) *Altdeutsche und altniederländische Mystik* (Darmstadt 1964) 175-239에 재수록] 참조.

뇌르트링겐의 하인리히Heinrich von Nördlingen가 알라만어(라인 강 상류 독일 남서부 방언 — 옮긴이)로 번역한 것이다. 이 원문은 꽤 이른 시기인 1285년경 라틴어로도 번역되었다.[17]

엑카르트가 메히틸트의 작품을 접했을 것으로 보는 견해가 여럿 있다. 첫째, 마그데부르크와 헬프타가 모두 에르푸르트와 비교적 가깝기 때문이다. 둘째, 메히틸트가 사용한 방언과 원문의 언어가 색슨족인 엑카르트에게 이해하기 수월했으리라는 점에서다. 셋째, 『신성의 흐르는 빛』의 라틴어 번역이 엑카르트 생전에 이루어졌다는 점, 넷째, 그 출간과 후일의 성공이 도미니코회와 명백히 관련 있다는 점이다. 메히틸트와 에르푸르트의 엑카르트 공동체 사이의 관련성에 대한 확실한 증인으로 아폴다의 디트리히Dietrich von Apolda가 있다. 그가 저술한 성 도미니코의 생애는 13세기에 대단한 인기를 누렸다.[18] 거기에는 『신성의 흐르는 빛』 라틴어본에서 뽑은 내용들이 실려 있었다(그중 한 대목은 훗날 단테의 『신곡』에 삽입됨).[19] 1228년경 태어나 1298년 무렵 세상을 떠난 디트리히는 엑카르트의 에르푸르트 도미니코회 공동체 회원이었다.[20] 그가 도미니코회원으로 산 것은 생애 마지막 10여 년(1287~1298)으로 추정되는데, 이 시기는 엑카르트의 에르푸르트 수도원장 재직기(1294~1298)와 실제로 겹친다. 마그데부르크의 메히틸트의 작품이 성 도미니코의 생애를 쓰는 데 활용될 정도였는데도 마이스터 엑

---

[17] 원문의 전체 역사에 대해서는 Neumann 참조.

[18] 원문 수록: *Monumenta ordinis Fratrum Praedicatorum historica*, III, 1931.

[19] Dante, *La divina commedia*, Paradiso, XII, 37-45. 이 분야 연구사에 대해서는 E. Zum Brunn/G. Epiney-Burgard, *Femmes Troubadours de Dieu* (Belgium: Editions Brepols 1988) 77; n.19 참조.

[20] LTK III, 383-4; VL 2, 103-10. Helmut Lomnitzer는 VL에 있는 자신의 글에서 디트리히 작품의 마무리 연도를, 도미니코회 총장 니콜라우스 보카시니(Nicholaus Boccasini)에게 헌정된 시점을 기준으로 1296년에서 1298년 사이로 잡는다.

카르트가 그녀의 작품을 몰랐다는 것은 상상하기 어렵다. 게다가 도미니코의 생애를 다룬 작품이 엑카르트가 원장으로 있던 바로 그 수도원에서 간행된 것이다.

엑카르트처럼 메히틸트도 하느님과 영혼의 합일을 규명하는 데 관심을 쏟았다. 그녀의 '궁정 연애'적 요소들이 엑카르트의 스콜라철학과 매우 상이해 보일지라도, 그녀 또한 엑카르트처럼 확실한 영적 체험을 위해 세속적 전통 요소들뿐 아니라 자신의 고유한 상상력을 동원한다. 과연 작품의 양식이나 내용 면에서 메히틸트와 엑카르트는 놀랍도록 유사한 점이 많다. 우선 그들 저작의 유사성을 살펴보겠다. 어쩌면 당시의 여느 신비주의 작가들에게도 공통적으로 해당되는 주제나 이야깃거리일 수 있다. 다음으로, 그들 저작에서 더욱 구체적으로 일치하는 영역을 살펴볼 것이다.

메히틸트가 '벌거벗음'과 '합일'이라는 용어를 사용한다는 점이 첫째 유사성이다.

영혼: 주님, 당신이 요구하시는 바가 무엇입니까?
하느님: 그대는 벌거벗어야 하느니!
영혼: 하오나 주님, 그러면 제게 무슨 일이 생기겠나이까?
하느님: 영혼이여, 그대는 이렇듯 나의 본성을 공유하고 있기에
   그대와 나 사이에 그 무엇도 들어올 수 없느니
   영원으로부터 그대 것이었던 바를
   한순간에 깨닫게 되는
   그런 영예는 일찍이 천사조차도 누려 본 적 없노라.
   하여 그대는 버려야 하느니
   두려움과 부끄러움 모두를

그리고 온갖 외적인 덕을.
본성을 통해 그대 안에 삶으로써만
그대는 영원으로 나아가리라 …(1,44).[21]

이 대목이 표상하는 바는 '혼인의 신비'Brautmystik임이 분명하나, 강조되는 개념, 즉 영원으로부터 하느님 안에 있는 우리의 본질적 존재 개념은 엑카르트에게서 줄곧 드러나는 주제와 유사하다. 존재의 본질적 벌거벗음으로 돌아가야 한다고 엑카르트는 거듭 강조해 왔다. 메히틸트에게 영혼은, 존재의 단순함을 성취하기 위해 자신과 하느님 사이에 끼어드는 모든 것을, '외적인 덕'까지도 벗어 버려야 한다. 그러한 본질 상태에서 영혼은 하느님과 합일을 누린다. 덕을 견지하면서도 불가피하게 초월하려는 형이상학적 초탈detachment에 대한 엑카르트의 거듭된 호소와 유사한 부분이다.

다른 곳에서 메히틸트는 내적 상태, 일치된 경지에 도달하기 위해 자기 벗음, 특별히 영혼의 '피조물 벗음'이라는 표현을 사용한다. "그녀(영혼)는 모든 것을 벗는다"(III, 10). 메히틸트는 하느님이 우리에게 말씀을 건네시는 세 장소를 언급한다. 첫째는 감각이요, 둘째는 영혼이며, 셋째는 하늘이다(여기에는 인용하지 않았음). 그녀의 말이다.

첫째 장소에서는 이따금 사탄도 영혼에게 말을 걸지만, 나머지 두 장소에서는 불가능하다. 첫째 장소란 사람의 감각을 가리킨다. 하느님은 물론 사탄과 여타 피조물까지 저들의 의지에 따라서 뚫고 들어가 이야기할 수 있도록 열려 있는 곳이다. 하느님이 우리에게 말씀하실 수 있는 둘째 장소는

---
[21] 저자 영역: Mechthild 작품의 새 비판본 *Mechthild von Magdeburg*, H. Neumann (Hg.) '*Das fließende Licht der Gottheit*', Bd.1, München 1991.

영혼이다. 한 분 하느님 말고는 아무도 그곳에 들어갈 수 없다. 하느님이 영혼 안에서 말씀하시는 이 사건은, 감각이 의식하거나 깨닫지 못하는 가운데 영혼과 하느님과의 열렬하고 급작스러운 합일로 이루어진다. 따라서 감각은 (하느님의) 지극히 복된 말씀을 들을 수 없다. 감각은 그 어떤 피조물의 존재도 감당할 수 없으리만치 무력해진다(VI, 23).

합일에 이른 영혼이 피조물의 영역을 초월함으로써 피조물은 사라져 간다. 이 대목에서, 그 무엇도 그 누구도 아닌 하느님만이 들어갈 수 있는 장소로서의 영혼 개념은, 또한 하느님 외의 그 어떠한 '능력'도 개입할 수 없는 '영혼의 불꽃'에 관한 엑카르트의 견해를 긴밀히 반영한다(W 8).

메히틸트가 신화神化(divinization)의 주제를 전개하는 방식에서도 마이스터 엑카르트가 보인다. 다음 단락에서 그녀는 우리와 하느님의 합일이 지니는 **형이상학적** 측면을 강조하면서, 엑카르트와 마찬가지로, '우리가 하느님이 된다'는 극단적 표현을 사용할 준비가 되어 있다(여기서 detached는 엑카르트의 abegescheidenheit가 아니라 mit also ellendiger sele를 영어로 옮긴 것이다).

어떤 피조물의 존재도 감당할 수 없을 만큼 낮추인 마음으로, 또 기도 중에는 하느님을 제외한 모든 것이 떨어져 나갈 만큼 초탈한detached 영혼으로 그리스도인의 기도를 바칠 때, 우리는 하늘의 아버지와 더불어 거룩한 하느님이 된다(VI, 1).

메히틸트는 우리와 하느님과의 합일이 지니는 **의지적**volitional 측면도 강조한다. 말하자면 우리 의지가 하느님 의지와 하나가 되는 데 이르는 것으로, 도미니코회원에게는 또 다른 중요한 주제다(W 65).

그러나 거의 무의식 중에 우리에게 쌓이는 죄의 먼지는, 탄식으로 가득한 우리 영혼이 고통스럽고도 감미로운 갈망 속에 눈을 들어 하느님을 대하는 그 순간만큼이나 순식간에, 사랑의 불에 의해 파괴되고 만다. 어떤 피조물도 이 사랑의 불을 견디어 낼 수는 없다. 영혼이 일어서기 시작하면 죄의 먼지는 영혼에서 떨어져 나가고 영혼은 하느님과 더불어 하느님이 되어 하느님이 뜻하시는 바를 뜻한다. 그것 말고는 어떠한 방식으로도 일치할 수 없다(같은 곳).

그리고 셋째 대목에서, 메히틸트는 단호한 어조로 합일을 다시 언급한다. 여기에는 우리로 하여금 하느님을 알게 해 주는 엑카르트의 신적 불꽃 이론이 한층 깊이 반영되었다(W 66).

사람 눈이 제아무리 좋다고 한들 1마일 이상을 볼 수는 없다. 이해력이 아무리 뛰어나다 한들 우리는 감각 너머의 것들을 오로지 신앙의 힘으로만 이해할 수 있다. 그렇지 않고는 어둠 속을 더듬거리는 맹인에 지나지 않을 것이다. 하느님께서 사랑하시는 것들을 모두 사랑하며 하느님께서 증오하시는 것들을 모두 증오하는 그 사랑하는 영혼은, 하느님께서 밝혀 주신 눈을 가지고 있다. 그 눈으로 영혼은 영원으로부터 계시는 하느님을 들여다 보고, 그분의 신적 본성으로 영혼 안에서 수행하신 활동을 볼 수 있다. 그분은 영혼을 당신 모상으로 빚으시고, 당신 안에 뿌리를 두게 하시며, 그 어떤 피조물보다 당신과 가까이 일치시키고, 당신 안에 감싸 주셨다. 신적 본성을 아낌없이 영혼에게 부어 주시어 영혼이 그분과 합일하는 순간, 그분이야말로 아버지 이상의 분이라고 영혼은 말하지 않을 수 없다(V, 31).

영적 전통에서는 꽤 드물기는 하나 메히틸트가 마이스터 엑카르트와 공유하는 주제가 강조되는 대목들이 있다. 메히틸트는 영혼이 하느님을 받아들일 준비가 되어 있을 때 하느님께서 영혼에게로 **반드시** 내려오시는 적어도 두 가지 경우를 이야기한다(W 60). 하느님께서 그렇게 하시는 것은 그것이 하느님의 본성이기 때문이다. "단순하고 순수한 이들 그리고 자기들이 하는 모든 일에서 하느님만을 지향하는 이들에게만 하느님은 당신 본성에 따라 반드시 마음을 돌리신다"(II, 23).

> 그때 그분[하느님]이 말씀하셨다. "진실로 그대가 겸허한 호소와 경외 속에 나를 앞서 간다면, 나는 높은 물결이 깊은 웅덩이에 잠기듯이 기필코 그대를 따를 터이다. 그대가 충만한 사랑에 대한 주체할 수 없는 갈망으로 나에게 온다면, 나는 반드시 그대에게 가리라. 나의 신적 본성으로써 그대를 만나 나의 유일한 여왕으로 삼으리라"(III, 15).

메히틸트는 엑카르트에게서 드러나는 높음과 깊음에 대한 똑같은 표상도 사용한다(W 46). 아래 대목의 '지극히 높으신' 분은 하느님이고, '모든 것 가운데 가장 낮은 골짜기'는 겸손한 영혼이다.

> 영혼: 하느님을 반대하는 이들은 누구입니까?
> 사랑: 사악함을 자신과 다른 이들에게 지우는 이들이다.
>   이제 나는 그대에게 그분[하느님]이 누구신지 말할 것이다.
>   그분은 지극히 높으신 높음이요,
>   바로 그 높으신 높음이
>   모든 것 가운데 가장 낮은 골짜기로 내려오셨다.

그리고 모든 것 가운데 가장 낮은 골짜기는

지극히 높으신 높음에로 들어 올려졌다(II, 23).

내가[하느님이] 특별한 은총을 베풀 때

언제나 나는 가장 낮은 장소,

가장 보잘것없고 숨은 장소를 찾았다.

가장 높은 산들은

내 은총의 계시를 받을 수 없다.

나의 흘러넘치는 성령은

본성상 골짜기로 흘러들 따름이다(II, 26).[22]

메히틸트는 수사 기법을 통해 극적으로 비교하기를 좋아했으며, 그 점은 엑카르트도 마찬가지였다. 그녀는 이렇게 표현한다.

내가 그곳[하늘]에서 보고 듣고 알게 된

가장 작은 진실이라도

일찍이 지상에서 알려진

가장 큰 진실보다 위대하다(III, 1).

비례 구문뿐 아니라 엑카르트의 『강화』에 나오는 여러 유사한 대목과 긴밀히 대비되는 의미를 담은 내용도 있다.

---

[22] 도미니코회 설교가(說敎家) 타울러의 설교를 강하게 상기시킨다. 그는 성령을 라인 강에 비유한다. "마치 거대한 홍수로 그 둑을 부숴 버리려는 듯이, 온갖 것을 집어삼키려 포효하고 위협하며, 모든 골짜기와 비탈들을 채우는 … 그리하여 그분은 자신에게 열려 있는 골짜기와 심연을 채우신다"(Hoffman, Sermon 25).

그대가 안팎으로 지닌 모든 것을 하느님께 바칠 만큼 그분과 전부를 나눌 때라야만 (하느님과의 합일이라는) 상태에 이를 수 있다. 그때야말로 하느님은 참으로 당신 안팎의 모든 것을 그대에게 주실 것이다(IV, 15).

확실한 제3의 근거 자료 없이 한 작가가 다른 작가에게서 받은 영향을 증명하기란 물론 매우 어렵다. 여기서는 엑카르트가 힐데가르트와 메히틸트의 작품을 접했을 가능성이 크다는 점과, 두 사람의 당시 평판으로 보아 엑카르트가 그들과 관계했으리라 여겨지는 역사적 근거를 제시하려 했을 뿐이다. 엑카르트 초기 저작의 내재적 징표들이 이 점을 뒷받침해 준다. 그것은 힐데가르트의 **푸름**에 대한 비판으로 드러나기도 하고, 메히틸트와 견해를 같이하거나 영향 받았음을 보여 주는 것으로도 드러난다.

마르그리트 포레트

『단순한 영혼의 거울』은 중세 당시 크나큰 반향을 일으킨 신비주의 논문이다. 14세기 초반에 프랑스어로 집필된 이 논문은 일찍이 라틴어(2종)와 영어, 이탈리아어(2종)로 번역되었다. 그런데 1946년에 이르러, 이 작품의 저자인 벨기에 에노 출신의 베긴회원 마르그리트 포레트가 1310년 파리에서 화형당했으며, 작품 역시 캉브레 주교 기Guy 2세에 의해 발랑시엔에서 공개 소각되었다는 사실이 밝혀졌다.[23] 오늘날 이 작품이 우리의 관심을 끄는 이유를 두 가지 측면에서 살펴보겠다. 첫째, 『단순한 영혼의 거울』은 엑카르트의 작품에서 종종 드러나는 특정 신비주의 주제를 강조하고 있

---

[23] R. Guarnieri (ed.) "Il movimento del Libero Spirito", in: *Archivio italiano per la storia della pietà* 4 (Roma 1965) 353-708. 또한 라틴어 역본에 대한 Paul Verdeyen의 (프랑스어 원문과 대조한) 비판본, *Corpus Christianorum continuatio mediaevalis* LXIX (Turnhout 1986) 참조. Marguerite Porète에 관한 이 장의 언급들은 이 비판본에 나오는 것이다.

다. 둘째, 엑카르트와 『단순한 영혼의 거울』 저자 사이에는 간접으로나마 역사적 연관성이 실제로 존재한다.

헤르베르트 그룬트만은, 마르그리트가 죽은 이듬해(1311) 파리에 도착한 엑카르트가 파리의 기욤 윙베르Guillaume Humbert de Paris가 살던 생자크의 도미니코회 수도원에서 지냈다고 처음으로 주장했다.[24] 기욤은 마르그리트의 심문관이었다. 이러한 역사적 근거에 더하여 쿠르트 루는, 엑카르트가 그보다 일찍 고드프루아 드 퐁텐Godefroid de Fontaine을 통해 『단순한 영혼의 거울』을 접했으리라 추정한다. 교회법 학자이면서 1285/6년부터 파리 대학 신학부 주임교수를 지낸 고드프루아는 마르그리트의 작품에 긍정적 평결을 내린 세 명의 신학자 중 하나였다. 그는 1300년부터 1302년까지 로마에 머물다가 파리로 돌아왔다. 엑카르트가 두 번째로 파리에서 가르치던 때보다 앞선 시기다.[25] 따라서 엑카르트가 그 텍스트를 직접 접하지 못했다면, 그 책과 저자의 단죄 이유가 된 명제들에 관해 좀처럼 알 수 없었을 것이다.

마르그리트 포레트의 『단순한 영혼의 거울』의 특정 주제와 엑카르트의 설교 「마음으로 가난한 사람은 행복하다」Beati pauperes spiritu에는 상당한 유사성이 있다고 처음 주장한 인물이 에드먼드 콜리지와 말러J.C. Marler다.[26] 그들은 몇몇 주제에서 공통된 원천이 있을 것으로 제시하면서도 "직접적 영향이 있다고 추정하지는" 않았다.[27] 그런데 큰 유사성을 보여 주는 주제도 있다. 마르그리트 영성의 중심을 이루는 형이상학적 가난의 문제다. 그녀는 거듭하여, '멸절하고', '해방되거나', 완전해진 영혼이 어떻게 자신의

---

[24] "Ketzerverhöre des Spätmittelalters als quellenkritisches Problem", in: *Deutsches Archiv für Erforschung des Mittelalters*, 21 (1965) 519-75. Colledge/Marler (1984) 15.

[25] Ruh (1985) 104.   [26] Colledge/Marler (1984) 25-47 참조.   [27] *ibid.* 25-7.

의지와 지식에서 완전히 벗어나 하느님과 일치하는지를 설명한다. 그 영혼이 "오직 아는 한 가지는 자신이 아무것도 모른다는 것이고, 오직 바라는 한 가지는 자신이 아무것도 바라지 않으려는 것이다"(42장). 이것은 「마음으로 가난한 사람은 행복하다」를 통해 엑카르트가 발전시킨 주제로, "가난한 사람은 아무것도 바라지 않고, 아무것도 알지 못하며, 아무것도 가진 게 없다"(W 87)라는 구절과도 매우 유사하다. 선을 바라는 것마저도 나쁘다는[28] 마르그리트의 관점은(48장) 엑카르트의 다음 말과 상응한다. "내가 영원한 진리로 선언하노니, 그대가 하느님의 원의를 행하려는 원의를 가지고 영원과 하느님을 갈망하는 한 그대는 가난할 수 없다. 아무것도 바라지 않고 아무것도 갈망하지 않는 사람이 바로 가난한 사람이다"(같은 곳).

이로써 엑카르트가 『단순한 영혼의 거울』을 읽은 것은 물론, '원의를 품지 않음'이라는 중요한 주제를 자신의 설교 「마음으로 가난한 사람은 행복하다」에 이용했음이 분명해진다. 쿠르트 루는, 엑카르트가 이런 요소들을 취해 "더욱 면밀하게, 신학적으로 타당하도록 체계화"시켰으리라 고찰한다.[29] 원의와 지식을 버리는 것이야말로 '창조되지 않은' 원천으로 돌아가는 데 필수적이라는 사실을 전제로, 『단순한 영혼의 거울』에 실린 독자적이고 영적인 언명들이 「마음으로 가난한 사람은 행복하다」에서 풍부한 형이상학적 맥락을 지니게 되었을 것이다. 그러나 이 설교에 담긴 사상과 엑카르트의 가장 초기 작품들의 사상이 완전히 별개의 것은 아니라는 루의 의견도 타당하다.[30]

---

[28] 프랑스어로는 'quelque chose qu'il vieulle', 라틴어로는 'quantumcumque sit bonum illud quod vult'라고 읽는다.

[29] Ruh (1985) 104.

[30] *ibid*. 108. 참조: TI 23 (DW V, 300-1).

『단순한 영혼의 거울』이 1306년 이전에 단죄받았고(1296~1306년 캉브레 주교였던 기 2세에 의해), 1310년 마르그리트가 화형당했으며, 단죄받은 명제들이 1311~1312년의 교령 「우리에게」*Ad nostrum*(1317년 출판)에 등장한 사실에 비추어, 엑카르트가 그녀의 작품을 이용함으로써 의도하려 한 바가 무엇인지에 관해 몇 가지 의문을 제기하지 않을 수 없다. 1326년에는 엑카르트가 「마음으로 가난한 사람은 행복하다」를 아직 구상 중이었다는 콜리지와 말러의 주장이 옳다면, 그 설교는 과연 불굴의 성격을 띤 '저항의 상징'으로 볼 수 있다.[31] 반대로 쿠르트 루처럼, 단죄받은 마르그리트 포레트와의 연대적 차원에서 그 설교를 다루는 것은 더욱 문제가 있는 것 같다. 그랬다가는 단지 엑카르트가 단죄된 명제들을 통해서만 그녀의 작품을 접했다고 보아야 하지 않겠는가.[32] 엑카르트가 마르그리트 포레트의 작품 전체를 접했다면, 분명 자신과는 대조되는 입장을 발견했을 것이다. 엑카르트 자신은 '행위'의 내용을 그 어떤 '외적' 가치보다 강조하면서도, 그 행위를 떠나보내야 한다고 주장하지는 않는다(『단순한 영혼의 거울』 85장). '덕행'의 생활(외적 준수)과 '영'의 생활(『단순한 영혼의 거울』 55장) 간의 직접적 대립을 강조하지도 않는다. 오히려 「마음으로 가난한 사람은 행복하다」에서 엑카르트는, 덕을 실천하면서도 덕행의 깊은 의미에 대해서는 순진무구함을 간직한 사람들의 행복을 바란다. 엑카르트는 또 완전한 영혼들의 '참된' 교회와 외형적인 여타 교회를 구별하지 않는다. 반면에 마르그리트에게는 전자가 '한층 위대한 교회'이고 후자는 '보잘것없는 교회'다. 끝으로 전기(傳記)적 차원에서 볼 때, 마르그리트가 가톨릭교회에 정면으로 대항하여 비참한 죽음을 맞았다면, 엑카르트는 성좌의 최종 판결에 호소하면서까지 이단 혐의

---

[31] Colledge/Marler (1984) 44-7.   [32] Ruh (1985) 107.

에 대해 결백을 주장했다. 이단 혐의는 의도되었다는 것이다. 따라서 「마음으로 가난한 사람은 행복하다」에 직접 영향을 끼쳤다고 할 만한, 엑카르트와 마르그리트 포레트의 저술 간 유사성을 인정하면서도, 그들의 작품을 동일하게 보지 않도록 조심해야 한다.

여성에 대한 사목적 배려

여성 문제의 역사적 배경이나 12~13세기에 수많은 여성 공동체가 급작스럽게 번창한 사건의 핵심을 여기서 모두 다룰 수는 없다. 다만 이 시기 수도 여성의 역사를 일별하지 않을 수 없는 까닭은, 엑카르트 생애의 본질적 배경과 연관성을 지니기 때문이다.

수도 성소에 이끌린 여성들의 수가 12세기에 급속히 증가한 현상을 설명하기는 쉽지 않다. 도시의 발달과 십자군 원정으로 남성 귀족이 감소한 것과 연관되었거나, 아시시의 성 프란치스코의 생애에서 보듯이 많은 남녀가 복음적 가난에 투신한 영성 운동의 결과일 수도 있다.[33] 원인이야 어떻든 결과적으로 12세기 후반 이후 수도생활을 하려는 여성이 많아졌다. 1120년 크산텐의 노르베르트Norbert von Xanten가 창설한 프레몽트레회가 그런 여성들을 최초로 받아들였다. 그런데 오래지 않아 이 수도회는 여성들을 수용하는 데 큰 부담을 느끼게 되었다. 이들을 사목하기 위해서는 수도회 자체의 상당한 인력이 필요했던 것이다. 그리하여 여성들은 시토회로 눈을 돌렸으나, 시토회 역시 1228년부터는 더 이상의 여성 공동체 설립을 금지했다.

---

[33] 베긴회의 기원에 대해서는 H. Grundmann, "Zur Geschichte der Beginen im 13 Jahrhundert", in: H. Grundmann, *Ausgewählte Aufsätze* I (Stuttgart 1976) 201-21 [*Archiv für Kulturgeschichte* 21 (1931) 296-320에 처음 게재] 참조.

수도생활을 추구하는 여성은 증가하는데 기존 수도회에서는 편의 제공을 꺼려함에 따라, 결과적으로 기존 공동체 밖에 있으면서 수도 공동체 생활을 따르는 독자적이고 여유로운 공동체들이 발전하기 시작했다. 이 새로운 진전에 따른 주요 현상 가운데 하나가 베긴 운동으로, 독일과 북해 연안 저지대에서 두드러졌다. 실제로 '베긴회원'을 자처하는 여성들에 대한 기록은 이미 12세기 후반 (오늘날 벨기에의) 리에주 교구에서 처음 등장했다. 명칭에 관해서는, 그들이 랑베르 르 베그Lambert le Bègue라는 교회 개혁자의 감화를 받은 경건한 여성 집단의 후예라는 한 가지 설이 있다. 그런데 랑베르 르 베그는 '사도파'Apostles라는 이단에 속해 있다고 거짓 고발을 당한 인물이었다. '르 베그'le Bègue라는 별칭은 사도파에서 입는 물들이지 않은 참회의 옷 색깔을 가리키는 프랑스어 '리 베주'li beges나 '회색 옷을 입은 이'에서 유래하며, '이단자'라는 뜻도 있다. 신빙성이 덜하면서 베긴회원들에게는 오히려 불리한 두 번째 설은, '베긴'이라는 말이 프랑스 남부 지방의 카타리파와 결부된 또 다른 이단 '알비파'Albigensian에서 유래한다는 설이다. 이 이단은 베긴회원들과 분명 아무런 연관이 없다. 다만 베긴 운동 초창기의 탁월한 인물인 우아니의 마리Marie d'Oignies가 알비파 십자군을 적극 지지했을 뿐이다.[34]

'베긴'이라는 용어의 의미는 애매했지만, 기도와 봉사의 공동생활을 선택한 여성들에게 일반적으로 적용되었다.

> 일부 베긴회원은 부모와 함께 살거나 자기 집에서 지냈지만, 간혹 그들은 '공동체'라고 불리는 집을 함께 마련하기도 했다. 이 집은 병원이나 나병

---

[34] F. Bowie (ed.)/O. Davies (tr.) *Beguine Spirituality: An Anthology* (London: SPCK; New York: Crossroad) 12f 참조.

요양소 근처에, 아니면 기존 수도 공동체 주위에 딸려 있었다. 베긴 운동이 힘을 얻으면서, '베기니지'beguinages(플랑드르어로는 begijnhoven)로 알려진 이런 거주지의 규모가 커지고 복잡해졌다. 미혼·기혼·과부인 여성들은 대개 베긴회원으로 사는 동안 독신을 지키겠다는 비공식 서약을 했지만 사유 재산권은 계속 행사했다. 그들은 신분을 자유로이 바꿀 수 있었고, 수도 생활 규칙의 의무에 매이지 않았다.[35]

처음에는 교회의 지원으로 시작되었으나 교회 통제의 변방에 있던 이 여성 공동체들은, 이내 그들의 혁신적 생활양식을 일종의 무례함으로 받아들인 반듯한 무리의 주목을 끌게 된다. 이 여성들을 용인해서는 안 된다는 비판의 소리가 1273년 처음 터져 나왔다. 베긴회원이 결혼 의무를 저버린 것은 죄라며 올뮈츠의 독일인 주교가 비판하고 나선 것이다.[36] 그 이듬해 리옹 공의회는 새 수도회 창설에 대한 교회의 반대 입장을 재확인하면서, 1215년의 첫 금지 조치 이후 설립된 수도회들에 대해 가능한 한 빨리 기존 수도회와 합칠 것을 촉구했다.[37] 1311~1312년 비엔 공의회는 더욱 공격적인 노선을 취하여 「어떠한 여인들도」와 「우리에게」를 차례로 작성했다.

수도생활에 대한 여성들의 열정에 오래된 수도회들이 제대로 대처하지 못함으로써 야기된 공백을 프란치스코회와 도미니코회라는 새로운 탁발 수도회들이 자연스레 메우게 되었다. 그런데 도미니코회는 설립 이래 여성에 대한 사목적 책임에 대단히 양면적인 태도를 견지했다. 1228년 회칙

---

[35] *ibid*. 30.

[36] R.W. Southern, *Western Society and the Church in the Middle Ages* (Harmondsworth, Penguin 1970) 329.

[37] c.23 *Conciliorum Oecumenicorum Decreta*, J. Alberigo (ed.) 302 (Southern, 329에서 인용) 참조.

은, 여성 공동체들에 대한 사목적 배려가 교육 장려와 오류 교정이라는 수도회의 참된 사명을 훼손할 수 있다고 명시했다.[38] 이에 대한 찬성 측과 반대 측 간의 오랜 싸움 끝에 '수사들은 수녀들에 대한 영적 통제권을 행사하되 이 새로운 권한에 집착해서는 안 된다'는 규정이 마련되었다. 1267년 교황 클레멘스 4세의 영에 따라, 도미니코회는 마침내 여성 공동체들에 대한 책임을 받아들였다.[39]

독일에서는 특히 토이토니아 관구에 이런 수녀원이 많았다. 민덴의 헤르만Hermann von Minden은 70군데가 넘는 수녀원을 책임졌다. 수녀원들의 회헌을 살펴보면, 대단히 많은 수녀원이 베긴회에 기원을 두었으며, 베긴 공동체들이 도미니코회와의 합병을 모색함에 따라 그 수가 계속 증가했음도 알 수 있다. 슈트라스부르크나 쾰른 같은 도시에서는 베긴 공동체가 도미니코회와 유대를 가지면서 도미니코회(와 프란치스코회) 수도원 주변으로 모여드는 경향이 두드러졌다.[40] 가령 슈트라스부르크에서는 도미니코회 수녀원 가운데 세 곳이 애초에 베긴회원의 집이었고, 도미니코회에서 관할하는 베긴회원의 집이 85군데나 더 있었다.[41] 도미니코회는 이 여성들을 교회 입장에서 존중하며 행정적으로 감독했으며 지도수사로서 봉사했다. 또 중요한 축일 전야에는 학식 있는 설교가로서 이들에게 설교하기도 했다.[42] 비록 정치적 의도에서 비롯된 것이라 해도, 결과적으로는 영적 결

---

[38] McDonnell (1969) 187. [39] ibid. 194.

[40] Langer (1987) 36ff 참조. Southern은 327f에서 이렇게 서술한다. "1263년부터 1389년 사이에 쾰른에 정확한 주소가 있는 것으로 알려진 167명의 베긴회원 중 136명이 도미니코회 수사들과 프란치스코회 수사들 인근에 살았다." McDonnell (1969) 203f 참조.

[41] 참조: McDonnell (1969) 203f; H. Grundmann, "Deutsche Mystik, Beginentum und Ketzerei des 'Freien Geistes'", in: *Religiöse Bewegungen im Mittelalter* (Hildesheim 1961) 533; D. Phillips, *Beguines in Medieval Strasburg*, Palo Alto 1941.

[42] 축일 설교는 그 지역 주민에게도 매우 인기가 높았다. McDonnell (1969) 199 참조.

실을 맺기에 실로 충분한 방식이었다.

이미 1298년 무렵부터, 오늘날 '영성 지도신부'라고 부르는 직무에 마이스터 엑카르트가 애착을 보였던 증거가 남아 있다.[43] 적어도 초기의 『강화』는 영적 개념을 대단히 유려하게 다루면서, 엑카르트 자신이 맡은 이들의 영성생활에 크게 **기여**했음을 알 수 있다. 슈트라스부르크 소임을 둘러싼 특별한 상황들로 보아, 도미니코회 총장 란도라의 베렌가르는 엑카르트야말로 정치적·사목적 사안을 처리하는 데 적임자라고 확신했음을 다분히 짐작할 수 있다.

엑카르트가 슈트라스부르크에서 수행한 직무는 다양했다. 1312년 카르카손 총회의 결의 사항 중 한 대목을 통해 그 직무의 내용을 엿볼 수 있다. 총대리 두 명을 헝가리 관구에 파견하는 것과 관련된 내용이었는데, 그들에게는 "각각의 공동체와 지역에서 장상들뿐 아니라 회원들과 관계되는 사항을 조사하고, 꾸짖고, 해결하고, 확인하고, 개혁하는" 전권이 부여된다.[44] 오토 랑거Otto Langer가 밝히는 엑카르트의 직무는 다음과 같다.

> 그는 고해사제이자 사목자이며 시찰관이었다. 그가 취하는 징계 조치는 수도회 총장의 위임을 받은 것이다. 그는 공동체 지도신부들의 책임과 자격

---

[43] 『강화』에 붙은 명칭은 엑카르트가 에르푸르트 도미니코회 공동체 원장이자 튀링겐 관구장 대리였음을 가리킨다. 두 직책은 모두 사목적 직무와 관련되었다. 전자는 공동체 자체 내에서였고 후자는 도미니코회원들이 사목적 책임을 지는, 관구의 많은 여성 공동체들에서였다. 1298년 이후 이 직책들은 더 이상 한사람이 동시에 맡을 수 없었다. 원장은 반드시 공동체에 상주해야 하고, 관구장 대리는 공동체를 떠나 여행을 해야 했기 때문이다[Koch (1973) 258ff 참조]. 엑카르트는 토이토니아의 모든 원장이 바뀐 1300년 이후에는 수도원장으로 계속 남아 있을 수 없었고 또 1302년 이후에는 두 번째 파리 생활을 시작했기 때문에, 아마도 1298년에 원장직을 포기하고 튀링겐 관구장 대리로만 남았던 것 같다. 그렇다면 엑카르트는 여성 공동체 사목을 일찍부터 선호한 것으로 볼 수 있다.

[44] *Monumenta Ordinis Praedicatorum Historica* IV (Rome) 28 [Langer (1987) 44 인용].

요건을 결정한다. 그는 공동체 간에 허가 없이 이동하는 것을 금한다. 고해 사제의 수를 정하고 그들의 행동 규범을 설정한다. 공동체의 유서 깊은 관습을 인정하고, 면직 부원장이나 재무 책임자의 지위에 관한 훈령을 하달한다.[45]

따라서 엑카르트가 그 공동체들의 생활에 실질적으로 폭넓게 관여했음은 사실이다. 마지막으로, 슈트라스부르크에서 쾰른으로 옮겨 교수직에 오른 그가 여전히 수녀들에게 설교한 정황을 언급하려 한다. 쾰른의 여성 수도자들을 대상으로 한 설교가 몇 편 있다. (슈투트가르트 본의) 12번과 15번이 베네딕도회 성 마카베오 공동체 수녀들을 대상으로 한 설교라면, 22번은 시토회 성 마리엔가르텐 공동체 수녀들에게, 13번과 14번은 도미니코회 성 게르트루트 공동체 수녀들에게 한 설교로 추정된다.[46]

새로이 설립된 이 여성 공동체들에서 발현된 영성의 누룩이 엑카르트의 삶과 줄곧 함께한 점에 비추어, 이제 이 영성의 특성과 엑카르트에게 미친 영향을 고찰할 때다.

'거룩한 여성들'의 영성

이 영성은 북유럽(주로 독일과 북해 연안 저지대) 여성 공동체들에서 두드러지게 나타났으며, 오늘날 그리스도교 문학에서 영예로운 위치를 차지하는 당시 작가들의 작품에 자주 등장한다. 주요 작가로는, 앞에서 잠시 살펴본 마그데부르크의 메히틸트를 비롯해 나자렛의 베아트리스Beatrijs van Naza-

---

[45] Langer (1987) 44.

[46] 이 점에 관해서는 Langer의 연구 결과가 유용하다(45f). Koch (1973) 302는 설교 13과 14가 쾰른 도미니코회 성당에서 행해졌음을 시사한다.

reth와 브라방의 하데위치Hadewijch van Brabant가 있다. 대부분 환시의 성격을 띤 그 작품들은, 궁정 연애를 소재로 하느님과의 영적 합일에 대한 강렬한 내적 체험을 다룸으로써 영적인 것과 세속적인 것을 미묘하고도 매혹적으로 결합시킨다.[47] 따라서 그들의 신심은 사랑의 체험을 바탕으로 한, 대단히 그리스도 중심적인 신심이다. 이들은 신성을 향한 친밀감을 전달하기 위해 에로틱한 표상을 자유로이 활용한다. 유려하고 체계적인 그 작품들에서 신비가는 **미네**minne(궁정 귀부인을 향한 중세 기사들의 사랑)라는 신비로운 상황에 충실한 가운데 인간적 감정의 전 영역을 탐구한다(메히틸트).

당시 공동체들의 삶을 유독 생생하게 묘사한 「수녀 생활」Nonnenvitae이라는 저술이 여러 편 전해진다.[48] 능력과 카리스마가 있는 여성들과 가까이 지내던 남성들(가령 비트리의 자크Jacques de Vitry)이 그 거룩한 여성들(가령 우아니의 마리)을 영적으로 보증한다는 명목으로 작성하기도 했다. 여성 공동체들에게 영성생활의 이상적 본보기를 제시함으로써 그 공동체들을 개혁하려는 목적도 있었다. 영적 성취를 강조하는 측면에서 기적과 초자연적 은총에 관한 묘사가 자주 등장하는데, 기적의 크리스티나Christina Mirabilis가 죽은 다음 그녀의 손에서 발견된 상처들을 캉탱프레의 토마스Thomas de Cantimpre가 설명(하면서 크리스티나가 아시시의 성 프란치스코에 앞서 성흔을 받았을 가능성을 제기)한 내용이 그러하다. 여기서는 상류층 출신으로 가난의 삶을 선택한 이 성녀의 돌연한 회심에 관해 특징적으로 묘사한다. 단식과 철야 기도, 자기 편태에까지 이르는 엄격한 고행이 그녀의 새로운 삶을 이루었다. 크리스티나는 절대적 정결을 받아들였고 엄격한 조직 속에서 장상에게 순종했다. 그녀의 부단한 기도 생활 가운데 주된 것은

---

[47] 이 저술들에 대한 논의와 사례는 Bowie, *Beguine Spirituality* 참조.

[48] 중세 독일의 「수녀 생활」을 일람하기 위해 Otto Langer의 흥미로운 연구를 원용했다.

청원 기도였다. 완덕의 삶을 향한 무한한 노력의 결과로 이 성녀에게는 특별한 은총이 주어진다. 무아경 가운데 전례적 환시liturgical visions(성찬례 때는 구세주를, 성탄 축일에는 아기 예수를, 부활절에는 그리스도의 수난을 봄)를 체험하게 된 것이다. 심지어 그녀 자신이 그리스도와의 신비스러운 혼인에로 올려져 극심한 고통과 넘치는 기쁨 속에 그리스도와 일치하는 체험을 하기도 한다. 요컨대 이 같은 문학적 영성은 독일 남부 도미니코회 공동체에서 주로 나타나며, 오늘날 '자기 거세'라고 표현하는 행위마저도 포함하는 극한의 자기희생을 바탕으로 한다. 그들은 극도의 가난과 금욕 실천으로 특별한 은총과 환시를 체험함으로써 하느님과의 합일에 이르렀다.

페터 옥센바인Peter Ochsenbein은 최근 연구에서, 특히 마이스터 엑카르트가 사목 책임을 맡았던 바로 그 도미니코회 공동체들에서 두드러진 영적 관습mores을 생생하게 전달한다. 그는 오예의 엘리사벳Elisabeth von Oye의 텍스트를 참고했다. 1286년경 외텐바흐 도미니코회 공동체에 입회한[49] 이 여성의 증언이 우리에게 특별한 이유는, 취리히 인근의 외텐바흐 공동체가 바로 엑카르트의 사목 방문지 가운데 하나였기 때문이다. 실제로 그 공동체의 부원장 베겐호펜의 엘리사벳Elisabeth von Beggenhofen은 수녀원을 방문한 마이스터 엑카르트와 나눈 대화를 기록한 바 있는데, 이는 분명 오예의 엘리사벳 생전의 일이었다(이 부분은 다시 언급하겠다).[50] 오예의 엘리사벳의 저작이라고 옥센바인이 제시한 텍스트들은, 마이스터 엑카르트가 여러 해 동안 사목한 도미니코회 공동체 세계의 핵심을 소개한다.

---

[49] Peter Ochsenbein, "Leidensmystik in dominikanischen Frauenklöstern des 14. Jahrhunderts am Beispiel der Elisabeth von Oye", in: P. Dinzelbacher/D.R. Bauer (Hgg.) *Religiöse Frauenbewegung und mystische Frömmigkeit im Mittelalter* (Köln: Bohlau Verlag 1988) 353-72 참조. Ochsenbein은 그녀의 생애를 대략 1280~1350년으로 잡는다.

[50] *ibid.* 366ff. 관련 본문은 LW V, 188 참조.

오예의 엘리사벳의 영성을 **고통의 신비**Leidensmystik로 표현한 것은 적절하다. 그녀의 이상은 하느님을 **최대한 닮는 것**glîchste glîcheit이며, 그녀는 이를 그리스도의 육체적 고통에 동참compassio cristi함으로써 실현하고자 한다. 그녀는 이 목적을 이루기 위해 자신이 실천하는 금욕 방식을 소개한다. "누구든지 내 뒤를 따라오려면, 자신을 버리고 날마다 제 십자가를 지고 나를 따라야 한다"(루카 9,23)는 복음 말씀을 철저히 따르고자 그녀가 등에 지고 다니는 **크루제**krûze라는 못 십자가가 있다. 이 십자가로 인해 흐르는 피는 그리스도가 십자가에서 흘리신 피와 합쳐져 '아버지의 땅'으로 되흘러든다. 스스로 가하는 엄청난 고통과, 때로는 이 십자가에서 벗어나고자 하는 크나큰 갈망에도 불구하고, 하느님 · 그리스도 · 성령 · 복음사가 요한 · 마리아에 대한 환시들은 그녀로 하여금 고통에 굳건히 머무를 것을 촉구한다. 이로써만 그녀는 하느님과 일치하게 되며 진정 하느님 현존으로 충만해지는 것이다.[51]

물론 오예의 엘리사벳이 유일한 예는 아니지만, 이 여성은 당시 금욕주의의 극단적 형태를 대표한다고 볼 수 있다. 또 옥센바인이 'K-편집'이라고 칭한 그녀 저작들의 새로운 편찬물은 상당한 인기를 끌었다. 엑카르트의 가장 가까운 제자 소이세의 삶을 성찰한 『생애』Vita는, 지독한 금욕 수행을 실천하던 소이세가 하느님 환시를 체험한 뒤 자신의 고문 도구를 모조리 라인 강에 내던지고는, 영혼의 참된 초탈이라는 추상적이고 형이상학적인 엑카르트의 길을 따르게 되는 과정을 소개한다.[52] 당시 도미니코회에서 극단적 금욕과 내면의 형이상학적 초탈이라는 두 가지 길이 차지한 비중을 잘 나타내 주는 이야기다. 실제로 엘리사벳은 작품에서 엑카르트

---

[51] Ochsenbein, 360-4 요약.

[52] J.M. Clark (tr.) *The Life of the Servant* (London 1952) 55ff.

의 용어를 많이 사용했는데(가령 '그리스도는 그녀 영혼의 근저에서 탄생한다'), 이는 엑카르트가 외텐바흐에서 설교했으리라는 추측을 뒷받침한다. 그럼에도 우리는 그런 용어들이 전반적으로 별 뜻 없이, 다만 신비로운 합일을 지향하는 **고통의 신비**를 표현하는 데 사용되었다는 인상을 받는다. 사실 엑카르트의 언어와 밀접히 관련된 그 용어들에서 정교한 형이상학적 맥락은 드러나지 않는다. 현저히 구별되는 두 영성이 이처럼 병행하고 있다는 또 다른 증거로, 마이스터 엑카르트와 그의 제자 요한네스 타울러의 저작을 주로 수록한 필사본에 엘리사벳의 작품이 단편적으로나마 종종 포함되었다는 점을 들 수 있다.[53]

마이스터 엑카르트와 '거룩한 여성들'

13~14세기에 독일어권에서는 수녀원이 급속도로 성장했고, 중세 신심도 활짝 피어났다. 당시 수녀들의 생활상을 담은 필사본(이른바 『자매들의 책』 *Schwesternbücher*)들이 지금까지 남아 있는 것은 상당 부분 우연의 덕이겠다. 이 수도 신심 운동은 특히 독일 남서부 도미니코회 수도원들에서 뜨겁게 타올랐다. 손꼽자면 운터린덴, 아델하우젠, 외텐바흐, 카타리넨탈, 엥겔탈, 키르히베르크, 퇴스, 쇠넨슈타인바흐, 바일러 등이다.[54] 엑카르트가 1313~1323/4년 무렵 마지막으로 사목한 곳도 분명 이들 공동체였다. 실제로 엑카르트가 카타리넨탈 공동체와 외텐바흐 공동체를 방문한 기록을 담은 두 편의 보고서가 있다. 하나는 디센호펜Dießenhofen의 『자매들의 책』에

---

[53] Ochsenbein, 358. 관련 필사본에 대해서는 Ochsenbein, "Die Offenbarungen Elisabeth von Oye", in: K. Ruh (Hg.) *Abendländische Mystik im Mittelalter* (Stuttgart: Metzler 1986) 425 참조.

[54] P. Dinzelbacher, "Rollenverweigerung von Frauen im Mittelalter", in: Dinzelbacher/Bauer (Hgg.) (1988) 30.

전해지는 것으로, 단지 엑카르트가 람스바그의 안나Anna von Ramswag의 고백을 들었다는 내용만 실려 있다(고백 내용은 전해지지 않음). 다른 하나는 (오예의 엘리사벳에게 영감을 받은) 베겐호펜의 엘리사벳이 금욕 수행을 통한 정화의 문제에 관해 마이스터 엑카르트의 조언을 구한 내용을 한층 면밀히 다룬다. 엑카르트의 권고는 이러했다. "현세의 어떠한 지혜도 그것을 알지 못한다. 온전히 하느님의 일인 까닭이다. 우리가 할 수 있는 일이라고는 영의 자유로운 초탈 안에서 하느님을 신뢰하는 것뿐이다."[55] 결과적으로 엘리사벳은 내적 초탈과 하느님 뜻에 복종하는 것이 자신을 고통에서 해방시켜 준다는 사실을 발견한 것 같다.

베겐호펜의 엘리사벳은 금욕 수행의 옳고 그름을 두고 혼란스러워했다. 주목할 점은, 엑카르트가 그녀에게 금욕을 포기하라고 충고하는 대신, 내적 차원의 부재不在를 일깨웠다는 점이다. 엑카르트는 부드럽게 타이름으로써 내면적이고 형이상학적인 엑카르트 자신의 영성이, 자신이 책임진 사람들의 금욕주의와는 동떨어져 있음을 보여 주었다. 엑카르트가 언급하는 '형체 없음', '길 없음', '내면성'은 거룩한 여성들의 환시나 '실천'과는 크게 대조된다. 따라서 여러 해에 걸쳐 이러한 관계를 이해하려는 다양한 시도가 있었다. 13~14세기 도미니코회 신비신학자들과 **여성 수도자들에 대한 사목적 책임**cura monialium 간의 연관성은, 1886년 영민한 하인리히 소이세 데니플레가 처음으로 밝혀냈다.[56] 소이세는 도미니코회 신학자들이 맡은 여성들에 대한 사목적 책임이라는 맥락에서 독일어 설교가 하나의 장

---

[55] LW V, 187f 참조.

[56] "Über die Anfänge der Predigtweise der deutschen Mystiker", in: *Archiv für Litteratur und Kirchengeschichte des Mittelalters*, 2 (1886) 616-40. Otto Langer에게 다시 신세를 지고 이 주제에 대한 그의 요약(9-20)을 원용했다.

르로 굳어졌다고 주장한다. 신비주의 성향을 지닌 여성들에게 설교하기 위해서는, 본질적으로는 스콜라 사상가인 이 신학자들도 신비주의적 페르소나persona를 개발할 수밖에 없었다고 그는 부연한다. 그의 주장만 보자면, 엑카르트를 비롯한 도미니코회원들의 신비주의적 설교는 스콜라신학을 단순화·대중화시켜 놓은 데 지나지 않는다. 그리고 앞서 보았듯이, 이 설교들은 내용이 뒤죽박죽이며 질이 떨어진다는 점에서 토마스 아퀴나스의 작품들과 구별된다는 것이 소이세의 관점이다.

실로 편파적이고 악의적인 이 관점은, 그로부터 50여 년이 흐른 뒤 저명한 교회사가 헤르베르트 그룬트만에 이르러 변화되었다. 그룬트만은 그 독일어 설교들을 도미니코회의 신학적 훈련과 여성 수도자들의 꾸밈없는 신비주의 체험이 결합한 산물로 여겼다. 이 같은 접근 방식에 따르면, 엑카르트와 같은 인물의 작품은 '수도 여성들을 위한 신학'이 된다.[57] 엑카르트와 그 공동체들의 신비주의는, 당시 유럽의 영성생활에 매우 강력한 영향을 미친 움직임(가난의 수용)의 또 다른 표현이었다. 소이세가 보기에 그 독일 설교가들이 여성 수도자들에게 스콜라철학의 보화를 소개하는 데 그쳤다면, 그룬트만이 보는 마이스터 엑카르트와 그의 추종자들은 여성 수도자들의 자연적 영성을 개념 영역으로 확장한다. 엑카르트의 신학은 '가난'을, 소유 포기라는 관점에서가 아니라 내적 자아 포기의 최고 형태, 즉 고귀한 영적 가난으로 해석한다.

다른 학자들, 특히 벤츨라프에게베르트F.W. Wentzlaff-Eggebert와 근자의 쿠르트 루는 엑카르트의 신학과 여성 공동체들의 영성이 대치된다고 보았다. 마이스터 엑카르트는 자신이 맡은 여성들의 영성에 비판적 입장을 취

---

[57] Grundmann, "Zur Geschichte der Beginen im 13. Jahrhundert", in: *Ausgewählte Aufsätze* (1976) 221.

하면서, 더욱 내적인 생활을 추구하도록 그들을 촉구했다는 것이다.[58]

오토 랑거는 이 문제를 논의하면서 중도를 걸으려 한다. 그는 엑카르트의 '영적 가난'과 베긴회의 엄격한 '물적 가난'을 더 폭넓은 복음적 가난의 일환으로 다루어야 한다는 점에서 그룬트만과 뜻을 같이한다. 아울러 엑카르트의 저작은 그 여성 공동체들이 지니는 외향적 영성에 대한 포괄적 비판이라고 주장한다. 과연 랑거는 엑카르트의 특정 입장을 모두 (묵시적이든 명시적이든) 여성 수도자들의 신비주의 측면에 대한 의도된 비판으로 이해한다. 이런 점들은 금욕 '방식'에 대한 경고, 환시와 신비주의 '체험'에 대한 우려, 기도에 관한 의견, 우리 뜻을 하느님 뜻에 일치시킴으로써 이루어지는 순간적 융합과는 구별되는, 하느님과의 합일이라는 실존적 상황(랑거가 '일치'unitum라기보다 '하나'unum라고 부르는)을 포함한다. 엑카르트의 사목 상황과, 그 여성들의 활동적이고 환시적인 영성에 비판적 입장을 취하는 것이 랑거에게는 본질상 엑카르트 신학의 특성을 결정짓는 요소다.[59]

마이스터 엑카르트가 독일 남서부 수녀원들에서 행한 설교가로서의 역할이 그의 작품들에 가려 제대로 부각되지 못한 것이야말로, 그의 사상이 오도된 요인 가운데 하나임이 분명하다. 그는 (그리스도교에서 나왔든 그리스도교를 초월한 것이든) 교회의 보편 성사나 교의와 동떨어진 영성을 주창한 것으로 알려져 왔다. 이 같은 관점은, 그가 작품 안에서 내면성을 크게 강조하는 데 비해 그리스도교적 삶의 '외형적 측면들'을 명시적으로

---

[58] F.W. Wentzlaff-Eggebert, *Deutsche Mystik* (Tübingen 1947) 99; Ruh (1985) 111.

[59] Langer (1987) 18-20. Langer의 견해에 동의하기 어려운 점은 그의 견해가 엑카르트에게 영향을 미친 다른 명백한 통로들, 특히 신플라톤주의의 유산을 배제하기 때문이다. 나아가 엑카르트와 그 여성들이 대치되는 것은 분명하지만, 이는 단지 그들의 상이한 영성적 기질을 반영할 뿐이다. 물론 비판적 제휴를 통해서 다소 강화되기는 했다. 결국, 엑카르트의 독일어 저작과 라틴어 저작 사이에는 현저한 유사성이 드러난다(이 라틴어 저작들은 도미니코회 공동체의 청중과는 전혀 다른 청중을 위해 저술된 것이다).

언급하지 않는다는 점에 주로 근거한다. 엑카르트의 영성과 그가 맡은 여성들의 영성이 얼마나 정확한 균형 관계를 유지하든(랑거에게는 유감이지만, 이 점은 엑카르트의 사상에 영향을 끼친 다른 확실한 경로들에 비추어 추측해 볼 따름이다), 엑카르트가 성사 생활에 대해 사실상 침묵한 것은, 그 스스로 균형 잃은 성사 신심이라고 여긴 것들과 비판적 거리를 둔 결과라는 충분한 증거가 있다. 여성 수도자들의 체험에 비추어 엑카르트를 읽노라면 그는 매우 색다른 영적 기질의 소유자이며, 그가 사목한 이들의 헌신적·수덕적 열정에 의해 그의 너그럽고 실존적이며 개념적인 신비주의 사상이 명징하게 부각되었다는 인상을 받는다. 따라서 그를 둘러싼 사목 환경과 그의 작품을 떼어 놓고 보거나, 그가 그리스도교 신심이나 성사 생활과 무관한 '보편' 종교를 주창했다고 여긴다면, 우리는 이 도미니코회의 거장을 잘못 이해하고 있는 것이다.

  엑카르트가 사목한 이들의 풍부한 성사적 영성만이 그의 작품에 결정적 영향을 미친 것은 물론 아니다. 더욱 근본적으로, 그 여성 공동체들과 함께한 환경이 엑카르트의 독특한 설교 양식 발전에 기름진 토양이 되었다. 엑카르트의 설교는 그리스도교적 사유의 일면들에 대한 냉정한 평가라기보다는 특정 노선에 따라 청중을 움직여 그들에게 새로운 영적 지평을 열어 주려 한 의도된 노력이었다. 그러므로 14세기 도미니코 수녀회와 베긴회처럼 생생히 깨어 예민하게 반응하는 공동체에만 그의 설교가 받아들여진 것이다.

4 · 마이스터 엑카르트와 독일 도미니코 학파

엑카르트 작품의 특색을 형성한 사회적 · 사목적 맥락을 살펴보았다. 지금부터는 엑카르트가 물려받았고 그를 형성하는 데 직접 기여한 지적 전통에 주의를 기울이려 한다. 준비한 자료는 상당히 철학적이며, 불가피하게 서술적인 면이 있다. 하지만 엑카르트의 신비 '체계'를 구축한 이론적 구성 요소를 이해하는 데 이 개념들이 필요하다. 이를 통해 엑카르트가 지닌 독창성과 도미니코회 전통의 특정 학파에서의 그의 위치 그리고 그가 특별히 기여한 바를 더 잘 이해할 수 있을 것이다.

13~14세기 신학은 정통 그리스철학 사상이 그리스도교에 동화하는 과정에서 깊은 영향을 받았다. 이는 아리스토텔레스와 신플라톤주의 작품들을 번역하는 데서 비롯되었음은 물론이거니와, 『디오니시우스 전집』*Corpus Dionysiacum*을 지속적으로 수용한 결과이기도 했다. 『디오니시우스 전집』이란, 바오로 사도의 아테네 설교를 통해 개종한 인물(디오니시우스)의 것으로

(잘못) 알려진 작품으로, 9세기에 번역된 이래 서구의 신학 구상에 강력한 영향을 미쳤다. 특히, 어떻게 하느님을 이야기할 수 있으며 영혼이 어떻게 하느님을 알 수 있는가에 관심 있는 이들이 디오니시우스의 작품과 그에 대한 논평에 이끌렸다. 그러나 하느님에 대한 **인식 가능성**이라는 주제를 둘러싼 논쟁은 복잡하고 어려운 문제를 야기했다.

그리스 신학의 서방 유입은, 현세와 내세에서 하느님을 안다는 것이 참으로 가능한가를 묻는 과도한 부정신학否定神學(theologia negativa)으로 이어졌다는 것이 사이먼 터그웰의 견해다.[1] 일찍이 아벨라르두스와 푸아티에의 주교 질베르Gilbert de la Porrée는 하느님의 완전한 초월성 때문에 그분에 관한 어떠한 언어도 의미를 지니기 어렵다는 견해를 피력한 바 있다. 샤르트르의 티에리Thierry de Chartres(Theodoricus Chartrensis)와 아미엥의 위그Hugues III d'Amiens도 통상적 담론에서 신학 언어를 사용하지 않으려 했다. 비슷한 견해로 릴의 알랭Alan de Lille(Alanus ab Insulis)은 우리가 하느님을 표현하는 언어는 '불가사의하며', 따라서 통상적 언어 사용의 한계를 넘어선다고 썼다.[2] 이처럼 철저한 부정신학은 과연 영혼이 참다운 의미에서 하느님을 알 수 있는가라는 의심을 불러일으켰다. 하느님은 개념과 언어로 파악할 수 없는 분이기 때문이다. 헤일스의 알렉산더Alexander of Hales는 하느님의 지성적 피조물의 매개를 통해서만 하느님을 알게 될 것이라는 견해를 처음으로 제시했다. 반면 도미니코회의 박사 생캥탱의 게릭Guerric de St. Quentin과 생셰르의 위그Hugues de St. Cher는 지복직관으로도 하느님의 본질을 보지 못할 것이라고 주장했다.[3]

---

[1] Simon Tugwell (1988) 44; 50 참조.

[2] ibid. 44-50.

[3] ibid. 51.

이런 입장들에 맞서 1241년 파리의 주교 기욤 드 오베르뉴Guillaume de Auvergne는 "하느님의 본질 그 자체는 어떤 인간이나 천사도 볼 수 없을 것"이라는 명제를 단죄했다.[4] 이후로 신학자들은 지복직관으로 하느님의 본질을 알 수 있다는 원칙을 고수했으나, 이런 사상의 근간이 되는 이론적 지침은 분명치 않았다. 당대의 탁월한 도미니코회 신학자이자 초기 독일 도미니코 학파에서 특별한 위치를 차지하는 알베르투스 마뉴스가 인간과 신에 대한 인식의 문제에 천착한 것은 이런 맥락에서였다.

알베르투스 마뉴스

알베르투스 마뉴스는 12세기 말 라우잉겐에서 태어났다. 파도바에서 철학 공부를 하던 1229년 무렵 그는 도미니코회 수사가 된다. 쾰른에서 일정 기간을 보낸 후 (1233년경부터) 힐데스하임에서 강사로 있다가, 1245년 파리에서 신학 교수가 되어 그곳 대학에서 가르쳤다. 1248년 쾰른으로 돌아온 알베르투스는 도미니코회 수도원 대학 설립에 관여했다. 수도회에서 몇몇 학사·행정 고위직을 역임한 후, 1260년 레겐스부르크 주교로 선출되었지만 2년 후 사임했다. 1269/70년 쾰른으로 돌아와 가르치다가, 1280년 11월 5일 여든을 넘긴 나이로 세상을 떠났다.[5]

알베르투스는 철학사에서 다방면으로 중요하다. 일례로 그는 뛰어난 백과사전 편찬자이다. 자연사自然史를 다룬 광범위한 저작들은 그에게 특별한 의미를 지닌다. 그는 서방에서 아리스토텔레스의 작품들을 수용하는 중요한 초기 단계를 대표하는 인물이기도 하다. 과연 그는 오묘한 (그러나

---

[4] H. Denifle/E. Chatelain (eds.) *Chartularium Universitatis Parisiensis* (Paris 1889~1897) I, 170-2 [Tugwell (1988) 51에서 인용].

[5] Tugwell (1988) 3-39.

'이교적인') 아리스토텔레스 철학을 그리스도교 율법과 조화시키는 문제를 놓고 고심한 최초의 서구 사상가였다.

중세의 핵심 연구 분야 중 하나는 인식론이다. 인식론은 어떻게 사물을 인식할 수 있는가를 탐구하는 철학의 한 분야로, 인간 지성의 본질(중세인에게 이 말은 오늘날 '의식'이란 말로 의미하는 것에 훨씬 더 가까운 무언가를 의미했다)에 대한 인식론적 질문으로써 아리스토텔레스의 원리들을 융화시킨 알베르투스의 중요한 특징이 바로 여기서 드러난다. 아리스토텔레스는 인간 본성의 기본 속성을 지성이라고 주장했다. 아랍의 아리스토텔레스주의자들 사이에는 지성의 인식 대상에 따라 지성이 실현된다는 견해도 있었다. 이 인식 대상이 중요한데, 이는 지성과 짝을 이루어 영혼이 어떻게 하느님을 인식하는지를 다룬 알베르투스 이론의 틀을 제공한다.

알베르투스는 「지성, 그리고 지성으로 알 수 있는 것에 관하여」라는 논고에서 지성은 우리에게 가장 본질적인 그 무엇이라고 논증한다. "인간은, 분명 인간이기 때문에, 본질적으로 지성"이라는 것이다.[6] 그리고 지성이 인식하는 것을 이해할수록 지성은 더 높은 차원으로 실현(현실화)된다고 그는 주장한다. 지성은 세상 사물에 대한 인식을 통해 지성 자체의 식별에 이른다. 그리고 나서 지성이 사물을 지각하도록 명령하는 원리에 대한 인식을 통해 지성은 지성 자체를 더욱 온전히 포괄하게 된다. 그리하여 마침내 지성이 완전하게 '실현'될 때, 인간 지성은 지성으로 인식 가능한 모든 것의 원천과 융합하는 지점에 이른다. 그것이 '신적 지성'Divine Intellect이다.[7] 따라서 알베르투스에게 궁극적 지복이란, 종말에 우리의 모든 것을 소모하여 얻는 하느님에 대한 지식이다.

---

[6] *De Intellectu et Intelligibili* II, 6-9. Tugwell (1988) 59에서 인용.

[7] Tugwell (1988) 57-61.

인간이라면 본디 지식을 갈망한다. 그런데 갈망은 무한한 것이 아니기에 분명 어떤 형태의 인식으로 종결될 수 있다. 그것은 모든 존재와 모든 인식 대상의 원인이자 빛인 것을 아는 지식, 신적 지성이 틀림없다.[8]

알베르투스는 지성론知性論을 확립하는 위업을 남겼다. 이 지성론은 우리의 일상 체험을 특징짓는 일반적 차원의 지식을 설명해 주는 한편, '신적인 것들'에 대한 우리의 지식과 함께 궁극적 지복직관 안에서 우리와 하느님과의 합일이라는 한층 먼 (그러나 신학적으로는 중심이 되는) 가능성도 설명해 준다. 물론 이 후자는 우리의 현세 삶에 많은 영향을 미치는 어떤 것이 아니라, 우리 최종 목적의 궁극적 조건에 머물렀다.[9]

알베르투스 학파

인간 지성의 본질에 대한 알베르투스의 사상은 그가 가르친 독일 도미니코회의 젊은 후학들이 열정적으로 받아들여 다양한 방향으로 발전시켰다. 슈트라스부르크의 후고 리펠린Hugo Ripelin von Straßburg(✝1268년 이전)은 『신학적 진리 개요』*Compendium theologicae veritatis*에서 알베르투스 사상의 종합을 시도했다. 1260년에서 1268년 사이에 쓴 이 작품은 일곱 권으로 이루어졌으며, 하느님 본성에서부터 성사와 세상 종말까지를 망라하고 있다. 후고 리펠린은 작품에서 존재로서의 하느님과, 하느님의 일치성을 특별히 강조한다. 존재로서의 하느님관은 신적 존재와 피조물 존재 사이의 첨예한 대치로 이어지는데, 피조물 존재란 실제로는 전혀 존재하지 않는

---

[8] *Metaph* 1.1.5, Tugwell (1988) 60에서 인용.

[9] 아우구스티누스와 그레고리우스 마뉴스 그리고 후대의 토마스 아퀴나스와 마찬가지로, 알베르투스는 피조물의 매개가 없는 하느님 체험은 바오로 사도의 체험과 같은 경우 말고는 현세에서는 불가능하다고 본다. Tugwell (1988) 74와 n.195 참조.

것이라고 말할 수 있다.[10] 이것은 엑카르트에게서도 크게 두드러지는 사상이다. 알베르투스의 사상 체계를 집성한 사람은 또 다른 제자 슈트라스부르크의 울리히Ulrich von Straßburg(1220/5~1277?)다. 그의 저작 『최고선의 종합』Summa de summo bono은, 인간 지성이 신적 정신Divine Mind 자체에 의해 궁극적으로 조명될 때까지 다양한 지식 단계나 조건을 거쳐 상승하면서 점진적으로 '신화'神化한다는 일관되고 간결한 서술을 견지한다.[11] 천사들과는 달리 본디 우리는 지성이 아니며, 따라서 우리 본성이 더한층 순수하게 지성적으로 변함으로써 하느님께 나아가 궁극적 '신화'에 이를 수 있다고 울리히는 말한다.[12]

알베르투스의 추종자들 가운데 핵심 인물로 작센 지방 프라이베르크의 마이스터 디트리히Meister Dietrich von Freiberg(1250~1318/20)가 있다.[13] 그는 당대 가장 탁월한 도미니코회 지도자 중 한 사람으로 고위 행정직을 역임했으며, 1296/7년 파리 대학 신학 교수가 되었다. 알베르투스와 마찬가지로 디트리히의 관심사는 신학은 물론 자연과학에까지 걸쳐 있었고, 그의 저작에는 색·빛·무지개를 다룬 논문들도 포함되었다.[14] 그는 신플라톤주의자 프로클로스Proclos의 영향을 많이 받은 데다 자신의 작품을 통해 여러

---

[10] Compendium의 본문은 Albertus Magnus, *Opera omnia* 34 [A. Borgnet (ed.) Paris 1895, 3-261]에 수록. Hugo Ripelin의 생애와 사상은 de Libera (1984) 73-98과 T. Kaeppeli, *Scriptores Ordinis Praedicatorum Medii Aevi*, II (Rome 1970ff) 260-9 참조.

[11] 이는 CPTMA 시리즈의 본문에 대한 새로운 비판본 출간을 위한 것이었다. 현행본의 세부 내용은 de Libera (1984) 146f 참조. Ulrich von Straßburg의 전기는 M. Grabmann, *Mittelalterliches Geistesleben* (München 1926) I, 147-67에 수록. 그의 생애와 저작은 de Libera (1984) 99-162 참조.

[12] de Libera (1984) 114.

[13] L. Sturlese의 Dietrich 전기에 대해서는 *Deutsche Literatur des Mittelalters: Verfasserlexikon*, II (Berlin 1979) 127-37 참조. 같은 저자가 *Dokumente und Forschungen zu Leben und Werk Dietrichs von Freiberg*, Beiheft 3, CPTMA (Hamburg 1984) 1-63도 썼다.

방식으로 알베르투스를 극단화함으로써, 토마스주의에 대한 도미니코회의 핵심 반대 세력으로 부상했다. 디트리히도 엑카르트처럼 독일어로 설교했지만 남아 있는 작품이 없는 것으로 보아 엑카르트와 같은 대중적 파급력을 갖지는 못했던 것 같다.

디트리히 사상의 특징은 첫째, 아우구스티누스의 영혼의 **은밀한 심층**을 아리스토텔레스의 지성인知性因과 명백히 동일시한다는 점이다. 울리히에게 지성은 영혼이 지닌 속성이나 **습성**habitus에 불과한 반면, 디트리히에게 지성은 본질적 영혼 자체다. 따라서 그에게 지성은 실체substantia이며 영혼의 인과율이다.[15] 『지복직관』*De visio beatifica*에서 디트리히는 말한다.

> 그것은 철학자들에게서 찾을 수 있는 것으로, 그들이 우리의 지성적 존재 안에서 지성인을 가능 지성the possible intellect과 구별할 때, 용어는 다를지언정 의미는 차이가 없다. 철학자들의 지성인은 아우구스티누스의 영혼의 은밀한 심층과 동일하다.

둘째, 디트리히에게 지성은 하느님의 참된 형상이며, 하느님 또한 지성적 실체다. 인간의 지성(인)은 하느님의 형상일 뿐 아니라 매개 없이 하느님께 다가간다. 지성의 창조에 있어서 지성인은 다른 피조물과 달리 하느님에게서 **나오며**, 따라서 하느님으로부터의 발출emanation로 볼 수 있다. "지

---

[14] W.A. Wallace, *The Scientific Methodology of Teoderic of Freiberg: A Case Study of the Relationship between Science and Philosophy*, Studia Friburgensia N.F. 26 (Fribourg/Switzerland 1959) 참조.

[15] Ulrich의 이 관점은 de Libera (1984) 114에서 인용한 *De sum. Bon*, I, 1, 8에서도 볼 수 있다. Dietrich의 지성인(agent intellect)과 영혼의 은밀한 심층(abditum mentis)은 de Libera (1984) 178에서 인용한 *De vis. beat. Proœmium* 5 (CPTMA II, 1) 14 참조.

성의 실체란 지성으로 하여금 자신의 원천을 생각하고 또 알게 해 주는 어떤 개념, 그 개념에 대한 지식 없이는 지성이 자신의 본질을 알 수 없는 그런 개념이라 할 만큼 지성은 하느님에게서 지성적으로 발출한다."[16] 그리하여 지성은 언제나 신적 정신을 향하며, 신적 정신에 의해 그 존재가 지탱된다. 인간 지성은 그 행동 양식에 있어서 신적 정신에 실제로 참여한다고 해도 과언이 아니다.

셋째, 디트리히에게 지성은 매우 단순하고 절제된 동시에 온전히 역동적이다. 지성의 본질은 항구적 자기 인식이다. 그것은 아는 것(주체)과 알려지는 것(객체)과의 합일로, 여기서 객체(대상)란 곧 주체의 자기 인식이다. 그러므로 어떤 의미에서 지성은 자기 밖에 있는 어떤 것도 알 수 없다. 지성은 추론이 아닌 자신의 본질에 의해서, 직관에 의해서 안다. 따라서 어떠한 피조물도 지성을 침해할 수 없다. 오히려 지성은 하느님의 형상이기에, 자신 안에 있는 모든 것을 포함한다. 우리가 무언가를 인식할 때 우리 정신 안에 이미 존재하는 유사한 면이 활성화하는데, 우리는 그것을 인식하는 것이다. 여기서 디트리히는 알베르투스가 신봉하는 아리스토텔레스의 전통과 결별하고 아우구스티누스의 모델을 택한다. 전자에 따르면 정신은 자기를 넘어서 있는 것들을 단연코 인식함으로써 자기 인식에 이르는 데 반해, 후자는 지식의 원천을 정신 자체에 둔다.[17]

넷째, 디트리히는 바로 그 지성의 본질인 사고 과정이 생산적임을 믿는다. 여기서 디트리히는 프로클로스를 따른다. 프로클로스에게 존재는 지성적 존재Intelligences에서 나온다.[18] 창조의 궁극 원리는 하나the One이며 지

---

[16] *De vis. beat.* 1.2.1.1.7, 2; 43 (de Libera, 192-3에서 인용).

[17] B. Mojsisch, *Die Theorie des Intellekts bei Dietrich von Freiberg*, Beiheft 1, CPTMA, Hamburg 1977에 잘 요약되어 있다.

성적 존재 자체는 이 하나에서 나온다는 것이 프로클로스의 세계관이라면, 디트리히는 하나(하느님)가 창조하는 과정 자체를 지성적이라고 보았다. "프로클로스가 모든 것보다 먼저 또는 모든 것 위에 두는 이 하나는 지성의 비옥함을 지니기" 때문이다.[19] 이로써 디트리히에게 하느님은 무엇보다 (창조적) **지성**intellect일 수밖에 없다.

마이스터 엑카르트와 독일 도미니코 학파

13세기 후반과 14세기 초 몇 해 동안 알베르투스 마뉴스와 그의 제자들로 대변되는 독일 도미니코 학파의 사변적 신학은 ('기억'으로서의) 정신이 그 자신에게조차 알려지지 않은 심층을 지닌다는 아우구스티누스의 통찰에 의존했다. 아우구스티누스의 또 다른 근본 지침은 신적 지성으로부터의 조명이다. 디트리히의 가르침에서는 우선, 인간 정신이 어떻게 활동하는지에 대한 분석에서 이 점이 특히 두드러진다. 이 사상가들에게 정신 자체는, 당신 스스로 모든 앎의 원천인 하느님과의 역동적 관계로 고양된다.

둘째, 알베르투스 학파는 본질상 우리 자신이 지성이라는 믿음을 지니고 있었다. 저명한 아랍 철학자 아비첸나Avicenna는 영혼을 지성적 실체로 보면서, 심리학을 통해 '인간 영혼을 인간 지성과 동일시하는 것'을 지향한 인물이다. 그의 작품은 중세 라틴 시대에 널리 알려졌다.[20] 지성은 그 인식 대상의 실재성actuality에 의해 실현된다는 개념을 도미니코회원들이 알게 된 것도 아비첸나 덕분이다. 이는 리베라가 다음과 같이 설명하는 복잡한

---

[18] Proclos, *The Elements of Theology*, E.R. Dodds (ed.) 1963, 23, prop. 20.

[19] E. Gilson, *History of Christian Philosophy in the Middle Ages* (London: Sheed & Ward 1955) 435.

[20] ibid. 204.

개념이다. "그러므로 아비첸나에 따르면 주체와 대상은, 주체가 그 (주체의) 대상이 됨으로써 실현되는 그런 관계다."²¹

셋째, 알베르투스의 추종자들에게서 인간 실존의 종국은 인간의 신화神化라는 믿음이 드러난다. 과거의 온갖 인식을 온전히 초월하는, 하느님에 대한 마지막 직관에서 우리는 변모한다. 이것은 위僞디오니시우스의 『신비신학』De mystica theologia에서 강하게 제시되는 관념이다. 이 책은 중세기에 널리 읽혀졌으며 알베르투스가 주석을 쓰기도 했다.²²

쾰른에서 교육받은 젊은 엑카르트가 알베르투스의 사상에 영향받지 않기란 불가능했을 것이다. 그가 후고 리펠린이나 슈트라스부르크의 울리히는 직접 알지 못했더라도(엑카르트가 입회할 당시 울리히는 도미니코회 독일 관구장이었다) 알베르투스는 알고 있었을 것이다. 알베르투스는 엑카르트가 쾰른 수도원 대학에 도착한 그해 사망했다.²³ 젊은 엑카르트가 프라이베르크의 디트리히와 직접 접촉한 것은 확실하다. 엑카르트가 에르푸르트 원장일 때 디트리히는 토이토니아 관구장이었기 때문이다. 그들이 가까운 사이였다 해도 그리 놀라울 것은 없다.

알베르투스 학파에 대한 앞의 언급으로 볼 때, 마이스터 엑카르트는 동료 도미니코회원들에게서 중요한 철학 개념들을 전수받았음이 분명하다. 첫째, 하느님의 본성이 지성이라는 것, 둘째, 고유한 본질상 우리도 지성이라는 것, 셋째, 낮은 차원의 인식(피조물의 인식)에서부터 가장 높은 차원의

---

²¹ de Libera (1984) 51.

²² 영어 번역은 Tugwell, 133-98 참조. de Libera (1984)는 세 사상가 모두가 알베르투스 학파에 끼친 영향을 논한다(37-72).

²³ 엑카르트는 1294년 부활절 설교에서 알베르투스 설교의 특징을 언급한다. 이 부활절 설교는 Kaeppeli, "Praedicator Monoculos: Sermons Parisiens de la Fin du XIIIᵉ siècle", in: Archivum Fratrum Praedicatorum 27 (1957) 162에 수록되어 있다.

인식인 하느님의 인식까지를 아우르는 상승 원리가 바로 그것이다. 피조물의 인식에서 자유로워지면서 창조되지 않은 하느님을 알게 될수록 우리는 순수한 지성이 되며, 우리 자신이 신성의 본성에 참여하게 된다는 것이다. 이 모든 개념이 엑카르트의 가르침에서 명확히 드러난다. 엑카르트 사상에는 유독 프라이베르크의 디트리히를 따르는 부분이 많다. 존재에 대한 인식의 우위, 우리 지성적 실체의 온전히 역동적이고 초월적인 성격, 특히 하느님의 신적 인식에 참여함으로써 우리의 심층에서 우리가 하느님과 직접 연결되어 있다는 믿음 등이 그것이다. 디트리히와 알베르투스의 주된 차이를 살펴보자. 디트리히에 따르면, 우리는 본디 충분히 '지성적'이며 우리의 내적 본성에 따라 이미 하느님과 긴밀히 통교하고 있다. 반면에 알베르투스에 의하면, 우리 인식이 피조물적인 것에서 신적인 것으로 옮겨 감에 따라, 우리의 일상 영역이 내세 삶의 가장 지고한 상태로 점차 상승하는 것을 한결 자주 체험하게 된다. 엑카르트는 분명 디트리히의 한층 급진적인 입장에 더 가깝다. 당시 유행하던 여타 관심사와 쟁점들에 대해서와 마찬가지로, 이 점에 대해서도 스승은 후학들에게 상당한 영향을 미쳤을 것이다.

    근본적으로 마이스터 엑카르트는 그를 형성한 독일 도미니코 학파의 맥락에서 살펴야 한다. 그렇게 할 때, 그에게만 고유한 듯 보였던 요소들 대부분이 실제로는 동시대 동일 지역에서 활동한 대다수 신학자에게도 해당되는 것임을 알게 된다. 금세기에 엑카르트가 이토록 별난 평가를 받는 데는, 그가 소속되어 교육받은 지적 계보가 뚜렷이 드러나지 않은 이유도 있다. 그 지적 계보는 토마스 아퀴나스와 토마스학파의 승리로 말미암아 참으로 오랫동안 가려져 있었다. 그로 인해, 한때 토마스주의와는 현저히 다른 형이상학적 입장을 강력히 제시하던 이 활발한 움직임이 잊혀진 것이다. 실제로 초기 독일 도미니코회원들의 주요 텍스트가 현대의 비판본으로 간행되기 시작한 것은 최근 일이다.

엑카르트가 당대의 영향하에 있었던 사실을 살펴봄으로써, 동시대인들과 엑카르트와의 공통점을 부각시켜 보았다. 마지막으로 남는 궁금증은, 어찌하여 그의 작품이 오늘날까지도 그토록 많은 이의 심금을 울리고 있는가 하는 점이다. 슈트라스부르크의 울리히나 프라이베르크의 디트리히 같은 인물들의 까다로운 학술적 사변은, 확고한 철학적 사유 체계를 가진 이들만을 위한 것처럼 보이는 반면, 엑카르트의 저작은 널리 번역되어 흥미롭게 읽힌다. 엑카르트가 일상어로 설교했기 때문이라는 답변으로는 충분치 않다. 일상어로 설교한 것은 디트리히도 마찬가지였다. 훨씬 더 중요한 점은, 남들에게는 이론에 그친 문제가 엑카르트에게는 대단한 체험이 되었다는 사실이다. 그의 작품 전체에는 우리에게 현존하시는 하느님의 직접성이 녹아들어 있다. 그가 알베르투스 학파와 공유하는 많은 사상과 패러다임은 다만 이론적 지주로서, 살아 계신 하느님과 생생하고 열정적으로 만나는 데 보조 역할을 했을 따름이다.

II

마이스터 엑카르트의 사상

MEISTER ECKHART'S THOUGHT

5 · 합일의 신학

엑카르트 작품의 배경을 형성하면서 구상의 원천을 이룬 주요 영향을 추적해 보았다. 여기서는 엑카르트 사상의 체계를 심도 있게 살펴볼 것이다. 서문에서 언급한, 엑카르트 작품에 나타나는 분석과 체험 간의 비판적 균형이 가시화되는 것이 바로 이 지점이다.

    우리는 철학자나 교수 신학자의 작품을, 해명하고 궁극적으로 **이해하려는** 시도로 여기는 경향이 있다. 그런 저술은 사상가들이 한 지점에서 다른 지점으로 진행해 나가는 그만큼 추론적이고 분석적이다. 건전한 원리와 설득력 있는 논증의 토대 위에 확립된 지식 체계로 완성된 그 작품들은, 고딕식 대성당처럼 높고 정교한 건축물에 비할 만하다. 천칭의 한쪽 끝에는 하느님의 손길이 머문, 그분에 의해 도취되고 변형되고 거룩해진 의식 영역으로 인도하는 신비가 존재한다. 영혼은 시를 읊거나 춤이나 눈물, 노래를 통해 내면을 표현할 것이다.

엑카르트는 많은 수련을 쌓았고 매우 박식했지만 본질적으로 후자에 속한다. 그는 하느님과 깊은 일체감을 맛보고 그 체험을 다른 이들에게 감동적으로 전하는 신비가의 영혼을 지녔다. 본디부터 그는 노래하는 신비가이고 신학은 그의 노래다. 그 노래의 본질을 심층에서부터 이해하려면, 엑카르트가 작품을 통해 당시의 신학 주제를 차용하고 각색하는 과정을 살펴보아야 한다. 대단히 중요하고 전문적인 분야인 유비analogy로써 이 작업을 시작하는 것이 가장 바람직하겠다.

엑카르트의 유비 이론

논리학의 범주에 따르면, 단 하나의 의미를 가지는 단어는 (하나 이상의 대상에 그 의미가 적용되더라도) **일의적**univocal이다. 반면에 다양한 의미를 지닌 단어는 **다의적**equivocal이라고 한다. 그런데 세 번째 범주가 있다. 의미는 구별되지만 서로 공통되는 부분을 지닌 단어에 적용되는 범주로, 이러한 관계 유형을 우리는 '유비'라고 부른다. 하느님과 인간에게 '선하다'라는 형용사를 사용할 때 이 말은 본질적으로 동일한 의미를 지닌다(일의적). 반대로, 우리는 하느님과 인간이 매우 다른 실재이기 때문에 '선하다'라는 말이 양측에 똑같은 의미를 지닐 수 없다(다의적)고 주장할 수 있다. 셋째, '선하다'가 하느님과 사람들과 관련하여 의미가 서로 다르지만, 그럼에도 양측에 모두 해당되고 또 적용될 때는 어느 정도 공통된 의미를 지닌다고 말할 수 있다. 이것이 유비 관계다.

유비의 본성에 관한 기술적 논의는 중세 신학에서 극히 중요한 영역이다. 오늘날 우리에게는 약간 생소할 수 있다. 유비가 현대 관심사들과는 아주 무관해 보이기 때문이다. 하지만 중세기에 창조주와 피조물 간 관계의 본성을 설명하는 데는 유비가 중요했다. 우리는 하느님을 실제로 어느 정도나 알 수 있을까? 피조물의 언어('선하다' 같은)를 창조주이신 그분에게 적용한다는 것이 과연 가능할까? 더 중요하게는, 하느님 존재와 피조물 존재의 관계는 무엇일까? 존재가 단지 하느님께만 속하는 것이 합당하다면 피조물은 사라지고 만다. 반대로, 존재가 하느님께 속하는 만큼 피조물에게도 속한다면 하느님이 피조물과 구별되는 초월성이 훼손당한다. 이 점에 관해 마이스터 엑카르트가 말하려는 바를 이해하려면 그의 13세기 동료인 토마스 아퀴나스의 관점을 먼저 개략적으로 살펴보는 것이 좋을 듯싶다. 토마스 아퀴나스의 관점은 도미니코회에서 규범이 되었을 뿐 아니라 가톨릭교회 전반에도 크게 적용되었기 때문이다.

토마스 아퀴나스의 유비

유비의 체계는 보통 토마스 아퀴나스라는 이름과 연관되지만, 실은 그 못지않게 카예타누스의 영향이 크다. 카예타누스Thomas de Vio Cajetanus 추기경은 격동의 15~16세기에 유비의 본성에 관한 토마스 아퀴나스의 다양한 진술이 지닌 복잡한 영역을 체계적으로 설명하려 한 도미니코회 신학자다. 그는 『이름의 유비』De nominum analogia(1498)에서 (토마스 아퀴나스의) 세 가지 유비 유형을 밝혔는데, 첫째를 '불평등 유비'analogy of inequality라고 칭했다. '유類(genus)에 포함된 종種(species)들이 유의 완전성을 불평등하게 공유하는 것'이다.[1] 사람과 개는 둘 다 동물이지만 사람은 개보다 완전한 동물이다. 이런 형태의 유비는 둘째 유형에서는 덜 중요시된다. 중요한 것은 카예타누스가 토마스 아퀴나스의 '귀속 유비'analogy of attribution와 동일시하는 둘째 유형의 유비다. 여기서 그가 제시한 보기는, 사람과 약과 오

---

[1] G. Phelan, *St. Thomas and Analogy* (Milwaukee 1943) 27.

줌에 관한 '건강하다'라는 형용사다. '건강'이라는 특질은 실로 사람에게만 해당된다. 그러므로 우리는 '건강하다'라는 형용사를 정신이 만들어 내는 연상에 의해서만 다른 두 가지에 적용한다고 카예타누스는 주장한다. 약이나 오줌 어느 것에도 '건강'이라는 의미가 부합한다고 말할 수 없지만, 우리는 건강을 **외적으로** 그 사람의 약(건강의 **원인**)과 오줌(건강의 **표징**)에 귀속시킨다는 것이다. 셋째 유형의 유비는 '비례 유비'analogy of proportionality다. 이 경우 "고려 대상이 되는 것은 다양한 실재가 아니라 완전히 동일한 실재의 다양한 존재 양태다".[2] 여기서는 눈으로뿐 아니라 지성으로도 '본다'라는 말을 사용하는 것을 보기로 든다. 원리는 같지만 맥락이 다르다. 토마스 아퀴나스의 가르침에서, 하느님에 대해 언어를 사용할 수 있고 하느님과 피조물의 관계를 탐구할 수 있는 유일한 길은 이 셋째 유형이라고 카예타누스는 주장한다.

 대체로 토마스 아퀴나스에 대한 카예타누스의 체계적 해석은 여러 세기에 걸쳐 큰 영향력을 행사했는데, 오래지 않아 의견을 달리하는 한 사람의 목소리가 등장했다. 스페인의 예수회 신학자 수아레즈Suarez가 카예타누스의 두 가지 '오류'를 지적하고 나선 것이다. 첫째, 카예타누스가 '비례 유비'라고 부른 것은 실은 은유이므로(눈에 '보이는 것'은 지성에 대해서는 은유적으로만 사용된다), 토마스 아퀴나스가 피조물과 하느님과의 관계를 제시하면서 사용한 의미일 수 없다. 카예타누스의 '비례 유비'가 하느님은 참으로 존재하지만 피조물은 은유적으로만 존재한다는 것을 의미한 반면, 토마스 아퀴나스는 하느님의 초월을 수호하면서 동시에 피조물의 지위를 보호하고자 항상 노력했다는 것이다. 토마스 아퀴나스가 하느님을 이야기할 때는

---

[2] M.S.L. Penido, *Le rôle de l'analogie en théologie dogmatique* (Paris 1931) 77 (Phelan, 41에서 인용).

그 자신이 '내적 귀속 유비'analogy of intrinsic attribution라고 칭한 유비를 사용한다고 수아레즈는 주장한다. 이는 존재(와 그 밖의 특질들)이 하느님의 피조물보다는 하느님에게 더욱 완전하게 귀속될 수 있지만, 피조물 또한 존재를 소유한다는 것을 의미한다. 다시 말해 피조물의 존재의 원천은 하느님 자신의 존재이지만, 그럼에도 피조물은 참다운 의미에서 존재 자체를 소유한다는 것이다.

현대 해석자들은 토마스 아퀴나스의 유비 학설을 다루면서, 카예타누스가 토마스 아퀴나스의 이론을 엄청난 파급력을 지닌 체계로 만든 것과 토마스 아퀴나스의 실제 생각은 다소 다르다는 점에서 수아레즈와 뜻을 같이한다.[3] 부각되는 핵심적 유비 형태는 '내적 귀속'에 대한 '일 대 일' 관계다. '일 대 일'이란 하느님과 그분 피조물이 제3의 용어에 기대어 연관되지는 않는다는 것을 의미한다. 그리고 '내적 귀속'이란 인과율에 토대를 둔, 하느님과 그분 피조물 간의 유사함이다. 우리의 창조주는 우리를 당신과 닮게 만드셨다. 하지만 그것은 여전히 '귀속' 관계다. 이는 우리가 참으로 소유하는 그 존재가 하느님으로부터 유래하고 하느님께 종속된다는 것을 의미한다. "내적 귀속 유비는 일차적 유비자analogate(하느님)와 이차적 유비자(피조물) 사이에 **유사함이 있을 뿐** 아니라 **이차적 유비자는 일차적 유비자의 불완전한 모방이라는** 것을 표상할 수 있다."[4] 따라서 토마스주의의 유비 체계가 창조주와 피조물의 관계에 적용될 때의 장점은 그것이 피조물의 실재를 보증하면서도 창조주의 초월을 보호한다는 것이다.

---

[3] Phelan의 *St. Thomas and Analogy*는 여전히 카예타누스의 관점을 반영하고 있었다. 전환점은 Etienne Gilson, "Cajetan et l'Existence", in: *Tijdschrift voor Philosophie* (1953) 267-86이었다. Battista Mondin, *The Principle of Analogy in Protestant and Catholic Theology* (The Hague 1963) 40-2 참조.

[4] Mondin, 101.

마이스터 엑카르트와 유비 이론

『지혜서 주해』Expositio Libri Sapientiae에 이런 구절이 있다.

> 구별해야 할 것은 이들 셋, 곧 "일의적인 것과 다의적인 것 그리고 유비적인 것이다. 다의적인 것은 표상되는 다양한 사물에 따라 구분되며, 일의적인 것은 (동일한) 사물의 다양한 차이에 따라 구분된다". 유비적 사물은 사물에 따라서 구별되지 않고 사물의 차이를 통해서도 구별되지 않지만, 하나이며 똑같고 단일한 사물의 "(존재) 양태에 따라" 구별된다. 예를 들어 동물에 있는, 하나이고 동일한 건강은 음식물과 (그 동물의) 오줌에 있는 그것이다. (다른 어떤 것이 아니다.) 이는 돌에 건강이 없듯이 음식물과 오줌에 건강이 없는 것과 같은 방식에서다.[5]

따옴표로 묶은 구절의 출처는 토마스 아퀴나스(*In Sent* I, d.22, q.1, a.3, ad 2)지만, 엑카르트가 의미하는 바와의 차이에 주목해야 한다. 유비에 다양한 '존재 양태'가 있다는 점에서 토마스 아퀴나스와 엑카르트는 일치하지만, 마지막 문장은 엑카르트가 여기서 토마스 아퀴나스와는 전연 다른 어떤 것을 이해하고 있음을 시사한다. 토마스 아퀴나스의 비례 유비나 내적 귀속 유비에 있어서 유비의 이차적 유비자는, 불완전하기는 하지만 관련되는 특질을 **그 자체 안에** 실제로 지닌다. 그러나 엑카르트에게서는 그렇지 않다. "돌에 건강이 없는 것처럼 음식물과 오줌에는 건강이 없다"는 것이다. 그다음 언급에서도 부연한다. "오줌이 '건강'하다고 말하는 것은, 오로지 오줌이 그 동물에게 속한, 동일한 양의 건강을 상징하기 때문이다. 이는

---

[5] LW II, 280 (TP 178). Koch (1973) 371ff에서도 이 대목을 인용·분석한다.

마치 포도주와는 전혀 상관이 없는 둥근 화환이 포도주를 (상징하는) 것과 마찬가지다."[6] 건강한 오줌의 징표라는 특성은 인과율적으로 그 사람의 건강에 바탕을 두고 있지만 (전통적으로 독일의 선술집 밖에 걸려 있던) 화환의 경우에는 그런 관련이 전혀 없다. 여기서 엑카르트는 유비 명제의 첫째 영역(일차적 유비자)의 속성은 합당하게 둘째 영역(이차적 유비자)에 속하는 것이 아니라 '넘겨씌우기'(轉嫁)에 의해 둘째 영역에 속한다는 것을 명시적으로 진술하고 있는 듯하다.[7] 이러한 관점은 쟁점이 되는 초월적 특성(선, 의義, 지혜, 존재)이 유비적 빈사賓辭의 첫째 부분(하느님)에서만 합당하게 존재한다고 진술하는 다음 두 단락에서 더 잘 드러난다.

> [이차적] 유비자는 유비자 그 자체로 실제 형태를 띠면서 유비적으로 질서 있게 뿌리를 두고 있는 바로 그 형상과는 아무 상관이 없다. 그러나 모든 창조된 존재는 실존과 진리와 선에서 저마다 유비적으로 하느님께 질서 지어져 있다. 그러므로 창조된 모든 존재는 저마다 그 자체로가 아닌 하느님에게서 그리고 그분 안에서 실존과 생명과 지혜를 절대적으로 소유한다.[8]

> 존재자 혹은 존재, 모든 완전성, 특히 존재 · 하나임oneness · 진리 · 선 · 빛 · 의 같은 보편적 표현은 하느님과 피조물을 유비적으로 묘사하는 데 사용된다. 따라서 (피조물의) 선과 의 그리고 이와 유사한 것들은 전적으로

---

[6] ibid.

[7] Koch (1973) 379에서는 유비에 관한 엑카르트의 가르침을 창조와 의화 가르침의 맥락에 두는데, 이는 매우 타당하다. 반면 Brunner (1969) 342ff에서는, 엑카르트가 비례 유비를 명백히 배격하는 듯한 Expo. Ioan. 5-6 (LW III, 7; EE 124) 같은 대목에도 불구하고 엑카르트의 유비 체계가 본질적으로 토마스 아퀴나스의 비례 유비라고 강력히 주장한다.

[8] LW II, 282 (TP 178). [ ]는 저자 보충.

그들이 유비적 관계에 있는 그들 밖의 어떤 것, 즉 하느님으로부터 그것들을 완전히 가진다.[9]

같은 개념이 라틴어 설교에서도 상세히 언급된다.

> 만물이 하느님을 섬길 태세가 되어 있음을 다시 한 번 주지해야 한다. 인과의 유비 관계에서는 그 (존재) 양태에 따라서만 차이가 나는 유일한 것이 존재하는 까닭이다. 이것이 유비가 의미하는 바다. 유일한 무엇이 여기도 저기도 존재하지만 방법에 있어서 앞서거니 뒤서거니 한다는 것이다. 그러므로 화환이 포도주의 존재를 알림으로써 도움이 되는 것, 또 오줌이 그 자체로는 동물의 건강과 하등의 상관이 없지만 동물의 건강을 알리는 것과 마찬가지로 피조물은 하느님을 섬긴다. 피조물은 하느님의 표징이며 자신을 만드신 그분에 대한 사랑을 드러낸다고 아우구스티누스가 한 말이 바로 이것을 의미한다.[10]

소위 초월적 속성들(선, 의, 지혜, 일치, 존재) 중 어느 것도 피조물 **스스로** 소유한다고 생각하지 말아야 한다고 엑카르트는 거듭 강조한다.[11] 그 특성은 하느님이 피조물에게 **빌려 주시는** 것이다.

> 하느님은 피조물에게 선을 그냥 주시는 것이 아니라 빌려 주신다. 태양이

---

[9] *ibid.*

[10] LW IV, 372 [Brunner (1969) 339에서 인용].

[11] '초월적 속성'이란 우유적인 것들(accidents)의 범주에 넣을 수 없는 속성이다. 우유적인 것들(단단하고, 둥글고, 거친)은 그것들이 귀속해 있는 실체를 떠나서는 존재하지 않는 반면에, 초월적인 것들은 실체에 앞서는 '완전한 것들'이라고 할 수 있다.

대기를 덥히는 것도 다만 대기에 빛을 빌려 주는 것이다. 태양이 지면 빛은 사라지지만 열은 대기에 남는다. 열은 대기가 지니도록 주어진 것이다.¹²

토마스 아퀴나스에게 피조물의 존재가 하느님에게서 온 선물로서 언제라도 그분이 되가져 갈 수 있는 것이라면, 엑카르트에게 존재는 피조물에게 **대여** 중이며 결코 합당하게 피조물의 소유가 되지 않는다는 요제프 코흐의 말은 매우 적확하다.¹³

엑카르트는 앞서 제시한 유형을 설명하면서, 피조물이 **그 자체로는** (즉 하느님과의 관계를 떠나서는) 실재를 나타내지 못한다는 점을 밝히고자 한다. 하느님은 존재하지만 피조물은 존재하지 않는다는 것이 아니라, 피조물의 실존이 하느님에 의해 직접 피조물에게 주어지고 그 실존은 여전히 하느님 안에 머물며, 피조물은 하느님이 직접 주신 실존 말고는 어떠한 실존도 소유하지 않는다는 것이다.¹⁴ 그는 『요한 복음 주해』와 『축복의 서』에서 유비를 니케아 신경信經의 **낳음**generatio의 패러다임으로 의도적으로 대체함으로써 이와 같은 관념을 구명해 나간다. 니케아 신경에 따르면 이

---

¹² *Daz Buoch der götlîchen Troestunge* (DW V, 36).

¹³ Koch (1973) 385. 이는 루터가 자신의 의화 해설에서 제시하는 유비 이론에 상응하는 것으로 나타난다.

¹⁴ 이 점에 대해서 나는 Frank Tobin과 견해가 다르다. 그는 마이스터 엑카르트에 대한 뛰어난 연구[*Meister Eckhart: Thought and Language* (1986) 44f.48.53.63]에서 엑카르트의 유비 체계가 하느님의 **초월**을 강조하는 데 도움이 된다고 시사한다. 엑카르트가 일차적 유비자(analogate)의 속성이 이차적 유비자에는 **형상적으로**(formaliter) 들어 있지 않다고 주장할 때, 그가 의미하는 바는 일차적 유비자의 속성이 **이차적 유비자에서 드러나지만** 그럼에도 일차적 유비자의 **속성**(proprium)으로 남는다는 것이다. 엑카르트 유비 체계의 능력과 존재론적 용어 사용[**절대 존재**(esse absolutum), **이러저러한 존재**(esse hoc et hoc) 등]은 하느님의 초월보다는 하느님의 내재를 강조하는 것이다. 엑카르트는 자신의 말로, "사물의 실존을 앗아 가거나 파괴하는 것이 아니라 그 반대로 … 실존을 확립하고" 있기 때문이다(참조: *Prologi in Opus propositionum*, LW I, 176; M 100; *Expo. Sap.* 260, LW II, 591).

패러다임은 아버지와 아들 사이의 관계에 적용되는 직접적 낳음의 모델이다. 이것은 엑카르트로 하여금 하느님에게 존재하는 원리와 개별 피조물에 존재하는 초월적 특성이 지니는 관계의 직접성을 강조하는 더한층 놀라운 패러다임을 제시하게 해 준다.

먼저 '아버지에게서 아들의 낳음'에 대한 논의부터 시작하자. 엑카르트는 이 주제를 『요한 복음 주해』에서 다룬다. 여기서 그는 유비 모델을 명백히 배격한다. 유비 모델이 삼위일체의 제1위와 제2위 간의 존재 또는 본성의 동일성을 표현하지 못하리라는 이유에서다.

> 아들/말씀은 아버지/원리이신 분과 동일하다. … 여기서 주목할 것은, 유비적 관계에서 산출되는 것은 그 원천으로부터 유래하지만, 그럼에도 원리 아래 있을 뿐 원리와 함께 있지 않다는 점이다. 그것은 또 다른 본성에 관한 것이지 원리 자체는 아니다.[15]

> "말씀이 하느님과 함께 있었다." — '하느님 아래에' 또는 '하느님으로부터 내려온다'고 말하지 않고 '말씀이 하느님과 함께 있었다'고 말한다. '하느님과 함께'라는 구절은 일종의 동등성을 나타낸다. 유비적 사물에 있어서, 산출되는 것은 그 원천에 비해 언제나 열등하고, 등급이 낮으며, 덜 완전하다는 것이다. 일의적 사물에 있어서, 산출되는 것은 언제나 그 원천과 같다. 똑같은 본성에 참여할 뿐 아니라 단일하고 전체적이며 동등한 방식으로 그 원천으로부터 모든 본성을 받는다. 그리하여 … 발출하는 것은 그 원천의 아들이다. 아들은 위격으로는 타자이나 본성으로는 타자가 아니다.[16]

---

[15] *Expo. Ioan.* 6 (LW III, 7ff; EE 124).   [16] *Expo. Ioan.* 5 (LW III, 7; EE *ibid.*).

엑카르트는 아들과 아버지의 관계를 설명하기 위해서 (인과율에 입각한) 유비 모델을 배격한다. 삼위일체 안에서 **낳음**의 개념은 삼위일체 사이를 지배하는 본질의 동일성을 전달해야 한다. 그리하여 엑카르트는 말씀의 '낳음'이라는 이 원리를, 피조물에서 가시적 형태로 존재하는 완전한 것들과 하느님에게 있는, 그것들의 원천 간의 관계에 적용한다. 다음 단락의 '의로움'과 '의인'은 모든 초월적 완전성을 표상한다.

> 의인은 의로움에서 나오며 의로움이 의인을 낳는다. 그리고 바로 이 사실로써 의인은 의로움과 구별된다. 그 무엇도 자신을 낳을 수는 없다. 본성상 의인은 의로움과 다르지 않다. '희다'가 하양의 특질만을 표상하듯 '의롭다'는 '의로움'만을 표상한다. 의로움의 본성이 장소에 따라 바뀐다면 의로움은 아무도 의롭게 만들지 못할 것이다. 하양이 누군가를 검게 만들지 못하고, 문법이 사람을 음악적으로 만들지 못하는 것과 마찬가지다. 이로써 분명한 것은 … 의인은 의로움의 자손이며 아들이라는 것이다. 하나One는 본성으로서 타자가 아니라 인격으로서 타자가 된다는 점에서 아들이 되며 아들이라고 불린다. "아버지와 나는 하나다"(요한 10,30). 우리는 인격으로는 구별된다. 그 무엇도 자신을 낳을 수는 없기 때문이다. 우리는 본성으로는 하나다. 그렇지 않다면 의로움은 의인을 낳지 못할 것이고, 아버지는 인격으로 타자가 된 아들을 낳지 못할 것이며, 낳음이 일의적이 되지도 못할 것이다. … 아버지와 아들, 의로움과 의인이 본성에 있어서 하나이고 동일하다면 … 의인은 의로움과 동등하며 의로움보다 못하지 않다. 마찬가지로 아들도 아버지보다 못하지 않다.[17]

---

[17] *Expo. Ioan.* 16-7 (LW III, 14f; EE 127).

여기서 엑카르트는 하느님과 그분 피조물, 의로움과 의인 사이의 한 가지 형상적 구별을 언급한다. 의인의 의로움은 '낳아지는' 대상이지 '낳는' 주체가 아니라는 것이다. 그러나 본질적으로 원리로서의 의로움과 의인의 의로움은 동일하다. 그렇다면 엑카르트에게 하느님과 그분 피조물 사이의 진짜 구별은, 의인이 의로운 **한에서**inquantum 의인과 의로움이 동일하다는 사실에 있다. 다시 말해, 하느님은 온전히 선하시고 의로우시며 지혜로우시지만, 우리는 단지 부분적으로만 그러하다는 것이다.[18] 라틴어 작품 가운데 『명제집 서문』*Prologi in Opus propositionum*은 엑카르트가 피조물의 완전성이 창조주 자신의 실체에 속한다고 간주한 방식의 사례를 다수 제공한다. 그러나 이런 개념이 가장 일관되게 표현된 곳은 독일어로 된 「신적 위로의 서」와 「고귀한 사람」이다.

> 선은 창조되지 않고, 만들어지지 않고, 태어나지 않는다. 오히려 선이 선한 사람을 낳는다. 그리고 선한 사람은 그가 선한 한 만들어진 것도 창조된 것도 아니다. 하지만 그는 태어나며, 선의 아들이다. 선은 선한 사람에게서 선 자체를 그리고 선인 모든 것을 낳는다.[19]

'… **인 한**의 원리'에서 일치와 구분이라는 더욱 중요한 원리가 나온다. 본디 초월적인 것이나 '완전한 것'은 일치라는 조건으로 하느님 안에 존재한다. 그분에게는 구분이 없지만 진리와 선과 존재는 불가분리적 일치를 이

---

[18] Bernard McGinn은 *Eckhart's condemnation reconsidered* (1980)에서 '엑카르트가 처한 어려움의 주된 원인 중 하나'가 바로 '… **인 한**(inquantum)의 원리'와 이에 대한 재판관의 몰이해였다고 주장한다(406f).

[19] *Daz Buoch der götlichen Troestunge* (DW V, 9; EE 209f).

룬다. 그러나 그 초월적 특성을 유한한 비율로 소유할 따름인 피조물에는 필연적으로 구분이 있다. 따라서 엑카르트에게 하느님은 당신 피조물의 다양성과 구별되는 절대 일치의 원리the principle of absolute unity를 의미한다.

> "그 자체로 풍요로운" 첫째이자 상위에 있는 것의 본성은 자신의 속성을 지닌 하위의 것에 영향을 미치고 작용한다. 그 속성 가운데 '일치'와 '구분할 수 없음'이 있다. 하위의 것에서 구분되는 것은 상위의 것에서는 언제나 하나이며 구분되지 않는다. 이로써 상위의 것은 결코 하위의 것에서는 구분되지 않는다는 점이 명백해진다. 그러나 구분되지 않은 채 머무르면서도 상위의 것은 하위의 것에서 구분되어 있는 것을 모으고 일치시킨다.[20]

하느님과 존재

하느님으로서의 존재

중세의 무수한 신학자가 그러했듯이 마이스터 엑카르트는 **존재**, 존재의 본질, 존재의 기원 문제에 매료당한다. 하지만 오늘날 실존주의 철학에서의 일반적 경우와 달리 엑카르트에게 존재란 그 자체 현상으로 여겨지기보다는 오로지 하느님과의 관계에서 이해된다. 이 관계에 대한 엑카르트의 진술 가운데 역설적으로 드러난 것들로 인해 범신론pantheism이라고 고발당하기도 했다. (그리스도인에게) 범신론은 하느님과 피조물 사이의 구별을 없애는 일종의 신학적 오류다.[21]▶ 하지만 두 가지만 분명히 유념한다면 하느님과 존재에 관한 엑카르트의 가르침은 한결 수월해진다.

---

[20] *Gen. Prol.* 10 (LW I, 154ff; M 84). 큰따옴표 구절은 Proclos의 *Liber de causis*에 나오는 스무 번째 명제에서 따온 것이다.

첫째, 애초부터 하느님과 존재에 대한 엑카르트의 가르침은, 앞서 논의한 유비론의 맥락에서 보아야 한다. 선행하는 초월적 속성(그중 하나가 존재다)이 하느님과 사물 모두에 존재한다. 그것들이 하느님에게는 무한히 존재하고 피조물에게는 ('… **인 한**의 원리'에 따라) 유한하거나 부분적으로 존재한다는 엑카르트의 믿음을 이해하게 되면, 존재에 관한 그의 진술들이 자연스레 들어맞을 것이다. 둘째, 엑카르트가 "존재는 하느님이다"Esse est Deus라고 거듭 말하는 뜻을 파악할 필요가 있다. 이 점은 그의 『삼부작』 Opus tripartitum 서문 전체에서 드러난다. '존재는 하느님이다'가 때로 '하느님은 존재다'라는 의미로 이해되기도 했지만, 이 진술은 엑카르트가 하느님에 관해서가 아니라 존재에 관해서 무언가를 간절히 말하고자 했음을 드러낸다는 칼 알베르트Karl Albert의 지적은 전적으로 옳다.[22]

말하자면 엑카르트는 존재에 두 가지 유형이 있음을 알려 준다. 그는 첫째 유형을 '존재'esse, '절대 존재'esse absolutum, '단순 존재'esse simpliciter, '존재 자체'esse ipsum라고 부른다. 둘째 유형은 '이러저러한 존재'esse hoc et hoc; esse hoc aut aliud; esse huius et huius, '그렇고 그런 존재'esse tale, '특정 존재'esse determinatum라고 부른다. 첫째 유형은 하느님의 존재로, 무한하고 어떤 혼

---

[21] LTK VIII, 25-9에서 범신론의 전 영역이 흥미롭게 논의된다. Grace Jantzen, *God's World, God's Body* (London: Darton, Longman & Todd; Philadelphia: Westminster 1984) 참조. 엑카르트를 범신론이라고 주장하는 최초의 고발은 베네의 아말리쿠스(Amalricus de Bène)에 대한 단죄에서 비롯되었다고 Albert (1976)는 주장한다. 아말리쿠스는 하느님이 사물들의 '형상적으로 본디부터 있는 존재'와 동일하다고 가르쳤다(71-3). 엑카르트는 「변론」에서 자기는 하느님을 '형상적으로 본디부터 있는 존재'와 동일시하지 않는다고 주장한다(RS III, 5; Théry, 193; Daniels, 10; B 264). 「도미니코회 땅에」에는 이 고발이 두 번 다시 나타나지 않는다.

[22] Albert (1976) 38. 따라서 '존재는 하느님이다'라는 속성에 대한 진술이지 정체성에 대한 진술은 아니다. 엑카르트는 '**하느님은 그러나 존재다**'(Deus autem est esse)라는 구문을 사용하지만(RS VIII, 7; Daniels, 29) 이런 경우는 드물다. 강조를 위한 도치로 이해해야 하리라.

합에 의해서도 더럽혀지지 않는다면, 둘째 유형은 세상 안에 있는 실체들의 한정되고 제약된 존재다.[23]

하느님 홀로 합당한 의미에서 존재이고, 하나이고, 진실하고, 선하다. 다른 모든 것은 **이런** 존재(예컨대 돌, 사자, 사람), **이런** 하나, **이런** 진실함, **이런** 선함(예컨대 선한 마음, 선한 천사)이다.

우리는 절대 존재와 이러저러한 존재에 관해 달리 판단해야 한다. '하나', '진실하다', '선하다' 같은 용어에 대해서도 마찬가지다. 오로지 하나의 존재가 있을 뿐이며 이것이 하느님이다. 그러나 이러저러한 존재는 많다.

1) 하느님 홀로 합당하게 존재이고, 하나이고, 진실하고, 선하다. 2) 만물은 그분으로부터 존재하고, 하나이고, 진실하고, 선하다. 3) 만물이 존재하고, 하나이고, 진실하고, 선하다는 것은 직접적으로 그분 덕이다. 4) 이런 존재, 이런 하나, 저런 하나, 이러저러하게 진실하고, 이러저러하게 선하다고 말할 때, '이런' 또는 '저런'은 존재, 하나, 진실하다, 선하다에 결코 아무것도 보태지 않으며 실체, 일치, 진리, 선을 더하지도 않는다.[24]

---

[23] 『변론』에서는 이렇게 대치되는 용어들이 **절대 존재**(esse absolutum)와 **형상적으로 본디부터 있는 존재**(esse formaliter inhaerentum)로 대체된다. 이것이 토마스 아퀴나스의 용어에 더 가깝다. 토마스주의 용어인 **형상적으로 본디부터 있는 존재**를, 피조물과 하느님과의 관계와는 구별되며 피조물이 존재를 **그 자체로** 소유한다는 뜻으로 여기지 않는 한 엑카르트가 이 토마스주의 용어를 달가워하지 않았다고 생각할 아무 근거가 없다. V. Lossky (1960) 322에는 엑카르트와 토마스 아퀴나스의 차이가 잘 요약되어 있다: 토마스 아퀴나스에게 유비는 **순수한 일어다의**(一語多意)**에 따르지 않고**(non secundam puram aequivocationem) 하느님과 피조물에 관해 이야기하는 한 가지 방법인 반면, 엑카르트에게 유비는 **전적으로 일의적이지 않게**(non omnino univoce) 제1 원인과 그 효과를 이야기하는 한 방법이다.

[24] *Prol. prop.* 8, 4, 25 (LW I, 170, 167f, 181; M 96, 94, 103). Frank Tobin (1986) 41에서는 엑카르트가 하느님 존재에 대해 **존재**(esse)와 **본질**(essentia)의 일치와 같이 토마스 아퀴나스의 관점에서 심도 있게 다룬다고 제대로 지적한다. 반대로, 존재와 하느님과의 관계라는 측면에서 토마스 아퀴나스와 엑카르트의 차이점에 관해서는 Rudi Imbach (*Deus est intelligere*, 1976) 참조.

"존재는 하느님이다"라는 명확한 진술은 엑카르트가 '존재'라는 말을 하느님과 피조물 둘 다에 일의적(같은 의미를 지님)으로 적용한다는 것 그리고 하느님의 존재는 무한한 반면 피조물의 존재는 유한하고 특정하다는 사실로써 하느님과 피조물 사이의 구별이 견지됨을 제시한다. 이는 엑카르트 유비 이론의 '… 인 한 원리'와 철저히 부합한다.[25]

미완성의 『삼부작』 서문에서 개관하고 있는 엑카르트의 형이상학적 관점에서는 한정되고 제약된 각양각색 사물의 존재와, 자유롭고 변함 없으며 '더럽혀지지 않은' 하느님의 존재 사이의 이러한 구별이 중심을 이루고 있다. 물론 창조된 다양한 상태로 피조물에 존재하는 모든 초월적 속성은 하느님에게도 존재한다. 그런데 하느님에게는 신적 본성의 특성인 절대적 하나임(一性, oneness)이라는 조건으로 존재한다. 엑카르트는 하느님 본성을 지칭하는 미묘한 방식을 발견하여, 하느님 본성을 존재의 '순수함'puritas, '충만함'plenitudo, '부정의 부정'negatio negationis, '하나', '지성', '순전한 무' nihtes niht로 다양하게 부른다.[26] (엑카르트가 토마스 아퀴나스에게서 따온 문구인) 존재의 '순수함'은 하느님 본성이 온전히 단일하며 아무런 보탬이 없다는 뜻이다. 반면에 '부정의 부정'은 하느님의 무한함을 표현한다. 창조

---

[25] 그러므로 피조물은 두 원인을 지닌다. 첫째 원인(causa prima)은 피조물의 존재의 원천인 하느님 자신인 반면에 둘째 원인(causa secondaria)은 사물을 현재 그대로의 것으로 만드는 그 형상이다. 따라서 하느님이 나무가 있다는 사실의 원인이라면, 그 나무의 형상은 그것이 **나무**라는 사실의 원인이다(Albert, 75와 *Prol. prop.* 11, LW I, 171f; M 97 참조). 하느님 홀로 존재를 부여하시는 반면에 형상은 창조된 존재의 제한된 특정성을 결정한다.

[26] **부정의 부정**에 대해서는 특히 *Expo. Sap.* 148 (LW II, 485f; TP 167f) 참조. R. Klibansky는 이 구절의 원천이 프로클로스(Proclos)의 파르메니데스(Parmenides) 주해라고 주장한다(*The Continuity of the Platonic Tradition*, London 1939, 26). 토마스 아퀴나스는 *De ente et essentia*, c.6에서 **순수함**이라는 말을 하느님 존재와 관련해 사용한다. 당신 자신의 순수함으로 (하느님) 존재는 모든 존재와 구별된다"["Unde per ipsam suam puritatem est esse (dei) distinctum ab omni esse"].

된 무언가의 본성을 규정하는 것은 동시에 그것이 무엇이 아닌지를 말하는 데 반해, 창조되지 않은 분인 하느님의 본성을 규정하면서 우리는 부정의 원리 자체를 부정한다. 그리하여 부정의 부정은 "하느님에게 적용되면서 가장 순수한 형태의 긍정"이 된다.[27] 그러나 엑카르트의 풍부하고 융통성 있는 용어 구사에도 불구하고 어떤 주제들은 동일성을 유지한다. 하느님에 관한 엑카르트의 사유 전체가 양극을 오간다. 한쪽이 피조물과 관련하여 하느님의 온전한 초월을 나타낸다면, 다른 한쪽은 하느님의 내재를 나타낸다. 이 하느님은 피조물의 존재, 곧 우리 존재의 바로 그 토대다.

지성으로서의 하느님

엑카르트가 하느님과 존재의 관계에서 아주 상이한 관점을 제시하는 것처럼 보이는 경우는 무수히 많다. 그의 『삼부작』에서도 이 점이 드러난다. 『삼부작』에서 엑카르트는 '절대 존재', '단순 존재', '존재의 순수함'으로서의 하느님과 '특정 존재', '이러저러한 존재'로서의 당신 피조물을 구별한다. 그는 『파리 토론집』Quaestiones Parisienses 에서 '지식'으로서의 하느님과 '존재'로서의 피조물을 간단히 대치시킨다. '존재'인 것은 더 이상 하느님이 아니라 그분의 피조물일 뿐이다. 유비와 **낳음**generatio에 대한 엑카르트의 이론 체계가 일종의 내재신학theology of immanence에 담긴 하느님과 피조물 간 연속성을 강조하는 경향이 있다면, 『삼부작』과 『파리 토론집』 서문에서는 하느님이 피조물을 초월하는 그 정도를 더욱 강조한다. 따라서 우리는 여기서 엑카르트 사유의 발전 과정보다는 내재와 초월의 균형 있는 변증법을 유지하려는 시도를 다루고 있는 것이다.[28]▶

---

[27] TP 395.

우선 『파리 토론집』의 첫째 토론에서, 하느님에게서 '존재'와 '지식'의 관계에 대한 엑카르트의 통찰을 고찰하도록 하자. 엑카르트가 말하는 지식이란 '배운 것'이라기보다는 '이해'understanding이거나 실로 그 자체로 깨어 있는 '인식'knowing을 의미한다. 그는 존재와 지식이 실제로는 동일하다는 진술로 시작한다. "하느님은 지성이며 이해다. 그리고 하느님의 이해는 그분 실존의 근저다."[29] 그러나 논증을 펼쳐 나가면서 엑카르트는 지식/이해와 존재 간의 근본적 분리를 깨달았음이 분명해진다. "나의 첫 주장은 이해가 실존보다 우위에 있으며 다른 질서에 속한다는 것이다."[30] 이 주장을 뒷받침하고자 엑카르트는 우주의 지적 질서와 요한 복음 머리글을 거론한다. "'한 처음에 말씀이 계셨다.' 이는 전적으로 지성과 연관된다."[31] 더욱 중요하게는 "피조물의 으뜸은 실존이다"라는 (프로클로스의) 개념을 인용한다.[32] 존재의 원인인 하느님은 존재에 앞서야 한다는 의미다. 엑카르트는 『삼부작』, 『축복의 서』, 『요한 복음 주해』에서 그토록 광범위하게 다룬 인과율 모델, 즉 원인은 자신과 닮은 것을 낳는다(선the Good은 선함goodness의 원인이다)는 견해를 포기하는 대신, 원인이 그 결과와 다르거나 결과보다 우위에 있다는 모델을 채택한다. 이 둘째 인과율 이론을 설명하고자 엑카르트는 점點에서 비롯된 선線의 이미지를 사용한다. "점이 결코 선이 아닌 것처럼, 원리는 원리에서 비롯되는 것과 결코 같지 않다."[33] 하지만 엑카르트

---

[28] 여기서 나는 *God within* (1988)에서 내린 판단을 수정하고 있다. 엑카르트 저술을 연대순으로 배열할 수 있다 해도 발전했다고 생각해서는 안 된다. 『파리 토론집』을 쓴 연대는 1302/3년인 데 비해 『삼부작』 서문은 파리에서 두 번째로 가르치던 시기(1313/4) 이후에 쓴 것 같다. 『파리 토론집』에 대한 최근 연구와 관련해서는 E. Zum Brunn, Z. Kaluzia, A. de Libera, P. Vignaux/E. Weber, *Maître Eckhart à Paris: Une critique médiéval de l'ontothéologie, Les Questions parisiennes n.1 et n.2 d'Eckhart*, Paris 1984 참조.

[29] LW V, 40; M 45. [30] LW V, 42; M 46.
[31] LW V, 43; M 47. [32] LW V, 41; M 45. *Liber de causis*, prop. 4.

는 이해가 하느님의 존재 방식임을 강조하면서 여전히 하느님 안에서 이해와 존재를 화해시키고자 한다. 그는 "실존이 아니라 실존의 순수함이 하느님에게 있다"면서, "물론 여러분이 이해를 실존으로 부르고 싶어 한다면 나는 괘념치 않는다"고 솔직하게 말한다.[34]

『파리 토론집』의 둘째 토론은, 첫째 토론에서보다 이해와 존재 간의 한층 더 날카로운 구별을 다룬다. 비록 엑카르트가 그 주제를 천사들과 관련해 논하기는 하지만, 하느님뿐 아니라 인간 지성과도 관련되는 그의 사상적 발전을 분명하게 드러내 주는 내용이다. 그는 아리스토텔레스를 인용하면서 시작한다. 지성이 '어떠한 것과도 혼합되지 않으며', '공통되는 바가 없어', '온갖 것을 알' 수 있다는 취지에서다. 그리고 이렇게 결론 내린다. "지성이 다만 지성인 한 아무것도 아니라면, 이해 역시 실존이 아니다."[35] 앞서 엑카르트가 '절대 존재'의 불확정성이 절대 존재라는 용어를 하느님에게 귀속시키는 데 중요하다고 본 것처럼, 이제 그의 흥미를 끄는 것은 지성의 불확정성, 지성의 '비실존'이다. "지성은 여기에 있는 것이 아니고, 지금 있는 것도 아니며, 확정되지도 않았다. 그러나 모든 존재나 실존은 한정된 유類와 종種으로 있다. 따라서 지성은 존재가 아니며 실존을 지니지도 않는다."[36] 이 내용은 다음의 독일어 설교로 이어진다.

> 어리석은 교사들은 말하기를 하느님이 순수한 존재라고 한다. 최고 천사가 한 마리 모기보다 우월하듯이 하느님은 존재 저 위에 있다. 내가 하느님을 존재라고 부른다면 그것은 태양을 창백하다거나 검다고 부르는 것처럼 잘

---

[33] LW V, 45; M 48.　　　　　　　[34] *ibid.*; M *ibid.*

[35] LW V, 50; M 51. 참조: Aristoteles, *De anima*, II, 7.

[36] LW V, 52ff; M 53.

못된 것이다. … 존재 안에서 하느님을 받아들일 때, 우리는 그분의 거처 앞마당에서 그분을 받아들이는 것이다. 그때 그분은 당신 성전 어디에 계시며 거룩함의 어디에 나타나시는가? 지성이 하느님의 성전이다. 하느님이 당신 성전에서보다 참으로 거처하시는 곳은 어디에도 없다. 다른 스승의 말로 표현하면 이렇다: 하느님은 지성 자체에 대한 지식만으로 사는 지성이며, 그 자체 안에 머무르는 지성이다. 그곳에서는 그 무엇도 지성을 건드리지 못한다. 그곳에서 지성은 지성의 고요 속에 혼자이기 때문이다. 자기 인식에서도, 하느님은 당신 안에서 당신 자신을 인지하신다.[37]

이런 내용은 또 다른 (라틴어) 설교에서도 메아리친다.

> 지성은 분명 하느님께 속하며, '하느님은 하나다'. 따라서 지성과 지성적인 것을 알게 되는 만큼 하느님과 하나에 대해서 그리고 하느님과의 '합일적 실존'One-existence에 대해서도 알게 된다. 하느님은 단 하나의 지성이며 지성은 단 하나의 하느님이다. 지성이 아니고는 그 어디에서도 우리는 결코 하느님으로서의 하느님을 발견하지 못한다.[38]

하나이자 '부정의 부정'으로서의 하느님

마지막 두 인용문은 지성으로서의 하느님 개념이 엑카르트에게 하느님의 유일성unicity/하나임oneness을 얼마만큼 확증하는지 보여 준다. 이는 엑카르트 사유의 중요한 측면이라, 그는 이 내용을 거듭 언급한다. 그중에는 모든 초월적 완전성이 하느님 안에서 하나로 존재한다는 논증도 있다.

---

[37] DW I, 145f (W 67).

[38] Sermon 29 (LW IV, 269f; TP 226).

그러므로 하느님 안에서 모든 완전함은 하나다. 그분 안에서 완전함의 수량이란 없다. 바로 이러한 이유에서 자기 자신을 통해, 즉 다른 사물이나 어떤 매개체가 아닌 자기 본질을 통해 하느님 자체를 보려는 사람이라면 누구나 단 하나의 완전함을 보게 될 것이다. 모든 완전함을 통해서 그 단 하나의 완전함을 보는 것이 아니라 단 하나의 완전함 안에서 그리고 그 완전함을 통해서 모든 완전함을 보게 될 것이다. … 누군가 자신이 보는 그것에, 그것을 통해서, 그것 안에서 이름을 부여하고자 한다면 그 이름은 필시 '하나'일 것이다.[39]

엑카르트는 『파리 토론집』 첫째 토론에서 앞서 본 지식과 존재의 동일시를 상기시키면서 "하나the One와 존재being는 서로 바뀔 수 있다"고, 또 "하나에서 떨어져 나오는 것은 실존에서 떨어져 나온다"고 말한다. 계속해서 그는 "구분이란, 그것이 하나로부터 떨어져 나오는 것인 한, 실존의, 하나의, 그리고 선함의 상실이다"[40]라고 진술하면서, 다른 곳에서는 "실존은 언제나 하나에 머물며, 그러한 한 다수란 존재하지 않는다"[41]고 말한다. 그러나 그 자신이 '지성'과 '존재'로서의 하느님을 다루었을 때와 같은 용어 사용의 융통성을 발휘하여, 하나는 그 자체로 존재를 넘어선다고 단언한다.[42]

하나로서의 하느님에 관한 엑카르트의 언급은, 지성으로서의 하느님과 존재로서의 피조물이라는 패러다임의 경우에서보다 하느님과 피조물 간의 더욱 철저한 단절을 표현하는 것처럼 보이기도 한다. 하지만 하느님의 초월은 다시 한 번 하느님의 내재로써 균형을 이룬다. 엑카르트는 하느님

---

[39] *Expo. Ex.* 57 (LW II, 62f; TP 62).   [40] *Expo. Ex.* 141 (LW II, 128; TP 87-9).
[41] *Expo. Sap.* 107 (LW II, 443; TP 161).
[42] 이때 존재는 참여적 존재의 의미를 지닌다.

의 절대적 유일성을 탐구하여 신플라톤주의적 유출emanation 구조의 변증법이라는 또 다른 형태의 변증법을 확립한다. 만물이 유출에 의해 하나로부터 '내려'오지만 그럼에도 하나에 계속 참여한다는 것이다. 그리하여 으뜸이 되며 모든 것을 포괄하는 하느님의 존재, 자신의 형이상학적 우위 metaphysical priority를 통해 세상 어디에나 존재하는 하느님의 존재는, 자신을 만물로부터 그리고 세상 모든 존재로부터 면밀히 구별하는 역할을 한다. 그리하여 하느님은 엄밀하게도 어떠한 피조물과도 구별되지 않음으로써 모든 피조물과 구별된다.[43] 복잡한 개념이기는 하지만 이 정식定式은 우리 안에 계시는 하느님과 우리를 넘어서 계시는 하느님이라는 동일한 변증법적 형식을, 유일성에 대한 신플라톤주의 형이상학 용어로 재진술한 것이다. 바로 이 같은 변증법적 형식으로 엑카르트는 자신의 신론에서 유비와 '지성'과 '존재'를 다루었던 것이다.

엑카르트는 하느님을 하나라고 부르는 데 대체로 만족하면서도, '부정의 부정'이라는 또 다른 관점에서 하느님의 하나임이라는 주제를 상술하고자 하는 경우도 있다. 여기서 엑카르트는 '하나'가 하느님에 대한 그 어떤 것도 **긍정적으로** 언명하지 않는다고 여긴다. 이것이 하느님에게 무언가를 '보태고', 그리하여 하느님의 참된 본성을 가리는 경향으로 흐를 수 있기 때문이다. 그분은 그분 자체로 계신 것이다.

> 바오로 사도는 '한 분 하느님'을 말한다. **하나**는 선함이나 진리보다 순수한 어떤 것이다. 선함과 진리는 아무것도 보태지 않으면서도 **사고**를 보탠다.

---

[43] *Expo. Sap.* 144-57 (TP 166-71)과 LW I, 154f (M 84) 참조. 이에 대해 McGinn은 "Meister Eckhart on God as Absolute Unity", in: D. O'Meara (ed.) *Neoplatonism and Christian Thought* (Albany 1982) 128-39에서 탁월한 논의를 펼친다.

사고할 때 무언가 보태지는 것이다. '하나이신 분'은 아무것도 보태지 않으며, 거기에서 그분은 아들과 성령에게로 흘러들기 이전에 그분 자체로 계시다. 그분은 "벗이여, 더 높이 오르라"고 말씀하신다. 어떤 스승은 "하나는 부정의 부정이다"라고 말한다. 내가 하느님은 선이라고 말한다면, 그것은 무엇을 보태는 것이다. 하나는 부정의 부정이며 부인否認의 부인이다. **하나**란 무엇을 의미하는가? 아무것도 보태지지 않은 것이다. 영혼은 아무런 보탬이나 어떠한 사고도 없이 그 자체로 정화되면서 신성을 받아들인다. **하나**는 부정의 한 부정이다. 모든 피조물은 그 자체로 하나의 부정을 지닌다. 하나는 다른 하나가 아님으로써 부정하는 것이다. 한 천사는 다른 천사가 아님으로써 부정하는 것이다. 그러나 하느님은 부정을 부정한다. 그분은 하나이며 다른 모든 것을 부정한다. 하느님 외부에는 아무것도 없기 때문이다(W 97).

'부정의 부정'으로서의 하나는 하느님을 언급하는 부정적 방식으로 부각된다. 그럼에도 이 방식은 다른 존재들에 대해서는 어떠한 것도 **부인**하지 않는다는 점에서 전적으로 긍정적이다. 어떤 피조물을 규정함으로써 동시에 그 피조물이 무엇이 아닌지를 언명한다는 것이 엑카르트의 견해다. 그러나 하느님을 '부정의 부정'으로 규정하는 것은 하느님에게 어떠한 것도 보태지 않고 (그리하여 그분의 참된 본성을 가리지 않고) 다른 어떤 것에 대해서 아무것도 부정하지 않는 용어로 하느님을 규정하는 것이다. 그러나 다른 대목에서 엑카르트는 하느님을 '하나'라고 언급하는 것이 실제로는 그분에게 어떤 것을 '보태는' 것이라는 모순된 견해를 제시한다.

그러나 존재와 선함과 진리는 동일하게 펼쳐져 있다. 존재가 펼쳐지는 한 그것은 선하고 또한 진실하기 때문이다. 그런데 사람들은 선함을 취해서 그것을 존재에 덧댄다. 선함이 존재를 감싸고 존재에 껍질이 된다. 그것은 보태진 어떤 것이다. 또 사람들은 하느님에 대해서 그분은 진리라고 여긴다. 존재는 진리인가? 그렇다. 진리는 존재에 달려 있으며, 하느님은 모세에게 "'있는 나'께서 나를 너희에게 보내셨다"(탈출 3,14)고 말씀하신 것이다. 아우구스티누스는 말한다. "진리는 아버지 안에 있는 아들이다. 진리는 존재에 달려 있기 때문이다." 존재는 진리인가? 그대가 허다한 스승에게 묻는다면, 그들은 "그렇다"라고 대답할 것이다. 하지만 내게 묻는다면, 전에는 "그렇다"라고 대답했겠지만 지금은 "아니다"라고 답할 것이다. 진리 또한 보태진 어떤 것이기 때문이다. 그런데 사람들은 하느님에 대해서 그분은 하나라고 여긴다. 하나는 합쳐진 것보다도 진실로 하나이기 때문이다. 하나가 무엇이든 간에, 그것으로부터 다른 모든 것이 제거된 것이다. 그런데 제거된 것도 엄밀히 보면 보태진 어떤 것이다. 그것은 별개의 것을 가리킨다.

 그런데 하느님이 선함도 아니요 존재도 아니며 진리도 아니고 하나도 아니라면, 과연 그분은 무엇인가? 그분은 순수한 무다. 그분은 이것도 아니요 저것도 아니다. 그대가 그분을, 그것일지 모른다고 생각하더라도, 그분은 그것이 아니다(W 54).

이런 대목들은 엑카르트가 철저한 부정의 언어로 하느님을 언급하고 있음을 명백히 보여 준다. 따라서 그분에게는 아무것도 '보태지지' 않는다. 하느님을 드러내기보다는 감추는, 하느님의 이름과 긍정적 언어를 사용하는 부적절성은 언어상의 과정 자체를 파괴하는 듯한 부정적 진술을 사용함으로써 어느 정도 해결된다. 그러므로 하느님은 '순수한 무'가 되며, '고독'과

'광야'einöde/wüestunge(W 66)가 된다. 또 그분은 "알려지지 않는, 전혀 알려진 바 없는, 결코 알려지지 않을 영원한 신성의 감추어진 어둠"(W 53)이다.

결론

엑카르트는 하느님을 존재, 존재의 순수함, 지성, 하나이자 절대 무성絶對無性(absolute nothingness)으로 본다. 그가 하느님의 정체를 이 네 가지 중 하나로 단언하고 있는 각 대목들에는, 이 특정 용어가 하느님께 적용될 수 있음을 그가 구체적으로 부정하는 또 다른 구절들이 있다. 알 수 없는 하느님의 전적인 초월을 드러내 주는 넷째 용어조차도, 도달할 수 없는 하느님이 당신 본질을 인간 영혼에 부어 주신다는 ('하느님 탄생'에 관한 가르침에서 표현되는) 엑카르트의 견해와 균형을 이루어야 한다. 그래야만 여기서 엑카르트가 용어들을 혼동하고 있다고 생각하는 독자들도 납득할 수 있을 것이다. 해석자가 엑카르트 작품에서 어떤 체계를 구축함과 동시에 같은 작품에서 또 하나의 (완전히 다른) 체계를 구축할 수도 있다는 취지로 에티엔 질송Etienne Gilson이 논평한 것은 결코 놀라운 일이 아니다.[44] 그런데 이 같은 혼동은 대부분 우리가 근거 없는 가정으로 엑카르트에게 접근하는 경우가 잦은 데서 연유한다고 볼 수 있다. 스콜라철학(어쩌면 대부분의 철학)은 사고나 체험에서 비롯된 구상을 통해서 고정된 준칙에 이르게 된다. 우리는 사상가들에게 명료함과 정밀함을 요구할 뿐 아니라, 그들이 전체적 구도에서 틀과 목적을 제시하는 확고한 입장을 고수할 것으로 기대한다. 그러한 철학을 정지 화면으로 세상을 설명하려는 시도로 본다면, 엑카르트의 사유가 우리에게 제공하는 것은 동영상이다. 이는 그 자체로 역

---

[44] 이 책 서문 각주 2 참조.

동적이고 생산적이며 통찰력 있는 그의 진리관을 의미한다. 엑카르트에게 진리란, 새로운 형태의 **의식**awareness이나 인식 존재로의 '돌파'다. 엑카르트는 하나의 명제(가령 '존재는 하느님이다')를 취하는 즉시 그 핵심에 이르기 위해 명제를 무너뜨려 전복시킨다. 그리하여 정신은 피조물의 존재로부터 하느님 안에서의 존재의 순수함이나 충만함으로, 하느님 안에서의 존재에 앞서는 정신이나 유일성의 원리로 이끌린다. 또 거기에서부터, 개념이나 말로는 도달할 수 없는 순전한 무이며 부정인 하느님에게로 이끌린다. 창조된 우주와 사유와 언어가 지니는 질서 정연한 구조가 바로 그 창조라는 한계에 부딪혀 무너지고 그 속으로 사라지고 말 일종의 형이상학적 블랙홀을 창조하는 데 엑카르트의 의도가 있다. 엑카르트의 존재론은 형이상학적 여정이다. 통상의 피조물 존재에서 출발하여 (언어와 개념을 전복함으로써) '신성의 감춰진 심층'에서 이 여정은 끝난다.

이런 과정은 불가피하게도 숱한 역설과 용어 변화와 외견상의 비일관성을 포함한다. 이를테면 존재관이 극적 변화를 겪는다. 피조물에게 존재는 신적 생명의 표지이지만(하느님을 드러내지만), 신격divinity에서 존재는 신적 본성을 가린다(감춘다). 외연ad extra으로, 즉 피조물의 관점에서 볼 때 존재는 하느님이다. 우리의 정신이 존재를 통해 신성 자체로 올라간다면 그때 존재는 신적 본성이었던 것으로 보이기는커녕 오히려 지성, 광야, 어둠과 더 유사한 초본질적 근저superessential ground에서 흘러나오는 것으로 보일 것이다. 그러므로 존재는 하느님 '안에' 있지만 하느님 밖의 피조물에게 보일 수 있으며, 우리가 하느님과 합일함으로써 우리에게는 보이지 않는다.[45]

---

[45] 따라서 존재에 대한 엑카르트의 관점과 하느님의 '능력'에 대한 Gregory Palamas의 개념에는 유사점이 있는 듯하다. 프라이베르크의 디트리히가 말하는 지성과 하느님 안의 존재의 관계는 Kurt Flasch가 "Die Intention Meister Eckharts" (1974)와 "Kennt die mittelalterliche Philosophie die konstitutive Funktion des menschlichen Denkens?" (1972) 두 논문에

바꿔 말하면 존재는 하느님을 드러냄과 동시에 숨기는, 그분의 겉옷이다. 존재는 하느님이 거처하시는 '성소'의 '앞뜰'이다.

엑카르트의 사유를 알리고 형성하는 또 다른 결정적 요소는 변증법 요소다. 즉 우리를 무한히 넘어서면서도 우리 안에서 끝없이 현존하는 원리를 따르는 일치와 대당의 구조다. 실로 초월과 내재라는 두 주제는 엑카르트 사유의 양극을 규정한다. 우리 존재가 하느님이라면, 다만 참으로 존재를 소유**하는 한** 우리는 하느님이다. 하느님이 지성이며 존재를 무한히 넘어선다면, 그때도 마찬가지로 우리가 지성**인 한** 지성의 능력을 소유하며 하느님과 하나일 수 있다. 하느님이 모든 말과 개념을 넘어 칠흑 같은 어둠 속에 감추어져 계시다면, 그때 우리 안 영혼의 근저에서 자신을 낳는 분은 바로 같은 하느님이다. 과연 엑카르트는 자신의 작품에 담긴 변증법의 충만한 의미를 『탈출기 주해』*Expositio libri Exodi*에서 요약한다. "창조주와 피조물만큼 서로 닮지 않은 것은 아무것도 없다는 사실을 여러분은 알아야 합니다. 이는 반대로, 창조주와 피조물만큼 서로 닮은 것은 아무것도 없다는 말이기도 합니다." 그는 '실존 자체'인 하느님은 특정하게 존재하는 여하한 사물과도 구별된다는 이유에서 전자의 진술을 정당화한다. 그리고 피조물이 자신의 실존을 하느님으로부터 받는다는 이유로 후자를 정당화하면서 묻는다. "자신이 그 무엇과 맺는 관계나 질서로부터 자신의 총체적 실존을 얻어 소유하는 것만큼 그 무엇과 유사한 것이 있을까?"[46]

엑카르트처럼 하느님이 우리를 무한히 넘어서시면서 동시에 우리 안에 친밀히 현존하신다고 말하는 것은, 그 말 자체를 뛰어넘어 깊은 신비를 가

서 철저히 구명하고 있다. 이 주제에 대한 디트리히의 사상은 지성과 하느님 안의 존재의 순수성을 연결 짓는 것과 관련해 엑카르트에게 중요한 영향을 끼쳤다고 할 수 있다.

[46] *Expo. Ex.* 112-8 (LW II, 110ff; TP 81f).

리키는 복잡하고 모순된 진리다. 엑카르트에게서 드러나는 이 진리에 놀라워할 필요는 없다. 변증법적 사고(여기서 변증법은 보다 깊고 파악하기 어려운 진리를 위해 분명히 모순되는 두 가지 진리를 함께 고수하려는 창조적 사유의 한 유형을 의미한다)는 그리스도교 교리나 체험에 적절한 사유 형태인 것이다. 이것은 결국 일치 안의 삼위Trinity in Unity라든가, 살(肉)이 되신 하느님께 대한 믿음이라든가, 자기 생명을 잃는 이는 생명을 얻으리라는 식의 역설적 표현에서 명백히 드러난다. 또한 우리가 하느님과 '닮았'으되 '닮지 않았다'는 개념에서도 힘을 얻는다. 제4차 라테라노 공의회 진술로 바꾸어 말하면, 하느님께 가까워질수록 우리는 그분으로부터 더 멀어진다.[47] 따라서 그 자체로 '인간적인 것'과 '신적인 것'의 상호 관통인 근본적 그리스도교 신비에 토대를 두고 있는 엑카르트 사유의 변증법적 특성을 이해하지 못하는 한, 우리는 엑카르트의 '핵심'을 파악하는 데 실패하고 말 것이다. 이 신비는 엑카르트 자신의 체험 한가운데로부터 빛을 발하면서, 그의 지적 세계에서 비롯된 정규 신학을 그 내적 동인에 부합하게 '맞추도록' 도와준다.[48] 그리하여 스콜라신학은 엑카르트에게서, 드 세르토가 **표현 방식**manière de parler이라고 칭한 대로[49] 하느님과의 일치를 위한 인격적·신비적 통찰의 표현 수단이 된다.[50]

---

[47] Denzinger, *Enchiridium Symbolorum*, ed. 31. 1957, 202: "quia inter creatorem et creaturam non potest tanta similitudo notari, quin inter eos maior sit dissimilitudo notanda."

[48] Lossky (1960)는 (토마스주의) 귀속 유비에 바탕을 둔 유비 이론은 (엑카르트의 존재론과 같은) 본질주의적 존재론 맥락에서는, 유비자들(analogates)의 '비동일성'이 귀속물(attributes)의 동일성과 결합함에 따라 필연적으로 대당 변증법(dialectic of opposition)으로 이어질 것이라고 예리하게 지적한다.

[49] M. de Certeau, *La fable mystique* (Paris 1982) 특히 156ff 참조.

[50] Albert (1976)는 주목한다. "엑카르트는 진리 탐구가가 아니다. 그는 자신이 언제나 진리 안에 있음을 안다. 그의 탐구는 이미 발견된 진리가 새롭고 놀라운 모습을 취하는 곳으로 나아갈 뿐이다"(152).

창조주 하느님

중세인들을 매료시킨 또 다른 영역을 고찰하지 않고는 엑카르트의 기초신학 탐구를 마무리할 수 없다. 창조에 관한 의문은 예민한 문제였다. 세상은 창조된 것이 아니라 영원으로부터from all eternity 존재했다고 가르친 아리스토텔레스의 작품들이 재조명되어 크나큰 명성과 영향력을 발휘하고 있었다. 그것은 무로부터의 창조creatio ex nihilo라는 유대·그리스도교 전통과 명백히 충돌하는 사상이었다. 아리스토텔레스 사상을 서구에 처음 도입한 일부 아랍 사상가들도 영원으로부터의 세계 존재에 관한 아리스토텔레스의 가르침을 따랐다. 1272년 파리의 주교 스테판 탕피에는 세상이 영원으로부터 존재했다는 명제를 비롯하여 아리스토텔레스의 여러 급진적 명제를 단죄했다.

창조 원리를 저해하는 듯한 내용이면 무엇이든 민감한 반응을 불러일으켰다. 이런 맥락에서, 창조 교리에 관한 엑카르트의 가르침도 주요 단죄 대상 중 하나가 되었다. 「도미니코회 땅에」 첫 세 조항은 엑카르트가 세상이 영원으로부터 존재한다고 가르쳤음을 시사하지만 실상은 절대 그렇지 않다. 맥락에서 벗어난 일부 진술이 그렇게 비춰졌을 뿐이다. 엑카르트는 창조에 관해 언급하면서 하느님이 '영원으로부터' 세상을 창조하셨다고 기꺼이 진술한다.[51] 하느님 자신이 시간 밖에 계시는 분이기에 그분이 하시는 어떤 일도 시간 안에 있는 것으로 여길 수 없다는 것이 그의 견해다. 하느님이 하시는 모든 일은 이러한 의미에서 영원으로부터 있다. 세상이 영원으로부터 있다고 가르쳤다는 비난에 대해 그가 『변론』에서 언급한 내용을 보면 아주 명백해진다.

---

[51] *Expo. Gen.* 7; *Expo. Ioan.* 216.

창조를 비롯한 하느님의 모든 활동은 바로 하느님의 본질이다. 하느님이 세상을 영원으로부터 창조하셨다고 해서, 세상도 영원으로부터 존재한다는 생각은 어리석다. 창조된 것 자체가 영원하지 않듯이 창조는 영원한 상태가 아니기 때문이다.[52]

창조는 과거에 발생하여 그 결과가 현재에 이르는 어떤 것이 아니라 실제로 계속되는 것이라고 엑카르트는 주장한다. 이런 취지에서 그는 아우구스티누스『고백록』의 "오, 주님, 당신께서 우리를 만들지 않으셨다면 그 어떤 길로 우리 안에 존재와 생명이 흘러들었겠나이까"[53]라는 구절을 즐겨 인용한다. 엑카르트의 창조 해석을 요약하면서 아르망 모러Armand Maurer는 말한다. "하느님께서는 그렇게 만물을 창조하셨지만 창조는 언제나 현재에 이루어진다. 창조 행위는 과거 속으로 사라지는 것이 아니라 늘 생겨나고 진행 중이며 새롭다."[54]

이러한 사상에 관한 훌륭한 예는, 엑카르트가 『지혜서 주해』에서 "나를 먹는 이들은 더욱 배고프고"(집회 24,21)라는 성경 구절을 해석하여, 존재의 매개로서 창조를 유비에 관한 자신의 사유 맥락 안에 확고히 하는 데서 발견할 수 있다.

> 온갖 존재는 그리고 존재 축에 드는 온갖 것은 자신이 갈망하는 실존을 그 자체로 소유하는 것이 아니라 어떤 상위로부터 소유한다는 것이 분명하다.

---

[52] RS III, 5 (Théry, 194). 이런 대목을 보면, 세계가 영원으로부터 존재한다고 가르쳤다는 비난이 단죄 교서의 첫 세 조항에 등장한 것이 아무래도 석연치 않다.

[53] *Confessions* I, 6, 10(아우구스티누스는 수사적 물음의 형태로 이 문장의 틀을 짜고 있다) transl. from M 101.

[54] M 78.

그러므로 실존은 고정된 것도, 타고난 것도 아니며, 그 원천이 자신에게 있지도 않다. 또 개념상일지라도, 상위가 없을 때는 남아 있지 못한다. 이것이 존재가 언제나 상위의 현존을 갈망하는 이유다. 존재는 실존 자체를 확고하게 또는 처음 그대로 지닌다기보다는 계속 실존을 부여받는다(고 말하)는 것이 더 낫거나 적절하다.[55]

피조물의 무

하느님으로부터 존재를 부단히 유입함으로써 피조물이 실존을 유지한다는 창조신학을 명확히 전개하면서도, 엑카르트가 피조물의 순전한 **무성** 無性을 언급하는 곳은 무수히 많다.

> 모든 피조물은 순수한 무다. 단지 그것들이 보잘것없다거나 특별하지 않다고 말하는 것이 아니다. 피조물은 정말로 아무것도 아니다. 존재가 없는 모든 것은 아무것도 아닌 것이다.
> 창조된 온갖 것은 무의 그림자를 지닌다.
> 그리하여 창조된 온갖 것은 본질적으로 무로부터 있으며 무다.[56]

마지막 인용구는 이 진술에 담긴 엑카르트의 의도를 암시하면서, 아비뇽의 엑카르트 재판관들이 피조물의 무에 관한 명제를 단죄 조항 26번에 포함시키는 오류를 범한 이유를 설명해 준다. 엑카르트는 『탈출기 주해』의 한 대목에서 자신의 견해를 뒷받침하고자 히에로니무스Hieronymus를 인용하는데, 거기에서는 피조물의 무가 하느님 존재와 **비교되어** 분명하게 드

---

[55] *Expo. Sap.* 45 (LW II, 367; TP 175).
[56] DW I, 69f; *Expo. Ioan.* 206; 308.

러난다. "우리의 실존은 하느님의 실존과 비교되지 않는다."⁵⁷ 그리고 같은 곳에서 엑카르트는 이것이 자신이 뜻하는 바임을 아주 분명히 한다.

어째서 하느님과 피조물을 비교하는 것이 불가능한지에 대해 어쩌면 더욱 미묘한 이유들이 제시될 수 있겠다. 비교란 최소한 두 가지 대상을 필요로 하며 그것들이 구별된다는 의미를 내포한다. 어떠한 것도 그 자체와 비교될 수 없으며 그 자체와 닮지 못하기 때문이다. **그 자체로 하느님으로부터 구별되어** 별개라고 여겨지는 온갖 창조된 존재는 하나의 존재a being가 아니라 무다. 하느님으로부터 분리되고 구별되는 것은 실존으로부터 분리되고 구별된다. 존재하는 것은 무엇이든 하느님으로부터 있고, 하느님을 통해서 있고, 하느님 안에 있기 때문이다.⁵⁸

---

⁵⁷ *Expo. Ex.* 40 (LW II, 45; TP 55).

⁵⁸ *ibid*. 저자 강조. 엑카르트의 창조론에 관해서는 Bernard McGinn, "Do Christian Platonists really believe in creation?", in: David Burrell/Bernard McGinn (eds.) *God and Creation* (Notre Dame 1990) 197-225 참조. 피조물의 무를 수사적으로 표현하면서, 엑카르트가 창조된 것(creata)의 존재론적 타당성을 실제로 부인한다고 생각하는 것이 잘못이듯이, 그의 사상 체계에서 역사라는 배경이 없다고 해서 그 체계가 타당성을 지니지 못한다고 생각하는 것 또한 잘못일 것이다. 엑카르트는 자신의 존재론적 명제를 인식론 원리가 지니는 케리그마적 요구에 한결같이 예속시킨다. 더 자세한 설명은 이 책 239-41쪽 참조.

6 · 합일의 표상

앞 장에서 우리는 하느님과의 합일에 대한 엑카르트의 통찰이 그의 형이상학과 기초신학의 틀을 형성하는 모습을 살펴보았다. 여기서는 이러한 직관이 어떻게 그의 신비신학을 결정하고 제시하는지를 볼 것이다. 우리가 다룰 특징 전략을 개념시槪念詩(conceptual poetry)라고 칭할 수 있다. 이는 추상적 이미지를 교묘히 처리한 것으로, 케리그마의 표현력을 높이기 위해, 곧 하느님과 우리의 **관련성**relatedness의 가장 깊은 영역을 구명하기 위해 근본적으로 하느님과 영혼의 관계를 다루는 것이다. 이 관련성에는 두 가지 중요한 차원이 있다. 첫째는 우리 안의 신적 형상에 대한 가르침이고, 둘째는 영혼 속 하느님 탄생에 관한 가르침이다. 두 이미지 모두에서 엑카르트는 전통에 속하는 많은 것을 이용하면서 동시에 그 나름의 특별한 강조점을 창안해 낸다.

엑카르트의 존재론을 다루면서 우리는 그의 라틴어 저작에 의존했다.

라틴어 작품에서 그는 초월적 속성(존재, 선, 일치 등)과 유비를 다룬 중요한 논제들에 관해서 자신의 생각을 아주 명확히 표현한다. 이 장에서는 독일어 설교를 훨씬 많이 참고할 터인데 이유는 분명하다. 자신에게 영감을 불어넣어 준 직관을 전달하고자 엑카르트가 가장 정성을 쏟은 설교가 행해진 곳이 바로 라인 지방 교회와 수도원들이다. 그는 설교를 통해, 단지 신성과의 신비로운 합일 가능성에 대해 사람들의 주의를 환기시키거나 그 의미를 밝히는 데 그치지 않고, 자신이 말한 바로 그 가능성을 청중에게 **일깨우려** 했다. 청중을 뒤흔들어 억측에서 벗어나게 하고자, 그리고 일종의 '형이상학적 충격'을 전하고자 엑카르트는 이러저러한 장치를 이용한다. 이는 엑카르트가 독일어 설교에서 사용한 언어가 고도로 융통성 있게 표현되었음을 의미하는 것으로, 그의 라틴어 논문에서 이미 확인한 것들이다. 설교는 모두 그 나름대로 역동적이고 화려한 특성을 지녔으며, '하느님 이름 짓기의 불가능함', '우리 앞 하느님 현존의 직접성', '인간 영혼의 초월적 잠재력' 등을 다룬 엑카르트의 핵심을 전달하기 위한 예리한 비유로 가득하다(일부는 불필요하지만 일부는 매우 효과적이다). 그런데 라틴어 본문과는 달리 독일어 설교는 전달하는 데 상당한 어려움이 있기 때문에, 오늘날 접하는 설교들 하나하나가 마이스터 엑카르트의 실제 가르침을 정확하게 전달한다고는 확신하기 어렵다.[1] 실제로 그가 독일어 설교를 작성한 것이 아니라 **보고문**reportationes 형태, 말하자면 그 설교를 들은 당시 청중이 작성한 기록의 형태로 남아 있다는 사실은 사정을 더욱 복잡하게 만든다. 비

---

[1] 엑카르트는 『변론』에서 말한다. "얼마 전에 내게 제출된 설교문에, 내가 결코 말한 적 없는 내용이 많이 들어 있었다. 또 이해하지도 못한 채 꿈처럼 모호하고 혼란스럽게 쓰인 것도 많았다 …"(Théry, 258; Daniels, 60; B 301). 마지막 단죄 교서도 엑카르트 자신은 마지막 두 조항을 가르친 사실을 부인했다고 기록한다. (실제로는 그가 가르쳤다는 본문상의 증거가 꽤 있다.) 이에 대한 몇 가지 언급과 관련해서는 Colledge/McGinn (42) 참조. 엑카르트 저작의 전달을 둘러싼 문제는 Steer (1988)에 잘 요약되어 있다.

판본으로 발행된 약 100편의 설교는 그 형태와 내용에 있어서 대단히 정확하고 진실되다고 안심할 만하지만, 그럼에도 분명 허점이 있고 오류의 가능성이 늘 존재한다.

I. 하느님의 형상

전통

하느님과 우리 인간의 관련성에 대한 초기 그리스도교의 해석은 뚜렷한 두 전통에서 크게 영향을 받았다. 첫째는 히브리 전승으로, 남자와 여자가 하느님의 '형상'image(성경에는 '모습'. 이하 문맥에 따라 '형상'으로 번역하거나 '이미지' 그대로 사용 — 옮긴이)으로, 하느님과 '닮게'in likeness 만들어졌다는 창세기의 진술(창세 1,26 참조)에서 유래한다. 이는 구약성경과 신약성경 모두에서 변함없이 채택되는 주제이며, 우리 안에서 이 형상과 닮음을 이루는 것이 과연 무엇인가에 관한 그리스도교적 사유에도 큰 자극이 되었다. 초기 그리스 신학자들 가운데 이레네우스Irenaeus와 알렉산드리아의 클레멘스Clemens Alexandrinus는 이 창세기 구절을 영적 인간학의 토대, 그리스도교 계시의 빛으로 본 인간 본성 이해의 토대로 삼았다. '형상'이란 우리의 자연적 존재인 데 반해, '닮음'이란 하느님에 대한 우리의 순응, 즉 우리가 성화되고 하느님 본성에 보다 가까이 이끌리는 과정이라고 그들은 주장했다.[2] 이런 견해는 특별히 영향력 있는 것으로 입증되었다. 한편 오리게네스Origenes 는, 창세기 1장 26절은 하느님 안에서 우리의 영적 자아가 창조된 것과 관련되지만, 하느님이 "흙의 먼지로 사람을 빚으셨다"는 창세기 2장 7절은

---

[2] DS (vol.VII², cols.1401-72)에는 우리 안의 신적 형상을 주제로 한 좋은 글이 있다. Caird, *The Image of God in Man*, London 1953 참조.

우리의 현세적·물질적 자아 창조와 관련된다고 주장했다. 다른 그리스 교부들에게는 형상이, 지고한 정신nous의 관상觀想(폰투스의 에바그리우스), 평정심apatheia(니사의 그레고리우스), 세례(포티케의 디아도쿠스) 등으로 성립된다.

라틴 교부들도 우리 안에서 참으로 '형상'을 이루는 것이 무엇인가라는 문제에 부딪혔다. 3세기 신학자 테르툴리아누스Tertullianus에게 형상은 우리 자유의지이자 피조물에 대한 지배권이라면, 카르타고의 치프리아누스에게는 인내를 발휘하는 능력이다.[3] 다른 교부들에게 그것은 덕이나 영혼의 불멸성이다. 아우구스티누스는 하느님과 우리의 자연스러운 관계(형상)와 은총·정화·수덕 실천을 통한 하느님에의 순응(닮음) 간의 그리스식 식별에 의지한다. 그러면서 그는 우리 안에서 삼위일체의 표지가 정신 자체의 작용과 구성(기억, 지력, 의지)에서 드러나며, 우리가 하느님을 기억하고 알고 사랑할 때 그 형상이 우리 안에서 가장 충만히 형성된다고 주장했다.

이러한 초기 논쟁 중 일부가 중세기 동안 지속되었지만, 대체로 (특히 보나벤투라로 대표되는) 프란치스코 학파는 우리 안 형상의 현존을 하느님에 대한 우리의 본성적 사랑과 응답의 관점에서 보았다. 반면에 도미니코 학파, 특히 토마스 아퀴나스와 엑카르트는 우리 안에서 형상을 이루고 또 우리를 하느님과 가장 닮게 만드는 그것을 존재로 **인식하는** 우리 고유한 능력의 특성을 즐겨 강조했다.

엑카르트가 부분적으로 전수받은 그리스 교부 전통은 인간 본연의 특성을 하느님의 형상 자체인 아들 그리스도와 관련지어 하느님의 '형상 안에 있는' 존재로 여겼다. 따라서 우리는 그리스도 자신이기도 한 하느님의 원형상archetypal Image에 참여하여 통합됨으로써 하느님의 형상으로서 완전해

---

[3] Cyprianus Carthaginensis, *De bono patientiae*, 3. 여기에 언급된 다른 신학자들 입장은 잘 알려져 있다. 형상의 신학(theology of the Image)을 자세히 다루는 곳에는 항상 등장한다.

진다. 실제로는 알렉산드리아의 유대인 필로Philo의 로고스 신학Logos theology에서 유래한 이 사상은 오리게네스와 고백자 막시무스Maximus Confessor의 작품에도 나타나며, 엑카르트에 이르러 한층 두드러진다.

인간 안의 하느님 형상에 관한 둘째 전통은 고대 그리스철학에서 연유하며, 엑카르트에게는 주로 신플라톤주의 사상으로 전해진다. 여기서 우리와 신적 존재가 특별히 닮은 점은 이성理性 또는 사유 능력이다. 이 점을 암시하는 첫 징후는 소크라테스 이전 철학자들(특히 아낙사고라스와 아폴로니아의 디오게네스) 작품에서 발견된다. 고대 철학에서 천지창조를 다룬 가장 중요한 이야기는 플라톤의 『티마이오스』Timaios에 실려 있다(그 일부가 중세 그리스도교 시대에도 남아 있었다). 여기서 신의 '지도 원리'to hegoumenon를 인간에게 주입시키는 이는 데미우르고스dēmiourgos다. 후대의 신플라톤주의 전통도 이와 같은 기본 관념을 담고 있다. 가령 플로티노스에게서 인간 정신은 신적 정신과 의심할 여지 없는 유사성을 지니는데, 이것이 플로티노스가 일자一者(the One)라고 부르는 최고 원리의 첫 유출이다. 우리 안의 신적 형상이 우리의 지적 본성이라는 생각의 또 다른 중요 원천은 아리스토텔레스의 작품이다. 아리스토텔레스는 『형이상학』Metaphysica에서 신성神性(deity)을 '자기반성적 정신'noesis noeteos이라고 모호하게 표현한다. 아리스토텔레스의 심리학 체계에 따르면 우리 존재의 최고 속성은 지적 본성이다. 스토아철학자들은 우리의 고유한 내적 원리이자 세계의 응집 원리이기도 한 '로고스'logos 개념을 크게 발전시킴으로써 고대 후기 사상에 지대한 영향을 미쳤다.

엑카르트가 물려받은 전통은 히브리 성경과 그리스 사상을 동시에 반영한다. 전자가 '형상'이라는 개념을 통해 하느님께 대한 우리의 **관련성**을 강조한다면, 후자는 내적 존재를 파악하는 능력에 가치를 둔다. 이것이야말로 우리와 '신적인 것'과의 유사성을 가장 잘 반영할 터였다. 이제 엑카르트 이전의 전통에서 중요한 역할을 하면서 그의 저작에서 이러저러한 형태로 부각되는 몇 가지 다른 개념을 살펴보자.

첫째는 '능동 지성'active intellect이다. 이에 관해서는 이미 엑카르트의 신플라톤주의 배경을 논하면서 간략히 다루었다. 이 개념의 원천은 아리스토텔레스의 『영혼론』*De anima* 제3권 5장의 어렵기로 유명한 대목이다. 여기서 아리스토텔레스는 정신 안에는 온전히 능동적이며 그 자체로 가지성可知性(intelligibility)의 **원인**인 무언가가 있음을 암시하는 듯하다. 아리스토텔레스는 이곳과 몇몇 다른 곳에서 이 '능동 지성'을 단독적이며 불멸하는 것으로 제시하고 있다. 과연 후대 주석가들은 능동 지성의 이런 측면을 강조하는 경향이 있었는데, 마침내 아랍인 아베로에스Averroës가 보편적이고 불멸하는 '능동 지성'의 존재를 추론해 냈다. 보편적이고 불멸하는 '능동 지성'은 모든 앎의 원천이며, 인간 정신은 살아 있는 동안에만 이 지성에 참여할 수 있다는 것이다. 이러한 견해는 12~13세기 서구 라틴 세계에서 어느 정도 기반을 얻었지만 토마스 아퀴나스의 강력한 도전을 받았다. 그가 '능동 지성'을 온전한 개별 인간 안에 확고히 자리매김한 것이다.[4]

둘째 핵심 주제는 '영혼의 근저'ground of the soul다. 이는 말하자면 우리 존재의 초월적 본질이다. 소크라테스 이전 철학자 헤라클레이토스는 "온갖 길을 돌아다녀도 그대는 영혼의 한계를 찾지 못할 것이다. 영혼의 가치는 그처럼 심오하다"고 기술했다.[5] 니사의 그레고리우스와 요한네스 스코투스 에리우게나Johannes Scotus Eriugena도 헤아릴 수 없이 심오한 신성神性

---

[4] Hugh Lawson-Tancred가 번역한 책(Harmondsworth: Penguin 1986) 서문에 이러한 변천이 잘 설명되어 있다. 참조: Franz Brentano, *The Psychology of Aristotle* (ET, Berkley 1977).

[5] J. Barnes, *Early Greek Philosophy* (Harmondsworth: Penguin 1987) 106.

같은 것이 우리 안에 있다고 상정했다.⁶ 하지만 엑카르트에게 이 용어의 직접적 원천은 라틴어 fundus animae(영혼의 근저)/abditum animae(영혼의 심층)이다. 이 말은 본디 프라이베르크의 디트리히가 아우구스티누스에게서 차용한 것이다. 아우구스티누스에게 fundus(근저)는 memoria(기억)이며, 그는 이를 우리 의식에 즉각 나타나지 않는 것들에 대한 지식을 담지하는 정신의 놀라운 능력이라고 본다. 아우구스티누스는 『고백록』(X, 8)에서 이 개념을 빼어난 솜씨로 구사했다. 그는 프로이트 이래 우리가 '무의식'이라고 알아 온 인간 정신의 어떤 기능들에 우리 주의를 돌리게 하고 있음이 분명하다. 앞 장에서 라인 지방 학파를 다룰 때 보았듯이, 도미니코 학파의 탁월한 업적 중 하나는 아리스토텔레스의 '능동 지성'을 '영혼의 근저'와 동일시함으로써 인간 영혼의 본질은 그 자체로 지성적이라는 관점을 확립한 것이었다. 이 이론에 따르면 가장 깊은 본질에 있어서는 우리 자신이 곧 정신이다.

더불어 논의해야 할 또 한 가지 주제는 '영혼의 불꽃'*synderesis*이다. 이 개념은 본디 4세기 학자 히에로니무스에게서 유래한다. 히에로니무스는 에제키엘서 첫 장 주해에서 에제키엘의 환시에 나오는 네 동물을 영혼의 네 부분에 관한 플라톤의 학설에 비추어 해석했다. 그는 처음 셋을 이성*logikon*, 의지*thumikon*, 욕정*epithumikon*이라 부르고, 넷째는 그리스인들의 표현을 빌려 *synderesis*라고 부른다. 이것은 카인의 마음에서조차 사그라지지 않은 '양심의 불꽃'이다.⁷ 그런데 이 말은 그리스어 사전에 나오는 말이 아

---

⁶ *De hominis opificio*, xi; *Periphyseon*, II, 572 c-d 참조.

⁷ PL 25, 22. 히에로니무스의 그리스 말 표현이 플라톤의 표현과 완전히 부합하지는 않는다는 점 또한 주목할 만하다. 이 단어의 역사는 *New Catholic Encyclopedia* ('*synderesis*')에 잘 정리되어 있으나, H. Hof, *Scintilla animae* (Lund - Bonn 1952)도 참조.

니라서 '양심'을 뜻하는 *syneidesis*의 오기誤記라는 주장이 있었다. 오기일 망정 영향력이 있었기에 이 단어는 중세에 이르러 본격 토론에 부쳐졌다. 엑카르트에게 고유한 '영혼의 불꽃'의 일차적 원천은 바로 이 '양심의 불꽃'이다. 이것은 우리의 고유한 지성적 본질에 관해 앞서 개관한 주제들과 섞여 윤리적 의미보다는 오히려 형이상학적인 의미를 띤다.[8]

영혼의 근저

인간 영혼의 본성에 대한 엑카르트의 논의는 광범하고 다양하다. 여기서 많은 문제가 제기된다. 단지 엑카르트의 개념이 복잡하기 때문이 아니라 그의 용어 구사가 변화무쌍한 까닭이다. 그리고 이것은 엑카르트만의 독특한 방식이다. 엑카르트가 사용하는 다양한 이미지와 표현을 확인하고 나서, 그가 논하는 보다 심도 있는 구조들을 새삼 통찰할 필요가 있다. 엑카르트 입장의 근간이 되는 일관성과 통일성을 확인하기 위해서다.

형상으로서의 인간 영혼은 하느님 형상인 아들과 관련하여 창조된다는 엑카르트의 언명으로 시작하자. 엑카르트는 아우구스티누스를 따라서 그리고 궁극적으로는 제4 복음서 저자를 따라서 만물이 **아들을 통해** 창조된다고 믿는다. "천상 아버지께서는 한 말씀을 영원토록 말씀하신다. 그 말씀으로 그분은 당신의 모든 권능을 펼쳐 보이시며, 당신의 완전한 신적 본성과 모든 피조물을 발설하신다"(W 35). 그런데 하느님 형상으로서, '모든 피조물'과 인간 영혼 간에는 차이가 있다. "그분은 영혼 안에서만 비옥하시다. 모든 피조물이 하느님의 흔적이기는 하지만, 영혼은 하느님의 자연적 형상이기 때문이다"(W 2). 피조물과 달리, 하느님은 영혼을 "당신 안의

---

[8] 설교(W 32a)에서 엑카르트는 '불꽃'이 선을 향한 우리의 성향이라는 전통적 관점을 반복하지만, 더욱 일반적으로 그는 '불꽃'을 영혼의 초월적 '근저'와 같다고 본다(W 17 참조).

형상과 닮게 또는 당신으로부터 나오는, 당신 속성인 그 무엇과 닮게 만드셨을 뿐 아니라, **당신 자신**과 닮게, 실제로 당신이신 온갖 것(당신의 본성, 당신의 본질, 유출하고 내재하는 당신의 활동 등)과 닮게 만드셨다"(W 92). 엑카르트는 하느님 형상으로서의 영혼과 아들과의 관계를 직접적으로 거론하여 사실상 (물론 수사적으로) 그 둘이 동일한 원천을 가지고 있음을 시사한다.[9]

> 영혼은 하느님의 형상으로 창조된다. 그런데 스승들은 아들이 하느님의 형상이며, 영혼은 그 형상의 형상을 따라 창조된다고 말한다. 나는 더 나아가 이렇게 말한다. 아들은 모든 형상 위에 있는 하느님 형상이며, 하느님의 감추어진 신성의 형상이라고, 그리고 아들이 하느님의 형상인 그곳, 아들 형상의 각인으로부터 영혼은 자신의 형상을 받는다고 …(W 95).

여기서는 엑카르트의 의도가 도드라지지만 다른 대목에서는 좀 더 진지한 입장을 취한다. 그는 하느님 '말씀'의 세 형태를 제시하면서 하느님 형상으로서의 인간 영혼(여기서는 정신으로 그려짐)이 피조물과 아들의 중간 지위를 차지한다고 진술한다.

> 발설된 한 가지 말이 있다: 천사요 사람이며 모든 피조물이다. 생각되었으되 발설되지 않은 또 다른 말이 있으며, 그 말을 통해 내가 상상하는 어떤 것이 드러날 수 있다. 그런데 발설되지도 않고 생각되지도 않은 또 하나의

---

[9] 이 견해는 *Expo. Ioan.* (LW III, 10-2)에서 더 엄밀히 제시된다. 여기서 엑카르트는 구체적으로 말씀(verbum)의 관점에서 하느님 안 우리의 영원한 존재[이성(ratio)]에 대해 언급한다. 또 인간 지성이 모든 피조물을 포함한다고 여러 곳에서 말한다(W 53). 이 견해의 직접적 원천은 프라이베르크의 디트리히라 할 수 있다. 그는 *De intellectu*에서 우리가 세상에서 무엇인가를 알 때, 우리가 실제로 인식하는 그 형상의 기원은 정신 자체라고 논증했다.

말이 있다. 그 말은 결코 드러나지 않으며 그것을 말씀하시는 그분 안에 영원히 있다(W 67).

이미 살펴본 대로, 인간 안에서 신적 형상을 이루는 것이 정확히 무엇이냐는 질문에 대한 답변은 여러 세기에 걸쳐 다양했다. 엑카르트는 전통적 답변들(그 형상이 우리의 덕, 선, 세례, 자유의지라는 식의)에는 거의 관심을 보이지 않는다. 그러나 신적 형상의 주제는 그에게서 매우 깊고 풍부하게 나타난다. 게다가 엑카르트가 다양한 형상에서 탐구하는 주제는 시적으로 여겨지기 쉽다. 그가 거듭 되돌아가는 핵심은 영혼의 '근저'와 '불꽃'이라는 이미지다. 실제로 엑카르트는 설교에서 동일한 초월적 실재를 표현하기 위해 자신이 채택한 서로 다른 이름들에 대해 설명한다.

> 영혼에는 홀로 자유로운 능력이 있다고 종종 나는 말했다. 때로는 그것을 영의 파수꾼이라고, 때로는 영의 빛이라고 불렀으며, 작은 불꽃이라고 부르기도 했다. 그러나 이제 나는 그 능력이 **이것**도 아니고 **저것**도 아니라고 말한다. 그렇지만 그것은 하늘이 땅 위에 있는 것보다 '이것'과 '저것'에 대해 더욱 높은 데 있는 **어떤 것**이다(W 8).

엑카르트는 자신이 포착하려는 그 실재가 실로 대단히 신비로울 뿐 아니라 본질적으로 인간의 개념이나 말로는 거기에 도달하지 못한다는 것을 거듭 강조한다.

> 이제 나는 그것의 이름을 이전보다 더욱 고귀하게 붙이려 하지만, 그것은 고귀한 그 이름과 양식을 거부한다. 이름이나 양식을 초월하는 그것은 모

든 이름에서 자유롭고 어떠한 형태도 가지고 있지 않다. 아무 제약도 받지 않으며 온전히 자유롭다. 이는 하느님 당신 자체가 제약당하지 않고 자유로우신 것과 같다. 하느님이 한 분이며 단일하듯이 그것도 완전히 하나이고 단일하다. 그 누구도 결코 그것을 일별조차 할 수 없다(같은 곳).

그러므로 영혼의 신적 요소에 대한 엑카르트의 모든 논의는 그 신적 요소의 신비에 비추어, 그리고 그 신적 요소의 초월적 특성에 적합한 언어를 찾기가 어렵다는 점을 감안해서 보아야 한다. 과연 엑카르트가 그 신적 요소를 위해 찾아내는 이름들이 다양하다는 것 자체는, 그 신적 요소가 자신을 담아내고 규정하려는 우리의 어떠한 시도도 허용하지 않는 그 어떤 것임을 강하게 상기시켜 준다. 여기서 엑카르트는 앞서 언급한 전통과 가깝다. 니사의 그레고리우스와 요한네스 스코투스 에리우게나에게서 나타나며, 인간 영혼의 깊이와 넓이 그리고 그 신비에 대한 아우구스티누스의 찬탄과 경이에서 최고로 표현되는 바로 그 전통이다.

앞의 인용문에서 엑카르트는 영혼 안의 신적 존재인 '불꽃'의 본성에 관해 엄밀한 정의를 내리려 하지 않는 것처럼 보인다. 그러나 다른 대목에서는 비록 자신의 설명이 비일관성으로 가득 차 있을망정 당당하게 정의하고 싶어 한다. 형상을 함께 이루고 있는 영혼 안의 두 능력인 지성과 의지를 언급하는 곳도 있다. 의지에 대해서 "하느님은 열화와 같으시며, 당신의 지극한 풍요로움과 당신의 지극한 달콤함과 당신의 지극한 환희로 달아오르신다"(W 8)고 표현하기도 한다. 하지만 대체로 엑카르트는 의지에 대한 지성의 우위를 고수한다.[10] 지성만이 형상이라고 그는 자주 언급한

---

[10] W 11 참조. 물론 엑카르트는 프란치스코회와는 반대로 지성을 의지 우위에 두는 도미니코회의 주장을 표방하고 있다.

다. "영혼은 자신 안에 결코 죽지 않는 어떤 것, **지성**의 불꽃을 지닌다. 그리고 우리는 정신의 정점에 있는 이 불꽃에 영혼의 '형상'을 둔다"(W 7).

바로 여기서 또 다른 어려움에 직면한다. 그것은 엑카르트에게서 '지성'이라는 말이 지니는 의미와 관련된다. 인간 심리에 대한 엑카르트의 14세기식 이해와 우리의 20세기식 이해 사이에 부인할 수 없는 간극이 있다는 사실뿐 아니라 엑카르트 자신이 용어들을 사용하는 데 일관적이지 못하다는 사실에도 직면한다. '지성'이라는 말이 진리를 식별하는 능력을 가리킨 적도 있기는 하다. 그가 우리의 '자연적' 이해를 '변덕스럽고' '변화하는' 그 무엇이라고 언급할 때가 그러하다(W 90). 이때 오늘날 사용하는 '지성'과 '이해'라는 의미와 가장 근접한 것처럼 보일지 모른다. 하지만 다른 데서 그는 '지성'을 "멀리 있지도 않고 밖에 있지도 않으며", "바다 저편에 있거나 구만리나 떨어져 있는" 것들조차 그것에 충만하게 존재하는 그런 능력이라고 말한다(W 24a; W 11 참조). 이는 오늘날 시각적 상상이라는 말로 의미하는 것과 더욱 가까워 보일 것이다. 지성만이 당신의 순수한 본질로 계시는 하느님을 찾아낼 수 있다는 이유로 엑카르트가 '지성'을 우리 안의 하느님 형상과 명시적으로 동일시하는 구절이 여러 군데 있다. "지성은 벌거벗은 하느님을 취하며, 거기에서 하느님은 선함과 존재를 벗는다"(W 67). 이런 용어에 상응하는 현대 용어를 찾는다는 것은 매우 어려우나, 이런 능력을 '영적 직관'이나 '영적 지력'이라고 부를 수 있을 것이다.[11]

엑카르트가 '자연적'이고 '외적'인 지성을 '영적'이고 '내적'인 지성과 구별하고자 한 것은, 적어도 자기 스스로 이런 혼동을 의식하고 있었기 때문이다(W 7). 또 다른 대목에서는 인식의 세 유형, 즉 감각의 인식과 우리 안

---

[11] Smith (1988) 14ff 참조.

에 있는 두 '지성'의 인식을 명백히 구별한다. 그런데 여기서 엑카르트는 이제 '탐구' 영역을 자연적 지성에 적용함으로써 인식 체계를 바꾸고, 영적 지성에 관해서는 그것이 지극히 부동적不動的이라고 말한다.

> 한 스승은 (하늘로부터의) 이 빛으로 영혼의 모든 능력, 곧 우리가 보고 듣고 하는 외적 감각과 사고라고 부르는 내적 감각이 들어 높여진다고 말한다. 이런 것들이 미치는 범위와 깊이는 놀라울 정도다. 바다 저편에 있는 무언가를 지척에 있는 것처럼 여기는 것이 내게는 수월하다. 사고 위에는 끊임없이 추구하는 지성이 있다. 지성은 여기저기를 기웃거리고, 집었다 놓았다 하며 돌아다닌다. 그러나 추구하는 지성 위에는 추구하지 않는 지성, 자신의 순수하고 단일한 존재 안에 머무르며 빛에 둘러싸인 또 하나의 지성이 있다(W 19).

보편적으로 마이스터 엑카르트는 의지와 지성 둘 다에 앞서는 존재로서 영혼 안의 신적 형상에 관해 언급한다. 의지와 지성은 자신들의 원천으로부터 솟아 나오듯이 거기에서도 '솟아 나온다'(W 72; W 14a 참조).

> 어떤 스승은 그것[은총]이 아는 데 있다 하고, 어떤 이는 사랑하는 데 있다 한다. 다른 이들은 그것이 아는 데와 사랑하는 데 있다면서 이 편이 더 낫다 한다. 그러나 우리는 그것이 아는 데 있지도 않고 사랑하는 데 있지도 않다고 말한다. 지식과 사랑, 둘 다 흘러나오는 그 무엇이 영혼에 있기 때문이다. 하지만 그것 자체는 영혼의 능력이 행하는 방식으로 알거나 사랑하지는 않는다(W 87).

앞의 인용문들에서 명백한 것은, 인간 안의 신적 형상에 관한 엑카르트의 교설 전반에 접근하면서 당혹스러우리만치 많은 형상이 나타나는 것을 보게 된다는 점이다. 그중 일부는 모순되어 보이지만, 그것들 모두 우리 안의 초월적 실재에 대해 똑같은 의미를 전하고 있다. 그런데 그 형상들 모두에는 하나의 근간을 이루는 일관성이 있다. 엑카르트는 두 가지를 강조한다. 첫째는 영혼 안의 '그 무엇'이 **세상 안의 구체적 존재의 차원을 넘어 존재한다**는 것이고, 둘째는 **그것이 하느님과의 직접적 관계 상태로 존재한다**는 것이다. 엑카르트의 다양한 표상은 본질적으로 이 두 진리를 충실히 표현하기 위한 것이다. 그리고 (엑카르트가 이해하는) 인간 '지성' 개념이 이를 전달하는 데 얼마만큼 이상적인 수단인가 하는 문제는, 엑카르트가 '지성'의 다섯 가지 속성이나 가능태를 언급하는 대목에서 분명히 드러난다. 그 첫째는 '지금' 그리고 '여기'서부터의 자유다.

> 그것[지성]은 지금 그리고 여기서부터 이탈한다. '지금 그리고 여기'란 시간과 장소를 뜻한다. **지금**은 시간의 최솟값이지, 시간의 한 조각이거나 한 부분이 아니다. 다만 시간의 맛, 시간의 일각, 시간의 끝이다. 작다고는 하나 '지금'은 사라지고 만다. 다시, 그것[지성]은 **여기**서부터 이탈한다. '여기'란 장소를 뜻한다. 내가 서 있는 장소는 작다. 하지만 아무리 작다 해도 내가 하느님을 보는 그날까지 '여기'는 계속 나아가야 한다.

둘째, '지성'은 다른 어떤 것과도 공통점을 전혀 가지고 있지 않다.

> 그것은 아무것과도 같지 않다. 어떤 스승은 하느님을 일컬어, 아무것과도 같지 않고 아무것도 그분과 같아질 수 없는 그러한 존재라고 말한다. 그런

데 요한은 "아버지께서 우리에게 얼마나 큰 사랑을 주시어 우리가 하느님의 자녀라 불리게 되었는지 생각해 보십시오"(1요한 3,1)라고 말한다. 우리가 하느님의 자녀라면 하느님을 닮아야 한다. 그렇다면 하느님은 **아무것**과도 같지 **않은** 존재라는 말은 어찌 된 것인가? 이렇게 이해하면 된다. 아무것과도 같지 않은 덕에, 이 능력은 하느님과 같다. 하느님이 아무것과도 같지 않기에, 이 능력은 하느님과 같다.

셋째, '지성'은 자신에게 낯선 것은 아무것도 담지 않는다.

그것은 순수하며 섞이지 않는다. 본성상 하느님은 어떠한 섞임이나 혼합도 용납하지 않는다. 따라서 이 능력도 아무런 섞임이나 혼합이 없다. 그 안에는 낯선 것이 아무것도 없으며, 어떠한 낯선 것도 거기에 침입할 수 없다.

넷째, '지성'은 스스로를 반성한다.

그것은 언제나 내적으로 추구한다. 하느님은 언제나 내면 가장 깊숙한 곳에 머무르는 그런 존재다. 그러므로 지성은 항상 안에서 추구한다. 하지만 의지는 자신이 사랑하는 바를 추구하기 위하여 **밖으로** 나간다.

마지막으로, 인간 '지성'은 그 자체로 하느님의 형상이므로 하느님과 합일해 있다고 엑카르트는 말한다.

잘 새겨 명심하라. 이것이 설교 전체의 핵심이다. 형상과 형상은 완전히 하나로 결합해 있기에 아무런 차이도 식별할 수 없다. 우리는 열 없는 불, 불

없는 열을 잘 이해할 수 있다. 빛 없는 태양, 태양 없는 빛도 이해할 수 있다. 그런데 우리는 형상과 형상 간에는 아무런 차이가 없음을 이해할 수 있다. … 하느님을 따라 형성된 형상이 소멸해야 한다면, 하느님의 형상 또한 사라질 것이다(W 42).

통상 부정신학의 전통에서는 하느님께만 유보되어 있고 자신이 신성을 거론할 때 풍부하게 사용하는 그 용어들을, 엑카르트가 인간 '지성'(영혼 안의 '그 무엇'이라고 부르기도 하는)에도 적용하고 있음을 이 대목들에서 어렵지 않게 찾아볼 수 있다. 따라서 '지성'은 '지금' 그리고 '여기'에 있는 구체적 존재로부터 자유로우며, 다른 어떤 것과도 전혀 공통되는 바가 없고, 그 자체 안에서 완전히 일치해 있으며 자신을 내적으로 반성한다. **이러한 것들이 엑카르트가 라틴어 저작에서 하느님에게 매우 엄격히 적용했고, 이제는 인간 '지성'과 관련해 사용하는 용어들이다.** 이어지는 대목에는 엑카르트가 하느님에게 적용했고 이제는 '지성'을 묘사하는 데 사용하는 부차적 표상이 등장한다. 이것들은 주로 '창조되지 않음', '이름 지을 수 없음', '신의 근저와 광야의 개념'이다.

> … 피조물에게 진리는 없다. 거기에는 영혼이라는 창조된 존재를 초월하는, 아무것도 아닌 피조물과는 접촉하지 않는 그 무엇이 있다. 천사조차도 그것은 가지지 못한다. 천사는 순수하고 광대하며 분명한 존재를 지니지만 그럼에도 그것을 건드리지 못한다. 그것은 신성의 본성과 유사하다. 그 자체로 하나이고 어떠한 것과도 공통되는 바가 없다. 식견 있는 성직자 다수에게 그것은 장애물이다. 그것은 이상하고 황량한 장소이며, 이름이 있다기보다는 이름이 없으며, 알려진 것 이상으로 알려져 있지 않다(W 17).

요약

　『파리 토론집』에서 엑카르트가 하느님을 지성이나 앎intelligere과 동일시하고 있다면, 독일어 설교에서는 통상 하느님에게만 쓰이는 용어를 자신이 '지성' 자체라고 부르는 것에 적용한다. 그리하여 엑카르트는 한편으로는 하느님을 정신화하면서 다른 한편으로는 인간 정신을 신격화한다. 그의 목적은 우리 존재의 본질과 신적 존재의 본질 사이의 깊은 상호성, '보다 **역동적인** 상호성을 조화롭게 확립하는 데 있다.

　이런 정식이 피조물과 창조주 간 구별을 모호하게 하는 듯 보여 우려스럽다면, 엑카르트가 자신의 유비 이론에서 '… **인 한** 원리'(우리가 '선한' 한 우리의 '선함'은 하느님의 '선함'이라는 식의)를 사용해 이러한 비난에 맞서 신중하게 자신을 옹호한다는 점을 되새길 필요가 있다. 근본적으로 그는 영혼의 신적 '근저'나 '불꽃'과 관련해 그와 같은 원리를 적용한다. 따라서 우리가 '지성'인 한 우리는 하느님과 하나다. 그러나 우리에게는 '지성' 아닌 것이 많다는 걸 엑카르트도 잘 알고 있다. 다음 글도 같은 맥락이다. "영혼에는 능력이 있고, 그것에 관해서는 내가 이미 언급한 바 있다. 만일 영혼 전체가 그것과 같다면, 영혼은 창조되지 않았을 것이고 또 창조되지 못할 것이다. 그러나 영혼은 그것과 같지 않다"(W 24a).[12] 우리와 하느님과의 합일에 관해 엑카르트가 언급한 모든 내용이 때로는 화려하게 과장된 것처럼 보일 수도 있으나, 하느님과 피조물 간의 동일함과 구별에 적용되는 유비 관계를 다룬 그의 분명한 가르침에 비추어서 보아야 한다.

　주목해야 할 둘째 요점은, 엑카르트가 지성으로서의 하느님과 인간 '지

---

[12] 이것이 엑카르트가 1327년 2월 13일 쾰른 도미니코회 성당에서 행한 변론에서, '불꽃'을 인간 영혼에 보태진 또는 '딸린' 신적인 어떤 것으로 여겨서는 안 된다고 강조한 이유이기도 하다.

성'을 명백히 동일시하는 방식을 펼쳐 나간다 하더라도, 우리는 이 특정한 표상을 지나치게 강조해서는 안 된다는 점이다. 엑카르트는 하느님을 '하나'라고 부르는 것만으로도, 과연 그 신적 형상을 '성채', '불꽃', '영혼', '파수꾼', '빛' 또는 '그 무엇'이라고 부르는 것만으로도 때로는 만족해한다. 우선적으로 그는 세상 안에 있는 여하한 형태의 존재를 넘어서는 하느님의 근본적 초월을 강조하고 싶어 한다. 그다음으로 이 초월하는 신성이 **직접 우리에게 현존**할 수 있다는 점을 강조하고자 한다. 엑카르트가 저 변증법적 메시지들을 전달하는 특정 용어는 친숙한 개념과 표상에 의해 결정된다. 그런데 무엇보다도 엑카르트가 주의를 쏟은 것은 '지성'으로서의 하느님에 대한, 그리고 '지성'으로서의 우리 자신의 가장 높고 신비스러운 가능태에 대한 관념이다. 엑카르트가 물려받은 아리스토텔레스 전통에 따르면, '더 상위의' 지성은 어떤 것에 의해서도 접촉되지 않으며 시공간의 제약으로부터 자유로운 그 무엇이기 때문이다. 지성은 비물질적이며 순수한 활동이다. 그것은 아무것과도 섞이지 않고 순수하고 최고이며 멀리 있지만, 어디든 관통하며 모든 것을 알 수 있다. 따라서 엑카르트가 자신이 필요로 하는 것들에 가장 적합하다고 증명된 역동적 이미지를, 자신이 물려받은 지성 개념에서 찾아낸 것은 놀라운 일이 아니다.

II. 성화

우리 안 신적 형상의 본성에 대한 엑카르트의 가르침은 교부 시대나 중세 신학의 다양한 맥락에 비춰 보아야 한다. 엑카르트의 지적 유산 형성에 그들도 함께 기여하고 있는 까닭이다. 엑카르트의 성화聖化 과정을 이해하기 위해서도 마찬가지다. 그래서 마이스터 엑카르트 이전에 교회가 이 주제에 임해 온 다양한 방식을 대강이나마 훑어보는 것이 새삼 중요하다. 이로써 우리는 엑카르트가 다른 사상가들에게서 받은 도움을 식별하고, 그의 독창성의 기원을 확인할 수 있다.

전통

여러 세기에 걸쳐 그리스도 교회는 우리의 성화 과정을 아주 다양한 방식으로 그려 왔다. 이 방식들은 간혹 기교적이면서도 체계가 없어 보인다. 그리고 이 문제 전반을 신학적으로 성찰하기란 너무나 난해하기 때문에 그냥 놔두는 게 상책이라 여겨도 무방하다. 여기서는 다만 교부학자들과 중세 신학자들이 이 문제와 씨름한 방식들을 맛보기로 제시하고자 한다.

의로운 신앙인이 어떤 방식으로, 실제로 어떤 의미에서 하느님이 될 수 있다거나 하느님의 본성에 참여할 수 있다는 사상이 성경에는 자주 등장한다(참조: 1코린 13,12; 1요한 3,2; 1코린 15,52; 2베드 1,4). **신화**神化에 관한 신학이 아직 체계를 갖추지는 않았지만, 그리스 교부들은 충분한 단서를 확보해 이 주제를 발전시켜 나갔다. 그들이 부딪힌 문제 중 하나는 그리스 언어와 문화가 이미 플라톤과 스토아학파 그리고 영지주의 신화 및 비의秘儀 관념에 젖어 있었다는 점이다. 이들은 그리스도교 계시의 핵심과 불편한 관계에 있었다. 초기 알렉산드리아학파 신학자들은 그리스도를 조명자로 보는 견해(클레멘스의 경우)나 신화적神化的 관상 개념(오리게네스의 경우)에 입각하여 하느님과의 합일을 특별히 사변적으로 이해했다. 다른 그리스 교부들(이레네우스와 아타나시우스)은 신화의 원리를 강생이라는 맥락에서 더욱 확고히 하고자 했다. "하느님이 사람이 되셨기에 사람도 하느님이 될 수 있다"는 것이다. 깊은 영향력을 지닌 이 사상에 따르면, 그리스도께서 강생을 통해 우리 인간 본성을 취하셨기 때문에 우리의 성화가 가능해진 것이다. 신화 개념은 바실리우스 마뉴스Basilius Magnus의 성령론에서도 중요한 역할을 했다. 성령의 기능이 우리를 신화시키는 것이라면 성령 자체가 신적이어야 하며, 따라서 성삼위 안에서 아버지와 아들에게 똑같이 속한다고 바실리우스는 주장했다. 그러나 다른 그리스 교부들은 당대에 발전하고 있던 성사신학을 통해 신화라는 주제를 확립했다. 알렉산드리아의 치릴루스Cyrilus Alexandrinus, 위僞디오니시우스, 고백자 막시무스는 신화에서 성사, 특히 세례성사와 성체성사의 역할을 강조했다.

신화 개념은 그리스어권 신학자들 사상에 큰 영향을 끼쳤다. (엑카르트와 거의 동시대 인물인) 그레고리우스 팔라마스Gregorius Palamás는 영성신학의 견고한 토대를 인간 영혼과 하느님의 '능력'/'에너지'의 합일에 두었다. 그런데 서방 라틴 세계는 더 신중하면서 덜 사변적이었다. 테르툴리아누스, 암브로시우스Ambrosius, 아우구스티누스가 신화라는 주제를 다루기는 했지만, 그 윤리적 함의와 교회적 맥락을 훨씬 더 강조했다. 신화를 뜻하는 그리스어 *theosis*와 *theopoiein*이 그리스어권 신학자들 사이에 뿌리를 둔 것과 달리 서방 전통에서 라틴어 *deificatio*는 뿌리가 없다.[13]

서방에서는 **은총** 개념이 더 중요했다. 다시 말하지만 풍부한 성경 구절들이 궁극의 원천이다. 그런데 신학자들이 성화聖化(sanctification)에 대해, 그리고 특별히 회심 체험에 대해 성찰하게 되면서 은총은 교회의 자기 이해에 있어 핵심 요소로 부상했다. 이런 흐름은 아우구스티누스의 저작에서 가장 큰 힘을 얻었다. '은총 박사'로 알려진 아우구스티누스는 은총의 본성에 관해 오랜 세월 깊이 숙고했다. 이것은 한편으로 마니교에서 회심

---

[13] DS (III, cols.1370-459)에는 '신화'에 관한 광범위 글이 있으며, 이 주제를 다룬 교부들의 연구물도 많다. V. Lossky, *The Mystical Tradition of the Eastern Church* (ET, Cambridge - London 1957) 참조.

한 개인적 체험의 결과이면서, 다른 한편으로는 펠라기우스Pelagius 사상과 대립한 결과였다. 펠라기우스는 성화 과정에서 우리 자신의 노력이 아우구스티누스가 생각한 것보다 훨씬 더 많은 부분을 차지한다고 본 인물이다. 후대 서구 사상은 대체로 아우구스티누스의 기존 입장을 (새로운 아리스토텔레스 철학의 영향 아래) 발전시키고 체계화한 것으로 볼 수 있다.

스콜라신학자들은 주로 중세 신학 교과서인 페트루스 롬바르두스의 『명제집』을 언급하면서 은총에 대한 그들의 견해를 피력했다. 페트루스 롬바르두스는 상반된 두 견해를 제시한다. 은총을 우리 안의 성령과 같게 두면서도 우리 본성이 신화할 수 있음은 부인한 것이다.[14] 그의 작품에 대해 후대 비평가들은 은총과 내재하는 성령을 무턱대고 같다고 여기지 않으면서 성화 은총의 창조된 특성을 강조했다. 프란치스코회 신학자인 헤일스의 알렉산더와 그의 학파는, 은총이란 우리로 하여금 하느님을 기쁘게 해 드리고 우리가 하느님께 동화되도록 하는 것이라고 규정했다. 이들 초기 프란치스코회원들은 또한 은총이 영혼의 '능력'이 아니라 본질에 상응하는 것임을 강조했다. 위대한 프란치스코회 신학자 보나벤투라Bonaventura는 은총신학을 매우 세련된 체계로 발전시켰다. 그에게 은총은 우리를 향한 하느님의 지극한 겸손을 보여 주는 것으로, 하느님의 고유한 본성이 우리 안에 주입되는 것, 하느님께서 우리를 당신 자신에게 맞추게끔 우리에게 주시는 선물이다. 보나벤투라는 은총을 통해 이루어지는 우리의 성화 과정에서 프란치스코회원의 특징인 의지의 역할을 강조한다. 여기서 다시 한 번 신화라는 용어가 부각된다. 은총은 우리를 '하느님의 모습'deiform으로 변모시키기 때문이다. 그런데 서방 신학자들은 범신론이라는 비난을 피하

---

[14] *Libri quattuor sententiarum* I, 17.

고자, 변모시키고 신화시키는 은총마저도 **창조된** 것이라고 철저히 강조한다(설사 그것이 창조된 모든 것 가운데 최고라 할지라도).[15]

도미니코회원들도 지성을 강조하는 자기네 고유 특성을 보태어 은총신학을 세련되게 발전시켰다. 알베르투스 마뉴스에게 은총은 하느님에게서 나오는 것으로, (빛처럼) 우리를 안에서부터 변모시킨다. 은총은 일종의 **습성**habitus이나 지속적 성향으로 우리 안에 머무른다. 은총은 하느님의 고유한 본성을 반영하며, 우리로 하여금 자신의 본질적 무를 의식하게 해 준다.[16] 토마스 아퀴나스에게 창조된 은총은 우리 영혼에 내재하여 우리를 신성에 참여하도록 해 주는, 하느님의 **닮은꼴**similitude이다. 그에게는 은총의 상이한 '유형'(선행prevenient 은총, 상존habitual 은총, 조력actual 은총)이나 우리가 삶에서 체험하는 은총의 다양한 방식이 확연히 구별된다.

성화에서 은총의 역할에 관한 중세의 논의는 당대의 **성령** 논의를 무색케 할 정도였다. 그럼에도 '성령의 내재'라는 주제는 스콜라신학자들에게서 끊임없이 나타난다. 그들이 채택한 교부 전통은 초기 교회를 고무시킨 오순절 체험에 바탕을 둔다. 바실리우스 마뉴스에게 성령은 우리를 신화시키는 존재다. 아우구스티누스에게 성령은 생명력을 주는 아버지와 아들 간 사랑의 원리이며, 이 원리는 동시에 우리가 삼위일체 신비에 통합되고 교회에 속하게 해 주는 토대다. 삼위일체 신비를 체험한 기욤 드 생티에리 Guillaume de St. Thierry나 얀 반 라위스브룩Jan van Ruusbroec(Ruysbroek) 같은 중세 신비신학자들이 성령의 역할을 특히 강조했다.[17] 그들에게 성령은 우리를 삼위일체 안에 묶어 주는 사랑의 영이었다.

---

[15] Gérard Philips, *L'Union Personelle avec le Dieu Vivant* (Gembloux 1974)는 은총의 역사를 이해하는 데 유익한 연구서다.

[16] *ibid.* 123-35.

중세에는 **성령칠은**聖靈七恩이 대단히 중요시되었다. 우리로 하여금 의로운 삶을 살게 해 주는 성령의 특별한 은총이다. 불가타 역 이사야서 11장 2-3절은 "지혜와 깨달음의 영, 의견과 굳셈의 영, 지식과 경건함의 영, 주님을 두려워함의 영"이라고 표현했다. 이 은총들은 대다수 중세 성인전의 큰 특징을 형성한다. 성령의 선물과 성령의 덕을 처음으로 구별한 사람은 1235년 필리페Philippe le Chancelier였다.[18] 토마스 아퀴나스의 저작에서 이 선물들은 영혼이 성령의 영향에 반응하도록 하는 데 특별한 역할을 한다.[19]

중세 신비신학의 중심을 점하는 또 한 가지는 이른바 **대신덕**對神德(믿음, 희망, 사랑)이다. 은총 생활의 토대로서 믿음과 희망과 사랑이 지니는 우위성을 강조하기 위해 13세기 기욤 드 오세르Guillaume d'Auxerre가 처음으로 이 말을 사용했다. 토마스 아퀴나스에 따르면, 믿음과 희망과 사랑은 1) 그 대상이 하느님이며, 2) 그것을 통해서 우리는 하느님을 향하고, 3) 하느님만이 그것을 우리 안에 주입시키며, 4) 그 원천은 성경의 계시에 있다는 점에서 다른 덕들과 다르다.[20]

성화에 대한 이러한 개념적 성찰 외에 더욱 형상주의形象主義(imagism)적 색채를 띠는 것들도 있다. 스콜라신학자들에게 은총의 근본 기능 중 하나는, 이를테면 **입양으로써** 우리를 하느님 자녀가 되게 하는 것이다. **자녀됨**filiation이라 부르는 이것은 바오로 사도와 요한 사도의 영성을 반영한다.

---

[17] 현대 오순절파(Pentecostalist)와 성령 운동들이 성령의 역할에 대해 강조하는 모습을 중세 교회에서는 거의 찾아볼 수 없다. 현대 성령 운동의 기원은 주로 17세기 경건주의자들(Pietists)에게로, 영어권에서는 19세기 감리교(Methodist) 대부흥 시기로 거슬러 올라간다.

[18] Y. Congar, *I Believe in the Holy Spirit* I (ET, New York - London 1983) 117-20과 J. Aumann, *Spiritual Theology* (London 1980) 247-75 참조.

[19] 성령의 선물에 관한 토마스 아퀴나스 사상에 대해서는 *Summa Theologiae* I, 11, q.62, 2; II, qq.1-45 참조.

[20] Aumann, 247-75; LTK X, cols.76-80.

그리스도가 본성상 하느님의 친자親子라면, 우리는 은총을 통해 그분과 일치하며 그분의 양자養子가 된다는 것이다. 이는 모든 시대 그리스도교 신비주의 저술에서 가장 지속적이고 영향력 있는 주제 가운데 하나로, 신화神化라는 주제가 (논쟁적으로 약화되고) 변형된 것으로 보아야 한다. 다마스쿠스의 요한Ioannes Damascenus이 『올바른 신앙에 관한 해설』*Expositio fidei, De fide orthodoxa*을 통해 서방에 대중화시킨, "하느님이 본성상 갖추고 계신 것을 우리는 은총에 의해 갖추게 된다"[21]는 그리스어 신앙고백에서도 드러나는 내용이다.

성삼위의 **거주**inhabitation나 **내재**indwelling라는 주제도 언급해야 한다. 이 가르침에 따르면, 성삼위가 우리 안에 들어와 성화 원리가 됨으로써 은총은 영혼을 준비시킨다.[22] (우리야 어떻게 느끼든) 스콜라신학자들은 이 교설의 역동성에 매료되었다.

마지막으로, 엑카르트에게 큰 영향을 미친 또 다른 신비주의 이미지는 **영혼 속 하느님 탄생**(본질적으로 자녀 됨이라는 주제의 변형)이다. 우리 안의 하느님 탄생 개념은 초세기 그리스도교 신학에서부터 나타나며, 알렉산드리아의 클레멘스와 이레네우스에게서도 나타난다. 교부 시대에 이 주제를 천착·발전시킨 사람은 알렉산드리아의 또 다른 신학자 오리게네스다. 이 주제는 오리게네스에게서 카파도키아의 신학자들에게, 그리고 고백자 막시무스에게 전해진다. 탄생이란 주제는 아우구스티누스, 요한네스 스코투스 에리우게나, 생빅토르의 리카르두스Richardus de St. Victor, 클레르보의 베르나르두스를 통해 중세 서방에 널리 알려져 있었고, 보나벤투라는 직접 이에 관한 논고를 집필했다.[23]

---

[21] *Gotteskindschaft* in LTK IV, cols.1114-7 참조.

[22] 참조: E. Ancilli/M. Paparozzi (eds.) *La Mistica*, II (Rome 1984) 113-38; Aumann, 75-8.

그리스도 교회는 엑카르트 이전부터 성화라는 신비로운 과정에 대해 수많은 방식으로 접근해 왔다. 대단히 복잡한 이 주제의 특성에 비해 우리의 개관은 터무니없이 간략했다. 특히 우리는 동방과 서방 가톨릭교회의 성사신학에 대해서는 전혀 언급하지 않았다. 성사는 강력한 '은총의 수단'(트리엔트 공의회)이자 그리스도인 각자가 그리스도와 만나는 중요하고 규범적인 길이다.[24] 또 오늘날에 비해 중세에 더욱 만연했던 영적 환시 분야나 그 환시의 부산물인 영적 감각에 대해서도 전혀 언급하지 않았다. 더욱이 이토록 상이한 성화 모델들을 종합하려는 시도는 부질없는 욕심이다. 우리 안 성령의 활동과 은총의 활동, 창조된 것과 창조되지 않은 것, 성삼위에의 동화와 성삼위의 거주, 이들 사이의 관계를 확립하기란 매우 어렵기 때문이다. 성화는 본디 하나의 일치된 현상이며 단일하고 단순한 행위지만, 그것을 성찰하려는 많은 시도를 통해 오히려 우리 고유한 본성의 다양성이 증명된다는 것을 깨닫는 편이 어쩌면 더 현명할 것이다.

영혼 속 하느님 탄생

마이스터 엑카르트의 저작을 거의 알지 못하는 이들이라도 이 특정 주제가 그의 이름과 연관된다는 것쯤은 알 것이다. '영혼 속 하느님 탄생'은 말하자면 엑카르트의 '등록상표'다. 하지만 이것이 그가 성화신학theology of sanctification에서 탐구하는 유일한 신비주의 주제라고 여긴다면 큰 오산이다. 엑카르트가 이 신비에 관해 언급하는 방법은 실로 가지가지다.

---

[23] 이 가르침을 총망라한 설명은 H. Rahner, *Symbole der Kirche* (Salzburg 1964) 13-87 참조. Hans Urs von Balthasar, *Theodramatik* II, 1 (Einsiedeln 1976) 275-84에도 이에 관한 흥미로운 언급이 있다.

[24] '주입된 관상'(infused contemplation)에 대해서는 여기서 전혀 언급하지 않았다. 이 중요한 주제는 16~17세기 신비신학에서 비로소 중요한 의미를 지니게 된다.

신화神化부터 시작하자. 엑카르트는 이 주제를 거듭 언급하며, 때로는 우리 자신의 신화와 아들의 강생을 명시적으로 연결시킨다. "그분[하느님]은 그대를 유일한 아들로 낳기 위해 사람이 되셨다"(W 18). 그는 그리스도께서 우리 인간 본성을 취하셨다고 언급하기도 한다(W 47과 92).

신화 원리를 성령으로 표현하는 구절이 많다. 이때 엑카르트의 로고스 신비주의가 삼위일체를 구현하는 구절과 우리를 성화시키고 신성으로 끌어올리는 주체가 성령으로 표현되는 구절을 구별해야 한다. 그리스도교 전통에 따라, 성령은 사랑의 원리와 연결된다. 성령은 아버지와 아들 간의 사랑으로 "아들에게서 아버지에게로 끊임없이 꽃을 피우며"(W 88), "영혼은 성령의 열기, 성령의 빛으로 하느님을 사랑한다"(W 66). 성령은 영혼을 아버지께 끌어올리는 사랑의 행동 원리다.

> 성령의 능력이, 가장 순수하고 가장 미묘하고 가장 고귀한 것, 곧 영혼의 불꽃을 취하여 지극히 높은 곳에서 사랑의 표시로 그것을 낳듯이, 나무에 대해서도 같은 방식으로 말할 수 있다. 태양의 능력이, 가장 순수하고 미묘한 것을 나무 뿌리에서 취한 다음 가지로 곧장 끌어올리면 거기에서 꽃피기 시작하는 것이다. 그리하여 온갖 방식으로 영혼의 불꽃은 그 빛과 성령 안에서 지탱되며 제1 원인으로 곧장 옮겨진다(W 32b; 54 참조).

성화 은총은 엑카르트 사유의 두드러진 요소다. 그는 은총이 영혼의 본질 자체와 접촉한다는 점을 역설한다.

> 하느님의 주된 목표는 낳음이다. 우리 안에서 당신 아들을 낳으시기까지 그분은 결코 만족하지 않으신다. 영혼 역시도 자신 안에 하느님의 아들이

태어나기까지는 결코 만족하지 않는다. 거기에서 은총이 솟아난다. 그로써 은총은 주입된다. 은총은 일하지 않는다. 은총의 일은 은총이 되는 것이다. 은총은 하느님의 본질에서 흘러나와 영혼의 본질로 흘러들 뿐, 영혼의 능력으로 흘러들지는 않는다(W 68).

은총은 우리로 하여금 하느님을 받아들이게 하고 그분과 닮게 한다고 엑카르트는 강조한다.

> 하느님의 은총이 영혼에 들어가지 않는 한 어떠한 영혼도 무죄할 수 없다. 영혼이 모든 신적 활동에 즉시 순응하도록 하는 것이 은총의 역할이다. 은총은 신적 원천에서 흘러나온다. 은총은 하느님과의 닮음이며, 하느님을 맛보고, 영혼을 하느님과 닮게 만든다(W 81).

그런데 엑카르트는 우리의 성화에서 은총의 영역을 제한하기도 한다. 은총이 창조된 것이기 때문이다. 다음 인용문에서 엑카르트는 영혼의 '불꽃'을 통한 우리와 하느님과의 궁극적 합일은 (창조된) 은총이 미치지 못하는 그 무엇임을 시사한다.

> 어떤 스승은 이것[불꽃]이 결코 하느님으로부터 돌아설 수 없을 만큼 하느님 가까이에 있으며, 하느님은 언제나 불꽃 앞에 그리고 불꽃 안에 계시다고 말한다. 나는 하느님이 영원으로부터 언제나 쉼 없이 그 안에 계셔 왔으며, 인간이 여기서 하느님과 하나가 되는 데는 아무런 은총도 필요하지 않다고 말한다. 은총은 창조된 것이며 피조물에게는 그에 관한 아무런 권리가 없기 때문이다(W 92).

스콜라철학이 은총을 모든 피조물 중 최고로 규정했다손 치더라도 은총의 창조된 본성이 엑카르트를 혼란스럽게 한 것은 분명하다. 엑카르트에게 창조된다는 것은 시간과 공간에 얽매인다는 것이다. 따라서 하느님의 형상인 '지성'은 이런 영역을 초월한다고 그는 늘 강조했다. 그러한 한 지성은 '창조되지 않은' 것이라고 말할 수 있다. 따라서 엑카르트는 최상의 일치 차원을 위한 다른 형상을 찾아야 했다. 그는 빛의 이미지에 주목한다.

> 우리는 은총 안에서 도약하며 크게 성장해야 한다. 은총 안에서 성장하는 한 그것은 은총이면서 동시에 미소한 것이다. 거기에서 우리는 은총을 멀리 내다본다. 그런데 저 높은 데서 은총이 완전해지면 그것은 더 이상 은총이 아니라 하느님을 보는 신적 빛이 된다(W 41).

엑카르트는 신화神化, 성령의 활동, 성화 은총의 본성을 논하면서 신학적 논의의 중심이 되는 신비 개념을 그리고 있다. 그런 그가 우리의 성화를 한층 더 형상적으로 표현하는 곳도 있다. 앞에서처럼, 변형시키는 빛을 논하는 것도 그러한 경우다.

> 흘러나온 빛은 그 빛이 향하는 쪽을 비춘다. 흔히 인간이 비추임을 받는다고들 하지만 그것은 별 의미가 없다. 터져 나오는 빛의 위력은 상상을 초월한다. 영혼을 돌파한 빛은 힘닿는 한 영혼을 하느님처럼 신적 존재로 만든다. 그리고 영혼을 안에서부터 비춘다. 이 내적 비추임으로써 영혼은 그 신적 빛을 향해 도약한다(W 48).

이때의 빛을 은총의 빛으로 생각할 수 있다. 혹은 '지성'의 빛(이며 궁극적으로 하느님의 빛)일 수도 있다. 하지만 인용문 앞 대목에서 엑카르트는 은총과 '지성'의 빛을 명백히 구분한다. 변형시키는 은총과 '지성'의 빛이 구별된다는 점을 분명히 하는 구절도 있다. "은총의 유입에서 지성의 빛은 즉시 상승하며, 거기에서 하느님은 꺼지지 않는 빛으로 반짝인다"(W 20). 그런데 엑카르트가 빛을 은총과, 또 삼위일체의 제2위와 명백히 동일시하는 구절도 있다. "그곳[하느님의 마음속]에 들어가려면 우리는 자연의 빛에서 은총의 빛으로 올라가야 하며, 거기에서 성장하여 아들이신 그 빛이 되어야 한다"(W 88). 결국 빛은 엑카르트가 하느님과 우리의 합일이라는 가장 깊은 영역을 구명하기 위해 관심을 쏟은 이미지다. 그러나 그 이미지가 정확히 가리키는 대상은 없는 듯하다.

합일의 다른 형상으로 '**혼인의 신비**'라는 이미지를 주목하자. 이를 중세기에 대중화하는 데 클레르보의 베르나르두스의 저술이 크게 기여했다. 여기서는 영혼을 신부와, 그리스도를 신랑과 동일시한다. 이는 아가서에서 영감을 받은 신비적 표상이기도 하다.

> 하느님이 영혼을 창조하실 때, 그분은 당신 자신의 가장 완전한 본성에 따라 영혼을 창조하셨다. 영혼이 당신 외아들의 신부가 되게 하심이다. 이를 충분히 알고 있는 아들은 자기가 영원으로부터 말없이 잠들어 있던 영원한 부성父性이라는 독방에서 나오기로 결심한다. … 그는 젊은 수사슴처럼 뛰쳐나왔고 사랑의 아픔을 겪었다. 그는 자기 신부와 함께 그 방으로 돌아갈 요량이었다. 방은 신비로운 부성의 침묵하는 어둠이다. 그가 지극히 높으신 분에게서 나왔을 때, 그는 자신의 비밀스러운 신성의 감추어진 신비를 신부에게 보여 주고자 했다. 그곳은 그 자신은 물론 모든 피조물과 더불어 휴식하는 곳이다(W 53).

엑카르트가 이따금 언급하는 '입맞춤'도 신부의 표상에 속한다.

> 영혼의 입은 영혼의 가장 높은 지체다. "그분은 당신 말씀을 내 입에 넣으셨다"라는 말의 의미는 이러하다: 그것은 영혼의 입맞춤이다. 입과 입이 맞추어지는 영혼 안에서 아버지는 아들을 낳으시는 것이다(W 23; 51 참조).

언제나 크신 사랑으로 우리를 고쳐시키는 하느님의 '접촉'에 대해 엑카르트가 언급하는 구절들도 아가서의 영향을 받았다. 하지만 이 이미지는 본질적으로 제3 위격의 신학에 토대를 둔다. "영혼이 창조되지 않고 또 창조될 수 없도록 하느님이 접촉하셨고 또 계속 접촉하시는 그 첫 접촉에서, 하느님의 접촉을 통해 영혼은 하느님 자신처럼 숭고하다"(W 66).[25]

우리가 하느님을 향해, 그분 안으로 성장하는 과정을 구명하고자 마이스터 엑카르트는 일련의 상이한 주제와 이미지를 활용한다. 그러나 앞서 언급한 많은 구절은 '영혼 속 하느님 탄생'이라는 주제에 대한 엑카르트의 사유 전체를 지배하는 가장 중요한 한 가지 이미지와 관련된다.

'영혼 속 하느님 탄생'은 본디 두 가지 요인, 곧 하느님의 본성과 영혼의 '근저'/'불꽃'의 본성에서 기인한다. 그런데 후자는 우리 안의 하느님 형상이다. 엑카르트는 하느님이 늘 낳고자 하는 것이 하느님의 풍요로운 본성에 대한 근본임을 여러 차례 강조한다. "하느님 안에 있는 모든 것이 하느님으로 하여금 낳게 한다. 그분의 근저 전체, 그분의 본질과 그분의 존재가 아버지로 하여금 낳게 한다"(W 59). 실로 아버지의 풍요가 너무나 크기

---

[25] 신적 '접촉'의 이미지를 성령과 결부시키는 오랜 전통이 있는데 여러 성경 구절에까지 거슬러 올라간다. 신비적 표현으로서 이 이미지는 플랑드르 지방 신비가들, 특히 브라방의 하데위치와 얀 반 라위스브룩이 즐겨 사용했다(O. Davies, *God within*, 208 참조).

에 엑카르트는 삼위일체 안에서 아버지가 아들을 낳는 것을 우리 안에서 아버지가 아들을 낳는 것과 연결시킨다.[26]

> '아버지'라는 말은 순수한 낳음을 암시하며 만물의 생명을 의미한다. 아버지는 영원한 지성 안에서 아들을 낳으신다. 그분은 자신의 고유한 본성 안에서 당신 아들을 낳으실 뿐 아니라 영혼 안에서도 낳으신다. 영혼 안에서 아들을 자신의 소유로서 낳으시는 것이다. 아버지가 낳으려 하시든 말든, 영혼 안에서 아들을 낳으시는 것이야말로 그분의 본질이다(W 40).

하느님 안의 탄생과 우리 안의 탄생은 **하나**다. "전에도 가끔 말한 것을 다시 되풀이하거니와, 이 영원으로부터의 탄생은 영원 안에서 일어나는 것과 꼭 마찬가지로 영혼 안에서 일어나며, 그 이상도 이하도 아니다. 그 탄생은 같은 것이며, 영혼의 본질과 근저에서 일어난다"(W 2). 그런데 하느님의 본성이 영혼의 풍요라면, 그 탄생을 맞아들이는 것은 영혼의 본성이요 바람이다. "하느님의 주된 목표는 낳음이다. 그분은 우리 안에 당신 아들을 낳기까지는 결코 만족하지 않는다. 그리고 영혼도 하느님의 아들이 자신 안에 태어나기까지는 결코 만족하지 않는다"(W 68). 하느님 안에서 발견하는 것과 동일한 풍요가 영혼의 근저에 반영되었으며, 그 탄생은 여기, 신적 형상에서 일어난다.

> 나는 시간이나 육체와는 관계하지 않는 능력이 영혼 안에 있다고 선언하곤 했다. 그것은 영으로부터 흘러나와 영 안에 머무르며 완전히 영적이다. 이

---

[26] 통상적으로 엑카르트는 '아들을 낳음', '강생', '우리 안의 하느님 탄생'을 동일시함으로써 내재적 삼위일체와 구세경륜적 삼위일체를 혼합한다. 이것은 수사적 효과 때문이다.

능력 속에서 하느님은 자신 안에 있을 때만큼이나 지극한 기쁨과 영광 가운데 푸르디푸른 꽃을 활짝 피운다. 기쁨과 환희는 마음에서 우러나오며, 상상도 할 수 없을 만큼 크다. 그 기쁨에 대해서는 누구도 충분히 설명할 수 없다. 영원한 아버지가 이 능력 안에서 당신의 영원한 아들을 언제나 낳고 있기 때문이다. 마찬가지로 이 능력은 아버지의 고유한 능력 안에서 같은 아들을 낳고, 몸소 그 아들이 된다(W 8).

엑카르트는 하느님이 거처할 수 있는 장소를 마련하는 것은 영혼의 본질이 지니는 형상 없는imageless 특성이라고 지적한다.

하느님의 형상이 드러나지 않는 피조물은 이것[영원으로부터의 탄생]을 받아들이지 못한다. 영혼의 형상은 특별히 이 영원으로부터의 탄생과 관련되는 까닭이다. 이 영원으로부터의 탄생은 참으로 특별하게 영혼 안에서 일어난다. 어떤 형상도 빛을 비추지 못하고 (영혼의) 어떤 능력도 꿰뚫어 보지 못한 영혼의 근저, 가장 내밀한 곳에서 아버지가 낳아 주신다(W 2).

형상은 창조된 것이기에 자신이 본뜬 그 대상을 가리킨다. 따라서 하느님은 우리가 모든 형상으로부터 자유로운 곳에서만 일하실 수 있다.

그러므로 그대는 영혼의 본질과 근저에 머물러야 한다. 그러면 하느님께서는 다른 형상에 의지함 없이 당신의 단일한 본질로 그대를 건드리실 것이다. 어떤 형상도 자기 자신을 표상하지 못한다. 형상은 언제나 자신이 본뜬 대상을 가리킨다. … 거기에는 침묵과 고요가 있어야 한다. 아버지는 그곳에서 말씀하시고 당신 아들을 낳으시며 모든 형상으로부터 자유로운 가운데 당신 업적을 이루신다(W 1).

탄생은 또한 시간과 공간이라는 창조된 영역 너머에서 일어난다.

> 탄생이 시작되면 시간은 사라져야 한다. 시간과 피조물이야말로 탄생을 방해하는 것들이다. 본성상 시간은 하느님이나 영혼에게 영향을 미칠 수 없다는 것이 진리다. 시간에 영향을 받는 영혼은 이미 영혼이 아니다. 마찬가지로 시간에 구애받는다면 하느님은 하느님이 아닐 것이다. 영혼이 시간에 구애받는다면 하느님은 결코 영혼 안에서 태어나실 수 없으며, 영혼은 결코 하느님 안에서 태어날 수 없다. 하느님이 영혼 안에서 탄생하려면, 모든 시간이 영혼에서 떨어져 나가거나 영혼이 의지나 원의와 함께 시간에서 떨어져 나가야 한다(W 29).

시간을 초월하여 발생한 천지창조 사건이 영원하듯이, 그 탄생도 영원하다. "이 탄생은 일 년에 한 번이나 한 달에 한 번, 하루에 한 번 일어나는 것이 아니라 늘 일어난다. 지금 여기도 아니고 본성도 사고思考도 아닌 공간에서 시간을 초월하여 일어난다"(W 31).

그 탄생은 우리가 형상들로부터 자유로울 때만 일어날 수 있다. 탄생이 일어나도록 하려면 우리 자신이 내적으로 준비되어 있어야 한다고 엑카르트는 강조한다. 무엇보다도 우리는 우리의 갈라진 능력으로부터 벗어나 우리의 초월적 존재의 중심이 되는 일치 속으로 들어가야 한다.

그러므로 탄생이 일어나는 자리인 영혼은 절대적으로 순수하고, 고귀하고, 침착하고, 완전히 내면에 주의를 기울여야 한다. 오감을 통해 다양한 피조물에게로 흘러 나가서는 안 된다. 차분히 안에 머물러야 하며, 침착하고 가장 깨끗한 상태에 있어야 한다(W 1).

엑카르트는 우리가 고요해지기 위해 영혼의 다양한 기능을 멈추어야 한다고 말한다.

> 진실로 그대가 이 고귀한 탄생을 찾고자 한다면, 군중을 떠나 그대의 원천과 근저로 돌아가야 한다. 영혼의 모든 기능과 활동, 이것이 바로 군중이다. 기억과 이성과 의지, 그것들은 모두 그대를 흩뜨린다. 이런 이유로 그대는 모든 것, 곧 감각과 상상, 그대의 마음과 눈 속에 담아 두었던 모든 것에서 떠나야 한다. 그런 다음에야 그대는 이 탄생을 찾아낼 것이다. 그렇지 않고는 찾을 수 없을지니, 그대는 내 말을 믿으라!(W 4).

탄생에서 우리 역할은 완전히 수동적인 것으로서, 우리의 본질적 무無와 공空을 포용하는 데 바탕을 둔다는 점을 엑카르트는 특별히 강조한다.

> 다른 무엇보다도 이것이 필요하다. 그대는 아무것도 주장해서는 안 된다! 그대 자신을 놓아 버리고 하느님이 당신 뜻하시는 대로 그대와 함께 그대 안에서 행동하시게 하라. 이 일은 그분의 일이고, 이 말씀은 그분의 말씀이며, 이 탄생은 그분의 탄생이니, 실로 그대를 이루는 온갖 것 하나하나가 그분의 것이다. 그대는 자아를 포기했으며, 그대(영혼)의 능력과 활동, 그대 개인의 본성을 떠났다. 그리고 하느님은 그대의 존재와 능력 속으로 반드시 들어오신다. 그대는 그대가 가진 모든 것을 잃고 광야처럼 되었기 때문이다. 이는 "광야에서 외치는 이의 소리"(마태 3,3)라고 기록된 바와 같다.

이 영원한 소리가 그대 안에서 외치고 싶은 대로 외치게 하라. 그리고 그대 자신과 온갖 것에 대해 광야이게 하라(W 3).

영혼이 모든 피조물과 형상을 비움으로써 준비를 마치자마자, 하느님은 **반드시** 영혼의 근저에 들어와 거기에서 탄생하신다. 이것은 엑카르트가 특히 선호하는 주제다.

> 진실을 다해 영원하고 항구한 진실로써 선언하노니, 자아를 낮추어 자신의 근저에 내맡기는 사람 누구에게나, 하느님은 반드시 당신의 지극한 권능으로 당신의 전 자아를 쏟아 부으신다. 너무나 철저하게 쏟아 부으시어, 당신의 생명, 당신의 존재, 당신의 본성, 당신의 전 신성에 이르기까지 그 무엇도 되돌리지 않으신다. 오히려 하느님께 내맡겨 가장 낮은 자리를 차지한 사람에게 그 모든 풍성한 결실을 쏟아 부으신다(W 60).

엑카르트는 이 중심 개념을 파격적 수사로 표현한다.

> 내키면 일하고 내키지 않으면 일하지 않는 목수처럼, 하느님을 당신 뜻에 따라서 무언가를 하거나 하지 않는 분으로 여겨서는 안 된다. 하느님은 그런 분이 아니다. 그대가 준비되어 있음을 보실 때마다, 하느님은 반드시 행동으로 옮기시고 자신을 그대에게 부어 넣으신다. 이것은 공기가 맑고 깨끗할 때 햇볕이 자신을 공기 속으로 부어 넣는 것과 같은 이치다(W 4).

> 땅은 결코 낮은 곳으로 달아날 수 없으며, 땅이 원하든 원치 않든 하늘은 땅으로 흘러들어 땅에 능력을 각인시키고 열매 맺게 한다. 사람도 마찬가

지다. 하느님으로부터 달아날 수 있다고 생각하지만 절대 그럴 수 없다. 갈라진 틈이나 후미진 구석구석 할 것 없이 온갖 데가 하느님을 드러내기 때문이다. 사람은 하느님에게서 도망치고 있다고 생각하면서 하느님 품으로 뛰어든다. 그대가 좋아하든 말든 하느님은 그대 안에서 당신 외아들을 낳으신다. 그대가 잠을 자든 깨어 있든 하느님은 당신 일을 하신다(W 53).

엑카르트가 '영혼 속 하느님 탄생'을 때로는 형이상학적 용어로 묘사한다고 해서, 이 하느님 탄생이 우리의 윤리적 삶과 관련하여 일종의 진공 상태에서 이루어진다고 여기는 것은 옳지 않다. 엑카르트는 그 탄생이 '하느님의 길'을 걷는 이들에게만 알려진다고 강조한다.

> 이 탄생에 대해서 그러므로 우리는, 하느님 아버지께서 완전해진 영혼 안에서 당신의 영원한 말씀을 들려주실 때마다 우리 안에서 이 탄생이 어떻게 일어날 수 있고 덕스러운 영혼 안에서 완성될 수 있는지를 이야기할 것이다. 이는 하느님의 길을 걸어왔고 지금도 걷고 있는 선하고 완전한 사람에게 해당되는 말이다. 따라서 수양을 쌓지 않고 제멋대로인 사람에게는 해당되지 않는다. 그런 사람은 이 탄생으로부터 완전히 멀리 있으면서 이에 대해 전혀 무지하다(W 1).

이 탄생에서 우리는 "하느님의 유입과 더불어 그 모든 선물을 나누어 가지게 될 것"(W 2)이라고 엑카르트는 말한다. 그 선물에 어떤 것들이 있는지 언급하는 구절이 있다. "하느님은 영혼 안에 말씀을 낳으시고, 그 말씀을 품은 영혼은 소망이나 선한 지향, 사랑, 감사 이외에도 그대에게 가 닿을 수 있는 어떤 형태로든 그 말씀을 자신의 능력 안에 받아들인다"(W 3). 또 다른 탄생은 온갖 의로운 행위의 토대가 된다. "아버지는 의인에게서 아들을 낳고 아들에게서 의인을 낳는다. 의인의 온갖 덕과 그에 따른 모든 행위는 다름 아닌 아버지가 낳은 아들로 인한 것이다"(W 59).

이 탄생은 초탈(다음 장에서 상론)로 귀결된다. 엑카르트는 그 탄생이 우리 안에서 일어났음을 알려 주는 요긴한 표지 셋을 열거한다. 우리 안에 현존하는 사랑, 하느님 뜻에 대한 순응, 그분과의 돈독한 자녀 관계다. 따라서 엑카르트가 이 탄생을 온통 형이상학적 관점에서 그리고 있을지언정 그 탄생이 깊은 윤리적 의미를 지닌다는 데는 의심의 여지가 없다.

> 아들이려면 먼저 아버지가 있어야 한다. 아버지 없이 그 누구도 아들일 수 없고, 아들을 두지 않고서는 그 누구도 아버지가 아니다. … 모든 일을 사랑 때문에 하는 사람이 진정한 아들이다. 사람이 아들이 되는 데 둘째로 중요한 것은 평정이다. 그는 건강이건 질병이건 흔쾌히 받아들인다. … 셋째로 아들은 다른 누구도 아닌 아버지께 머리 숙일 수 있어야 한다(W 11).

요약

'영혼 속 하느님 탄생'과 우리 성화의 여타 측면 간 관계가 엑카르트 작품에서 늘 일관된 것은 아니다. 그럼에도 한 가지 원칙이 분명하게 부각된다. 하느님이 신앙인 각자의 영혼 안에서 탄생하실 때 바로 당신의 생명과 본질을 주신다는 점이다(W 89). 이것은 우리 안의 하느님 형상과 우리 안의 하느님 탄생 간의 유사성을 상기시켜 준다는 점에서 중요하다. 엑카르트에게는 형상과 탄생 둘 다 우리 자신과 하느님과의 동일성을 어느 정도 드러내 준다. 그런데 형상이 대체로 잠재적이면서 영구적이라면, 탄생은 대개 실제적이고 실현 폭이 다양하다. 다시 말해 형상/탄생의 구별은 고전적

그리스도교 전통의 형상/닮음의 구별을 엑카르트식으로 설명했다고 보는 것이 좋다. 탄생(또는 '닮음')은 우리 안의 신적 원형이 회복되고 실현되는 정도를 나타낸다.[27]

엑카르트가 (형상론에서와 마찬가지로) 탄생론에서 시사하는 하느님과의 **동일성**에는 한 가지 요소가 더 부각된다. 형상과 탄생에 관한 그의 가르침이 피조물과 창조주 사이의 유비적 관계에 대한 이해에 의존하고 있다는 점이다. 이미 살핀 바와 같이 이 관계 공식을 **낳음**generation과 **존재의 동일성**identity of being으로 제시한 것은 니케아 신경이다.[28] 그리고 우리 안의 하느님 형상과 우리 안의 하느님 탄생에 관한 엑카르트의 가르침도 본질의 동일성identity of essence이라는 같은 원리가 지배하고 있다. 후자는 전자에 있는 하느님의 무한한 풍요에 토대를 둔 신적 자기 증여의 또 다른 모습이다. 그리고 피조물이 창조주에게 무조건 동화되지는 않는다는 점을 확실히 하기 위해 '… **인 한**의 원리'를 거듭 환기해야 한다.

영혼 속 하느님 탄생에 관한 엑카르트의 가르침이 형상/닮음의 대당에서 '닮음' 영역으로 여겨질 수 있다면, 표현은 독창적일망정 하느님 탄생 교리에서 전통적 스콜라 은총신학을 제시하는 것처럼 보일 것이다. 여기에 모든 필요한 요소가 있다. 그 탄생은 온전히 자주적이며 자유롭다. 그것은 하느님의 자기 통교(자기 본질을 나누어 줌)다. 그것을 통해 우리는 성화되고 하느님을 닮아 가면서 우리 안에 있는 윤리 덕의 질서를 세운다. 그런데 엑카르트는 여기서 본질적으로 은총신학을 제시하면서도, 전통적 용어 사용의 어려움을 토로한다. 그는 은총이 우리로 하여금 '하느님을 닮

---

[27] 전형적으로 엑카르트는 '닮음'은 '합일'(union)이 아니라는 이유에서 '탄생'을 '닮음'으로 묘사하기를 거부한다. 그렇지만 '탄생'을 '닮음'이라고 보는 대목도 있다(W 63).

[28] *Expo. Ioan.* 5-8과 이 책 123-4쪽 참조.

게' 만든다고 하는데(W 81) 이는 순전한 정통 스콜라철학이다. 반면에 그는 은총의 역할을 단호히 배제하기도 한다. 은총은 **창조된** 것이기 때문이다 (W 92). 엑카르트의 신론神論, 신적 형이상학은 창조된 것은 모두 제한된 존재를 가지며, (제한되지 않은 존재인) 하느님과 일치함으로써 우리가 초월하는 것은 분명 이 제한된 존재라는 관점에 바탕을 두고 있다. 따라서 엑카르트는 '창조되지 않은' 또 다른 하느님과의 '닮음'을 찾아내는 것 외에 달리 선택의 여지가 없었고, 그는 이것을 관념적으로 영혼 속 하느님 탄생이라는 형상에서 찾아낸 것이다.

결론: 합일의 표상

엑카르트의 독일어 저작을 깊이 들여다볼수록 점점 분명해지는 것은, 그가 '과학적'이고 설명적이기보다는 '시적'이고 주의를 환기시키는 방법으로 자신의 주요 표상을 이용한다는 점이다. 확실히 그는 모순되는 입장을 취한다. 영혼의 '근저'가 *Synderesis*와 동일하다고 말하다가도(W 32a) 동일하지 않다고도 한다(W 32b). 그것은 지성이면서(W 42) 지성이 아니다(W 72). 하느님과 우리의 합일의 궁극적 패러다임은 사랑이 아니라 지식이거나(W 72) 지식이 아니라 사랑이기도 하다(W 77). 어떤 구절에서는 '탄생'이 은총과 동일시되지만(W 68) 다른 구절에서는 그렇지 않다(W 41). 그 '탄생'이 '근저'가 합당하게 준비된 이들에게만 일어나는 그 무엇이라고 말하다가도(W 1) 그것이 우리 모두에게서 항상 일어나는 그 무엇[따라서 내적 준비란 그 탄생의 혜택을 받는다는 것을 의미한다(W 2)]이라고 밝히는 구절도 있다. 그렇다고 엑카르트를 '혼돈의 사상가'로 매도하는 것은 옳지 않다.[29]▶

엑카르트 사상의 근간을 이루는 구조가 겉보기에 변덕스럽기는 하지만 실은 주목할 만하다. 엑카르트는 대단히 절충을 좋아하는 사상가로서, 다른 사상가들의 주제와 관념을 자신의 방식에 도입하곤 했다. 하느님을 언급하는 경우에는 형상과 관념이 뒤섞여, 우리가 하느님에 대해 말하고자 하는 바가 하느님의 총체적 초월에 대한 관심사에 묻혀 버릴 정도다. 하느님에 대해 이야기하고 싶어 하는 것은 그것이 무엇이든 간에 완전히 부적절하다는 것을 엑카르트는 이런 방식으로 우리에게 상기시켜 주고자 한다. 이와 같은 기교를 지닌 그 무엇을 우리 안의 신적 요소의 형상들(불꽃, 성채, 왕관)에서 볼 수 있다. 그런데 엑카르트가 사용하는 영혼의 '근저'와 '영혼 속 하느님 탄생'이라는 형상에는 상이한 특징이 있다. 여기서 그는 많은 이름을 사용함으로써 하느님의 초월을 분명히 하기보다는 **그러한 주제와 부합하는 우리 삶의 측면을 다룸으로써** 특정 관념을 인간의 체험 세계 안에 확고히 하는 데 관심을 둔다. 따라서 '근저'와 '탄생'이라는 두 가지 중심 형상은 엑카르트가 인간 체험의 다양한 영역을 담을 수 있는 '자루' 역할을 한다. 전자의 경우, 그 영역은 교부학과 중세 신학이 우리 안의 '하느님 형상'으로 존재한다고 특권을 부여한 우리 안의 요소다. 후자의 영역은 성화 은총이 작용하는 다양한 형태다. 이 다양성은 더 이상 표상되는 것the signified의 초월을 끌어내고자 표상하는 것the signifier을 다양하게 한다는 의미가 아니다. 이제 표상되는 것이 다양하다는 의미로, 이는 표상하는 것을 매우 풍요롭고 유연하며 폭넓은 형상으로 만들기 위함이다. 이 형상은 다채로운 표현력을 통해서 기능하기 시작하며, 우리는 이를 대개 시적

◀29 소이세의 견해이며 코흐의 견해이기도 하다. 코흐는 그룬트만에게 보낸 편지(1945년 1월 4일)에서 이렇게 썼다. "근본적으로, 내가 무척 존경하는 소이세의 판단이 옳았다. 엑카르트는 혼돈의 사상가였다"(Degenhardt, 285). 해석학 연구로 인해 최근에는 신학에서 은유(metaphor)의 역할에 대한 연구가 다양하게 이루어졌다. P. Ricoeur/E. Jüngel (Hgg.) *Metaphor: Zur Hermeneutik religiöser Sprache*, München 1974; J.M. Soskice, *Metaphor and Religious Language*, Oxford 1985; C.E. Gunton, *The Actuality of Atonement: A Study of Metaphor, Rationality and the Christian Tradition*, Edinburgh 1988 참조.

이미지가 지니는 환기성과 연관 짓는다.

  엑카르트가 자신의 은총신학과 우리 안의 신적 생명에서 완전히 새로운 무엇을 말하고 있다고 여긴다면 그것은 잘못이다. 사실상 그의 메시지는 당대의 스콜라학자들의 메시지와 매우 유사하다. 그러면서도 분명 새롭고 두드러진다. 말과 이미지에서 풍기는 풍부한 표현력, 자유로이 떠다니는 역동적 이미지들로 정신을 사로잡는 엑카르트의 능력 덕분이다. 그 이미지들이 이제 무한한 에너지를 지닌 개인의 영적 통찰력에 대한 지각을 전하는 것이다. 이 이미지들은 신학이라기보다는 개념시에 가깝다. 중세 신비신학 전반에 걸쳐 울림을 주면서도, 배우지 못한 청중의 상상력을 자극하기에 충분할 만큼 단순하고 환기적이다. '근저'와 '불꽃'이 인간 영혼과 영혼의 초월이 지니는 심오한 신비를 전달한다면, '탄생'은 하느님의 무한한 풍요와 역동성을 포착한다. 하느님의 변형시키는 은총 앞에 우리의 완전한 수동성을 제시하면서 우리와 하느님과의 합일이 지니는 직접성을 우리 앞에 제시하는, 주목하고 기억할 만한 이미지다.

7 · 합일의 영성

신성과의 합일에 대한 엑카르트의 의식이 어떻게 그의 형이상학적 신학을 관통해 들어가 그것을 신비롭고도 실존적인 그 무엇으로 만드는지를 고찰했다. 이와 같은 직관이 엑카르트의 신비적 합일의 신학을 형성하는 과정도 보았다. 이에 따르면, 하느님은 영혼의 바로 그 심층에 몸소 현존하신다. 이제 논의해야 할 엑카르트 '체계'의 셋째 영역은 그의 영성이다. 이 장에서 우리는 엑카르트의 합일의 신학과 합일의 표상이 세상에서 구체적 생활양식으로 이어지는 방식을 검토할 것이다. 따라서 여기서는 인간 실존과 우리가 살고 있는 세상에 대한 복잡한 체험이 강조된다.

전통

엑카르트의 '영혼 속 하느님 탄생'의 배경을 논하면서, 은총의 신화神化와 우리 안의 성령에 대한 교부들과 중세 신학자들의 이해를 다루었다. 중세에는 성령칠은(지혜, 통찰, 의견, 용기, 지식, 공경, 외경)이 크게 강조되었다. 여기에다 우리 삶의 토대를 하느님에 두게 하는 '대신덕'theological virtues/초월덕transcendental virtues, 즉 믿음과 희망과 사랑을 보탤 수 있다.

엑카르트의 영적 스승은 대개가 수도승 작가들이다. 중세를 통틀어 영성생활의 실제 모습에 가장 관심을 보인 이들은 수도승들이다. 수도승이 된다는 것은 특별한 영적 가치를 따르는 고유한 생활양식을 받아들이는 것이기도 했다. 이 가치는 중세 영성 문학에서 논의되고 해석되었다. 영성 문학은 수도승 작가들의 펜 끝에서 나온 것이 단연 압도적이다.

초기 수도승들은 금욕을 통한 절제와 우리를 동물과 구별해 주는 이성理性을 매우 중시했다. 이따금 영성생활은 육체의 욕구에 부단히 맞서는 것으로 드러나기도 한다. 나아가 사랑과 겸손은 현세 삶에서 우리의 영적 소명을 수행하는 주요한 방식으로 부각된다. 이 두 가지 모두 베네딕도『수도 규칙』제7장에서 각별히 강조된다. 여기서 베네딕도는 요한 카시아누스Ioannes Cassianus의 영향을 받았다. 요한 카시아누스는 초기 그리스 수도승 영성의 상당 부분을 서방세계에 전한 인물로, 『제도집』*Institutiones*(제11장)에서 겸손과 사랑의 주제를 폭넓게 다룬다. 클레르보의 베르나르두스나 기욤 드 생티에리 같은 후대의 수도승 저술가들도 베네딕도를 본받아 사랑과 겸손을 토대로 제각기 세련된 영성을 전개했다. 베르나르두스는 (사실상 베네딕도 수도 규칙 주해인)『겸손과 교만의 등급』*De gradibus humilitatis et superbiae*에서 겸손과 사랑이야말로 영성생활의 핵심 비전임을 제시한다. 12세기 카르투지오회의 귀고Guigo 2세는 『묵상』*Meditationes*에서 겸손을 으뜸으로 쳤고, 후세기 아시시의 프란치스코는 몸소 삶의 모범을 통해 가난과 겸손과 사랑이라는 주제를 고귀한 반열에 올려놓았다. 서방에서 가장 영향력 있는 영성신학자 가운데 한 사람인 생빅토르의 리카르두스는 『소小

벤야민』*Benjamin Minor*에서, 영혼이 사랑을 통해 하느님께 오르는 모습을 고전적이고 신학적으로 표현했다.[1]

서방 그리스도교의 영성적 가치는 물론 동방의 그것과 가깝지만 특징적 차이가 있다. 이를테면 그리스 사람들에게는 현세의 영성생활 개념이 한층 형이상학적이고 관념적이었다. 그들에게 덕스러운 삶이란 인간이 하느님의 특성에 참여한다는 관점에서 쉽게 이해되었다. 가장 오래되고 영향력 있는 한 가지 개념은 **아파테이아***apatheia*, 즉 '마음의 평정'으로, 그리스 교부들이 거듭 되돌아온 곳이 바로 여기였다. 스토아철학자들에게서 유래한 이 말은 그들이 바라던 내적 평정 상태를 의미했다. 그리스도교 사상가들은 이를 선뜻 받아들였다. 안티오키아의 이냐티우스Ignatius Antiochenus는 이 용어를 영광을 받은 그리스도에게 적용했고, 아테나고라스Athenagoras는 하느님에게 사용했다. 알렉산드리아의 클레멘스에게는 영적 여정의 마지막에 성취하는, 그리고 하느님과의 '동등'을 이루는 무감無感(impassibility)의 경지를 의미하기에 이른다. 클레멘스에 따르면, 완전해진 그리스도인은 어떠한 격정이나 감정에도 방해받지 않는, 하느님 같은 평온 상태에 머무른다. 수도승 작가 폰투스의 에바그리우스Evagrius Ponticus에게 **아파테이아**는 명상의 종착지다. 온갖 격정과 이미지와 사고를 초월하여 무형한 신성에 대한 직관에 들어갈 때, **아파테이아**는 우리에게 온다. 다른 그리스 교부들은 더욱 실용적인 견해를 취하면서, 그리스도인 삶의 여타 뛰어난 덕들 그리고 영육 간 투쟁이라는 맥락에 아파테이아를 두었다. 아타나시우스에게는 그것이 당신 아들의 강생 공로로 우리에게 주어지는 하느님의 위대한 선물인 반면, 니사의 그레고리우스에게 **아파테이아**는 원죄로 인한

---

[1] DS vol.VII i, cols.1136-87의 '겸손'에 대한 논문.

타락 이전의 인간 본연의 상태이기에 교회에서의 회개와 세례로써 원래 모습을 회복해야 했다. 서방에 상당한 영향력을 행사한 7세기의 위대한 교부 고백자 막시무스에게 **아파테이아**는 영성생활의 토대이며 절제와 사랑 두 가지 모두의 결실이다. **아파테이아**라는 용어는 그리스 교부들에게서 폭넓게 사용된 것은 물론이거니와, 다양한 맥락에서 여러 의미를 포괄한다고 말할 수 있다.[2] 엑카르트가 사용하는 **초탈**abegescheidenheit이라는 용어도 유사한 부분이 많다.[3] '마음의 평정'처럼 '초탈'도 광범한 개념이다. 게다가 근본적으로 형이상학적 차원과 윤리/수덕적 차원 모두에 걸쳐 있다. 따라서 엑카르트의 이 용어는 그를 주류 서방 작가들과 구별하는 역할을 한다. 그들에게 윤리의 형이상학적 차원은 명시적이기보다는 묵시적인 데 반해, 엑카르트의 **초탈**은 겸손과 복종과 사랑에 대한 전통적 강조를 포용한다고도 볼 수 있다. 겸손과 복종과 사랑은 수덕적 이상의 토대다.

초탈과 형이상학

엑카르트는 세상에서 우리 자신이 '초탈한' 존재인 것과 영혼 안에서 하느님이 형이상학적으로 탄생하시는 것 사이에 분명한 연관이 있다고 생각했다. 다음에서 우리는 우리 안의 하느님 탄생이 곧 하느님 안으로 되돌아가는 우리의 탄생임을 확인한다.

영혼이 지금 현재에 있다면, 아버지는 영혼 안에서 당신 외아들을 낳으신

---

[2] *Apatheia*에 관해서는 DS vol.I, cols.727-46 참조.
[3] 엑카르트는 이 개념을 표현하기 위해 abegescheidenheit 말고도 gelassenheit(초연), demuot(겸손), geistliche armuot(영적 가난)을 쓰기도 한다. 이들은 넓은 의미에서 모두 동의어다. 하지만 최고의 형이상학적 의미로 초탈의 뜻을 전하려고 할 때 엑카르트가 주로 사용하는 단어는 abegescheidenheit다.

다. 그 동일한 탄생으로 영혼은 하느님 안으로 되돌아간다. 그것은 하나의 탄생이다. 영혼이 하느님 안으로 되돌아가 탄생하는 만큼 빈번히 아버지는 영혼 안에서 당신 외아들을 낳으시는 것이다(W 66; 79 참조).

이는 "하느님은 당신 밖에서 당신 안으로 당신 자신을 낳으시면서 당신 자신을 당신 안으로 다시 낳으신다"(W 79)는 간략한 표현을 설명하는 것이다. 그리고 또다시 영혼의 **세상 밖으로의** 탄생으로 이어진다. "인간은 이중으로 탄생한다. 하나는 세상 안으로의 탄생이고 다른 하나는 세상 밖으로의 탄생이다. 세상 밖으로의 탄생은 영적 탄생이며 하느님 안으로의 탄생이다"(W 7).

엑카르트는 참된 초탈이란 영이 창조된 영역을 초월하는 것을 의미한다고 단호히 주장한다. "우리의 모든 완전성과 온갖 천상 행복은 우리가 모든 피조물과 존재를 가로지르고 초월하여 근저 없는 근저로 들어가느냐에 달려 있다"(W 80). 그런데 엑카르트는 영혼이 한곳에서 참다운 초탈을 얻지 못하도록 방해하는 세 가지 상태를 구체적으로 제시한다.

> 첫째, 영혼이 산만하고 통일되어 있지 못할 때다. 영혼은 피조물에 끌릴 때 통일되지 못한다. 둘째, 영혼이 현세 사물들과 관계하고 있을 때다. 셋째, 영혼이 육체를 향할 때다. 이때 영혼은 하느님과 일치할 수 없다(W 85).

엑카르트가 초탈을 얼마나 형이상학적인 관점에서 생각하는지를 잘 드러내 주는 구절이다. 세 가지 모두 우리가 반드시 벗어나야 하는, 인간 실존의 구체적 육체성과 관련된다. 육체의 감각을 통해 영은 피조물의 차원에 붙들려 있으며, 자신의 고유한 잠재력을 실현하는 데 자유롭지 못하다. 영혼은 그 참된 본성이 무형이고 (따라서) 신적이지만, 형상들을 통해 세상과 연계됨으로써 제약과 속박을 받는다. 영혼은 고유한 무형의 (따라서 '창조되지 않은') 본성을 실현하기 위해 자유로워야 함에도 (창조된) 형상들로 차 있다. 신성을 받아들이는 '초탈'의 과정은 동시에 신화神化의 과정이다. "죽임을 당해 완전히 죽고, 자아가 없고, 무엇과도 닮지 않아야 한다. 그래야만 참으로 하느님처럼 된다. 누구와도 비할 데 없고 같지 않은 것이 하느님의 특성, 하느님의 본성이기 때문이다"(W 16). 신화에 대한 같은 견해가 「초탈에 관하여」라는 논고에서도 명확하게 제시된다.[4]

> 이제 그대는 물으리라, 그 자체로 그토록 고귀한 초탈이란 무엇이냐고 …. 참된 초탈이란 이러하다. 거대한 납덩이가 미풍에 꿈쩍도 않듯이, 기쁨이나 슬픔, 영예, 굴욕, 부끄러움이 한꺼번에 공격해 와도 영은 꿈쩍하지 않는다. 꿈쩍 않는 초탈이야말로 사람을 하느님과 가장 닮게 해 준다. 하느님이 정녕 하느님일진대, 하느님은 그 초탈을 당신의 꿈쩍 않는 초탈로부터 지니고 있으며, 이 초탈로부터 하느님은 당신의 순수성과 단순성과 불변성을 지닌다(DW V, 411f).

이 관점에 따르면, 영혼의 '능력'은 세상과 영혼이 연관되어 있음을 드러내며, 그 능력은 하느님을 닮은 영혼의 '본질'과 대조된다. 영혼의 본질은 모

---

[4] 「초탈에 관하여」의 친저성은 논쟁거리였고 지금도 여전하다. Josef Quint는 Das Echtheitsproblem des Traktats 'Von abegescheidenheit' (in *La Mystique rhénane*, 39-57; DW V, 392-7)에서 이 작품의 친저성을 논증하면서 Alois Haas (1989, 400)와 견해를 같이한다. Kurt Ruh는 판단을 유보했다[Eduard Schäfer에 대한 그의 비평은 Eduard Schäfer, "Meister Eckharts Traktat 'Von abegescheidenheit'", *Zeitschrift für deutsche Philologie*, 78 (1959) 100-5; 1985, 165ff 참조]. 작품 형식은 때로 다른 사람 것인 듯하지만 내용은 엑카르트 것이라는 공감대가 있다. 여기서는 Clark/Skinner, 163f를 인용했다.

든 활동과 모든 창조된 표상을 넘어선다.

그것이 무엇이든 영혼은 자신의 능력을 통해 영향력을 행사한다. 영혼이 무엇을 이해하는 것은 지성으로써 이해하는 것이다. 영혼이 무엇을 기억하는 것은 기억으로써 기억하는 것이다. 영혼이 사랑한다면 의지로써 그리하는 것이다. 따라서 영혼은 자신의 본질로써가 아니라 자신의 능력으로써 작용한다. 모든 외적 행위는 **수단**과 결부되어 있다. 시력은 눈을 통해서만 작용한다. 눈이 아니라면 시력은 무용하다. 다른 모든 감각도 마찬가지다. 영혼의 온갖 외적 행위는 **수단**의 영향이다. 그러나 영혼의 본질에는 아무런 활동도 없다. 영혼의 능력은 존재의 근저로부터 나온다. 그 근저에 고요한 '중심'이 자리한다. 이곳에서는 탄생과 행위를 거행하고 휴식할 뿐이다. 아버지 하느님께서 당신 말씀을 말씀하실 수 있도록 하기 위함이다. 그곳은 본성상, 매개 없는 신적 본질 말고는 아무것도 받아들이지 않는다(W 1).

근저와 능력을 양분한 엑카르트는 우리의 감각 활동, 오감을 통한 세상과 피조물 인식은 근저의 초월과 반대된다고 강조한다.

하느님 말고는 누구도 영혼의 근저에 닿을 수 없다. 어떤 피조물도 영혼의 근저에 들 수 없으며, 반드시 바깥의 '능력'에서 멈춰야 한다. 안에서, 영혼은 피조물을 끌어들여 거처로 삼은 그 형상을 또렷이 본다. 영혼의 능력이 피조물과 접촉할 때마다 그 능력은 피조물과 닮은 형상을 만들어 흡수한다. 영혼의 능력은 이런 방식으로 피조물을 인식한다. 어떤 피조물도 이보다 더 가까이 영혼에 다가올 수 없다. 또 영혼은 먼저 자발적으로 피조물의 형상을 자신 안에 취하지 않고서는 결코 피조물에 다가가지 않는다(W 1).

'근저'의 영성은 의식의 중심이 감각과 표상으로부터 물러나 세상을 초월하는, 영혼의 그곳으로 들어가는 데 토대를 둔다. 엑카르트 신비주의 핵심이 바로 이 초월 영성이다.

> 능력이 모든 활동과 형상으로부터 완전히 물러나면, **그제야** 말씀이 발설된다. … 그대가 그대의 능력으로 더 완전하게 일치에 다가갈수록, 그대가 흡수한 모든 형상을 더욱더 잊어 갈수록, 또 그대가 피조물의 형상들로부터 점차 멀어질수록 그대는 말씀과 더 가까이 있게 되고 말씀을 더 쉽게 받아들이게 된다(W 1).

엑카르트는 하느님 당신이 아무것도 아니듯이 우리도 '무'nothing가 되라고 도처에서 촉구한다. "하느님의 본성은 어느 누구와도 **같지** 않기 때문에, 우리가 그분과 똑같은 본성에 들어가기 위해서는 **무**의 상태가 되어야 한다"(W 7). 우리는 시간과 장소라는 영역을 떠나야 한다. 이 영역들은 우리 존재를 구체적으로 규정하는 것들로서 하느님의 초월성과는 이질적이다.

> 영혼이 하느님을 알지 못하도록 방해하는 데 시간과 장소만 한 것이 없다. 시간과 장소가 파편이라면 하느님은 **하나**다. 영혼이 하느님을 알려면 시간과 장소를 넘어서야 한다. 하느님은 잡다한 사물들처럼 이러저러하지 않다. 하느님은 하나다(W 69).

엑카르트는 우리가 **구체적**('이러저러한') 존재에서 벗어나 벌거벗은 **보편적** 인간 본성으로 들어가야 한다고 말한다.

인간성과 인간은 다르다. 인간성은 그 자체로 매우 고귀하고 그 정점은 천사들과 동등하며 하느님과 비슷하다. 그리스도께서 아버지와 이루신 가장 긴밀한 합일, 나도 그것을 이룰 수 있다. **이러저러한** 것에서 벗어남으로써만 나의 인간성을 실현할 수 있다(W 10).

그리스도께서 취하시고 신화神化하신 것은 보편적 인간 본성이다. 따라서 우리의 본성에서 '우유적'偶有的(accident)이거나 이차적인 것으로부터 벗어나 이 보편적 인간 본성에 들어감으로써 우리는 그리스도와 일치한다.

아들이 되기 위해, 그대 안에서 구별되는 것이라면 무엇이든 버리고 떠나야 한다. 인간은 본성상 '우유적'이다. 그러니 그대에게서 우유적인 것은 모두 없이하고 나뉠 수 없는 인간 본성의 자유로 그대 자신을 취하라. 그대가 취한 본성을 영원한 말씀이 취함으로써 그 본성이 영원한 아버지의 아들이 되었기에, 하느님이 되신 그 본성으로 그대 자신을 취함으로써 그대는 그리스도와 함께 영원한 아버지의 아들이 된다. 그러므로 그대는 자신을 이러저러한 사람으로서 취하지 말고 그대의 자유롭고 나뉠 수 없는 인간 본성에 따라서 취하라(W 47).

우리는 자신의 구체적 본성이 지닌 확정성確定性(determinacy)을 깨뜨림으로써 일종의 보편 의식을 얻는다.

이러저러한 것은 모든 것이 아니다. 내가 이러저러하거나 또는 이러저러한 것을 가지고 있는 한, 나는 모든 것이 아니며 모든 것을 가지고 있지도 않다. 이러저러한 것이기를 그치고 이러저러한 것을 가지기를 멈추라. 그러면 그대는 모든 것으로서 모든 것을 가지며, 여기에도 있지 않고 저기에도 있지 않으며 도처에 있게 된다. 그러므로 그대는 이것도 아니요 저것도 아닌 온갖 것이다(W 49).

초탈과 덕

엑카르트는 본질적으로 형이상학적 범주에서 초탈을 다루고 있지만 초탈의 윤리성을 언급하는 구절도 많다. 다음에서 보편적 존재에 대한 우리의 관념은 특정한 윤리적 입장으로 이어진다.

한층 더 어려운 것이 있다. 모든 매개로부터 자유롭게 벌거벗은 본성으로 존재하려면 모든 인격적 차별을 버려야 한다. 한 번도 본 적 없는 바다 저 편 사람에게도 가까운 친구 대하듯 호의적이어야 한다. 그대가 본 적 없는 그 사람보다 그대 자신의 인격만 귀하게 여기는 한 그대는 결코 옳지 못하며, 단 한순간도 이 순일한 근저를 들여다보지 못할 것이다(W 13b; 74 참조).

여기서 엑카르트는 우리 의식의 불특정성, 우리 구체적 존재(아리스토텔레스적 의미의 '우유')의 발산을 우리가 다른 이들을 우리 자신처럼 사랑하라고 촉구하는 토대로 이용한다. "내가 나 자신으로부터 완전히 초탈하여 단 하나의 사랑을 가진다면, 나는 만물을 똑같이 사랑하게 될 것이다 …"(W 74). 이를 행하지 않는 것은 무엇인가 잘못되었다는 확실한 표징이다.

(자신이 원하든 원하지 않든 간에) 마땅히 하느님을 사랑하는 사람, 모든 피조물과 더불어 하느님을 사랑하는 사람은 누구나, 이웃을 자기 자신처럼 사랑한다. 이웃의 기쁨을 자기 일처럼 기뻐하고, 그의 영예를 자기 영예만

큼 바라며, 낯선 이를 자기 자신인 양 사랑하게 **마련**이다. … 다른 이의 영예보다 그대 자신의 영예에서 더 기쁨을 얻는 것은 진정 잘못임을 알아야 한다(W 40).

모든 사람에게 공평하게 자비로우신 하느님을 닮고자 하는 우리는 더더욱 다른 이들을 우리 자신처럼 사랑해야 한다.

존재로서의 하느님은 모든 피조물에게 제각기 받아들일 수 있는 만큼 당신 자신을 쏟아 부으신다. 우리가 하느님에게서 받은 전부로써 모든 피조물을 똑같이 사랑하라는 훌륭한 교훈이다. 어떤 사람이 친분이나 우정으로 자연히 우리와 더 가깝더라도 우리는 동일한 선과 관련한 신적 사랑으로 모든 피조물에게 한결같이 호의를 베풀어야 한다. … 이렇게 하느님은 온갖 피조물을 똑같이 사랑하시며 당신 존재로 그들을 채우신다. 우리 역시 모든 피조물에게 사랑으로 우리 자신을 쏟아 부어야 한다(W 88).

무엇보다도 초탈은 우리로 하여금 다른 모든 이를 똑같이 사랑하게 해 주고, 그다음으로는 겸손을 실천하게 해 준다. 엑카르트는 형이상학적 초탈의 관점보다는 오히려 고전적 겸손이라는 한결 윤리적인 관점에서 우리 자신의 비움을 수차례 언급한다.

천상의 능력은 지상의 제아무리 낮은 곳이더라도 그곳에서 가장 많은 기회를 얻어 효과적으로 활동할 수 있듯이, 하느님은 크나큰 활동과 당신 닮은 모습을 겸손한 마음에서 찾아내신다. 그분은 우리에게 참다운 겸손과 참다운 벌거벗음의 근저로 들어가라고, 또 우리가 본디 소유하지 않은 온갖 것

(죄와 결점)과 본디 소유했더라도 애착에서 비롯된 것이라면 죄다 버리라고 가르치신다(W 46).

엑카르트는 겸손에 따른 비움의 이미지를 충만한 하느님 현존에 대한 기대로 제시하기도 한다.

이는 모든 피조물을 자신 안에 받아들이고 자기 자신을 하느님께 맡기는 참으로 겸손한 사람에게도 마찬가지다. 선하신 하느님은 거두어들이지 않으시고 당신 자신을 그 사람 안에 충만히 쏟아 부으신다. 하느님은 이러하시지 않을 수 없기에 반드시 이를 행하시는 분이다.

엑카르트가 우리와 하느님과의 합일의 토대로 겸손을 내세우는 구절이 이어진다. 여기서 겸손은 본질적으로 초탈과 같은 의미다.

진실로 겸손한 사람 안에서 만사가 성취될 것이라고 나는 파리 대학에서 밝힌 바 있다. 태양은 하느님을 상징한다. 헤아릴 길 없는 신성을 지닌 지극히 높으신 분이 깊은 겸손으로 가장 낮은 데에 임하시는 것이다. 참으로 겸손한 사람은 무언가를 위해 하느님께 기도할 필요가 없다. 그는 하느님께 명령할 수 있다. 마카베오 공동체에서 말했듯이 지고한 신성이란 깊은 겸손을 추구하는 것과 다르지 않다. 겸손한 사람은 하느님과 하나다. 겸손한 사람은 하느님에게 그분 못지않은 능력을 행사한다. 그리고 천사들에게 있는 것이라면 겸손한 사람도 가지고 있다. 하느님의 일은 곧 겸손한 사람의 일이며, 하느님에게 해당하는 것이면 그에게도 해당한다. 같은 생명, 같은 존재인 것이다(W50).

겸손이 여러 덕 중에서도 탁월하며 엑카르트의 초탈에 가깝다는 점이 명확히 드러나는 글이 이어진다. "겸손이라는 덕은 신성의 근저에 뿌리를 두었기에, 그 덕은 그곳에서 자신의 존재를 다른 어느 곳도 아닌 오로지 영원하신 한 분 안에 심어 두었다"(W 51). 마지막으로, 우리의 '창조된' 영역의 형이상학적 초월은 동시에 우리의 물리적 욕구의 극복이라는 점을 엑카르트가 분명히 밝히는 구절을 소개한다.

> 사람이 지닌 동물의 욕정과 갈망은 영혼의 지고한 능력 안으로 수렴되어야 한다. 영혼이 피조물 위로 들어 높여지지 않는 한, 성령이 영혼 안으로 들어오거나 그 안에서 활동할 수 없다. 하느님에 의해 이루어지는 모든 신적 활동을, 그는 시간과 장소를 뛰어넘어 영적으로 수행해야 한다. 물질은 신적 유입을 더럽히는 까닭이다. 영적 피조물에 쏟아지는 신적 빛은 생명을 낳는다. 그러나 물질에 비치면 빛은 꺼지고 완전히 소멸할 것이다(W 75).

초탈과 인간 체험

일상에서 초탈 과정은 자기 의지를 포기하는 데서 시작된다. 동료 도미니코회원들을 위해 쓴 『강화』에서 엑카르트는 순명에 대해 이렇게 말한다.

> 자기 것을 순명으로 버릴 때, 하느님은 반드시 다시 들어오신다. 자신을 위해서 아무것도 원하지 않으면, 하느님은 당신 자신을 생각하시는 것과 똑같은 방식으로 그 사람을 생각하신다. 내 의지를 장상 손에 맡기고 나 자신을 위해서는 아무것도 원하지 않으면, 하느님께서는 반드시 나를 기억하신다. 그분이 내게 소홀히 하시는 것은 곧 당신 자신에게 소홀히 하시는 것이다(DW V, 187).[5]▶

과연 자신의 의지를 버림으로써만 우리는 하느님을 소유하며 하느님이 우리를 소유하신다고 확신할 수 있다.

> 자신의 의지를 온전히 하느님께 맡겨 드리는 사람에게 하느님은 당신 의지를 답례로 주신다. 너무나 송두리째, 너무나 진실로 그러하시기에 하느님의 의지는 그 사람의 의지가 되며, 그의 의지가 아닌 것은 행하지 않으리라고 하느님은 당신 자신을 걸고 맹세하셨다. 하느님은 먼저 당신 소유가 되지 않은 사람에게는 결코 소유되지 않으신다(W 10).

인간적 의지를 버리는 것은 사물을 소유하려는 의식을 버리는 것이다. 이 소유 의식은 자아에서 나온다.

> 하느님이 주시는 모든 선물에서 우리의 자의식을 없애는 법을, 아무것도 소유하지 않는 법을, 이익·기쁨·영성·단맛·보상·천국·의지에 이르기까지 그 무엇도 추구하지 않는 법을 배워야 한다. 하느님은 당신 스스로의 의지 없이 그 누군가의 의지에 따라 그에게 들어가신 적이 결코 없다. 그분은 당신 자신의 뜻이 드러나는 데마다 당신을 내주시며 온전한 당신으로 들어가신다. 자신을 벗으면 벗을수록 우리는 그분에 가까워진다(DW V, 281).

따라서 엑카르트는 어떠한 것도 영구히 우리 소유로 여겨서는 안 된다고 주의를 환기시킨다.

---

[45] 『강화』에서 인용한 대목으로, 향후 번역될 *Selected Works of Meister Eckhart*, Penguin Classics, Harmondsworth에서 취했다.

우리는 사물을 지닐 때 얻은 것이 아니라 빌린 것처럼 여겨야 한다. 육체·정신·감각·기능·재물·영예·친구·친척·집·땅 모두 마찬가지다.

　이로써 하느님께서 의도하시는 바가 무엇이며, 그토록 바라시는 바가 무엇일까? 그것은 하느님 당신만이 우리의 유일한 소유가 되는 것이다. 이것이야말로 그분이 온전히 뜻하시고 바라시는 바다. 여기에 그분의 모든 갈망과 기쁨이 있다. 이를 더욱 충만하고 완전하게 성취하실수록 그분의 천상 행복과 기쁨은 커져만 간다. 다른 것들을 많이 소유할수록 우리는 그분을 적게 소유하게 된다. 다른 것들을 적게 사랑할수록 그분이 우리에게 가져다주시는 모든 것과 함께 그분을 더 많이 소유하게 된다(DW V, 295f).

엑카르트식 초탈은 완전한 자아 포기다. 여기서 자아 포기와 자아 의식 포기, 소유 의식 포기는 한가지다.

다른 모든 것에 우선하는 것이 이것이다. 그대는 그 무엇에 대해서도 소유권을 주장하지 말라! 그대 자신을 놓아주고 하느님께서 그대와 함께 그대 안에서 당신이 뜻하시는 대로 행동하시게 하라. 이 행위가 그분 것이고, 이 말이 그분 것이며, 이 탄생이 그분 것이니 과연 그대에게 속한 하나하나가 전부 그러하다. 그대는 자아를 포기함으로써 그대 (영혼의) 능력과 활동, 그대 개인의 본성으로부터 빠져나왔기 때문이다. 그러므로 하느님은 틀림없이 그대의 존재와 능력 안으로 들어오신다. 모든 소유를 포기하고 광야가 되어 버린 그대에게로 …(W 3).

피조물의 무와 초탈의 필요성에 대한 확신으로 엑카르트는 행위를 철저히 비판한다. 행위는 너무나 쉽사리 소유 대상이 된다는 것이다.

> 의인은 자신의 행위에서 아무것도 추구하지 않는다. 행위에서 무언가를 추구하거나 어떤 '이유' 때문에 행위를 하는 사람은 노예나 삯꾼이다. 따라서 그대가 의義로 충만하여 의롭게 변모하고자 한다면, 행위에 딴 목적을 두지 말고, 시간과 영원, 보상과 축복, 이것과 저것에 관해 어떤 '이유'도 달지 말라. 진실로 **그와 같은** 행위는 죽은 것이다(W 59).

엑카르트는 행위가 구체적 시공간에 속한다고 본다. 따라서 행위는 생겨나자마자 소멸한다. 행위에는 지속할 아무런 것이 없다.

> 행위는 그 자체로 소멸하는 것이라 존재를 소유하지 않고, 행위가 발생하는 그 시간을 소유하지도 않는다. 그러므로 행위는 선하거나 거룩하거나 복되지 않다. 행위의 열매를 시간이나 업적이 아닌 좋은 습성으로 간직한 사람이 오히려 복되다. 영이 그 자체로 영원하듯이 좋은 습성은 영과 함께 영원하며 영 그 자체다(W 15).

> 무엇을 할 것인가 고민하기보다 자신이 어떤 존재여야 하는지를 고민해야 한다. 우리가 선하다면 우리 행위는 빛을 발할 것이다. 우리가 의롭다면 우리 행위도 의로울 것이다. 무엇을 하느냐가 아니라 어떤 존재이냐에 성성聖性의 토대를 두어야 한다. 행위가 우리를 성화시키는 것이 아니라 우리가 행위를 성화시키는 것이다(DW V, 197f).

엑카르트는 하느님께 이르는 길과 하느님 자체를 혼동하지 말라고 타이르면서, 영적·수덕적 성취에 대한 자만을 경고한다.

난롯가나 마구간에서보다 묵상과 신심 행위, 무아경, 특별한 은총을 통해 하느님을 더 많이 체험할 것으로 여기는 사람이 있다면, 그는 하느님 머리에 망토를 덮어씌우고 그분을 의자 밑으로 밀어 넣는 셈이다. 특별한 방식으로 하느님을 찾으려 하다가는 그분을 놓치고 만다. 하느님은 숨어 계시다. 특별한 궁리 없이 하느님을 찾는 사람만이 그분을 만난다. 하느님이 그 사람 안에 계시기 때문이다. 그 사람은 하느님의 아들과 더불어 산다. 그리고 그는 생명 자체다(W 13b).

따라서 특별한 신심 행위가 우리와 하느님과의 합일을 방해한다고 느껴진다면 그것을 버리라는 엑카르트의 주장은 놀라울 것이 없다. 외적 실천은 내적 실재로 대체된다. "실로 내적 훈련이 잘되어 있다면, 모든 외적 훈련을 단호히 버려라"(W 3). 엑카르트는 여기서 모든 영적 실천의 궁극적 내면성을 제시하면서도, 행위가 영성생활에 필수 불가결하다는 점도 애써 강조하고 있다.

행위에서 자유로워지기를 바라는 사람들이 있다. 단언컨대 결코 그리될 수 없다. 제자들은 성령을 받고 나서 선을 행하기 시작했다. 마리아는 우리 주님 발치에 앉아 배우고 있었다. 어떻게 살아야 하는지를 막 배우기 시작한 것이다. 훗날 그리스도께서 하늘로 가시고, 마리아는 성령을 받은 다음 봉사하기 시작했다. 그녀는 바다 건너까지 다니며 설교하고 가르쳤다(W 9).

엑카르트는 우리에게 무엇을 주셔야 한다고 하느님께 청함으로써 기도를 '행위'의 우상으로 변질시키지 말아야 한다고 강조한다. "그대가 하느님께 피조물을 청하는 것은 그대 자신에게 해악害惡을 청하는 것이다. 피조물은 태어나는 순간부터 자신 안에 비통, 고뇌, 악, 걱정거리를 지니기 때문이다"(W 11). 나아가 엑카르트는 이렇게 말한다. "나는 단연코 하느님께 무언가 주십사 기도하지 않을 것이며, 하느님께서 내게 주신 것에 대해 그분을 찬양하지도 않을 것이다. 하지만 내가 받을 자격이 있게 해 주십사 하느님께 기도할 것이고, 틀림없이 주시고야 마는 본성과 본질을 지니신 분이기에 하느님을 찬양할 것이다"(같은 곳).

그런데 엑카르트는 일상생활에서 고난에 응답하는 방식을 통해 초탈의 원리가 우리 안에 작용한다고 본다. 그는 우리가 인생의 영고성쇠 저 너머 평온한 곳에 도달해야 한다고 단호히 주장한다.

> 인간의 모든 완전성은 피조물에게서 벗어나 자유로워지고, 모든 일에 한결같이 응답하며, 역경에 위축되거나 성공에 동요하지 않고, 어떤 일에 유독 기뻐하지도 놀라지도 슬퍼하지도 않는 것이다(LW IV, 694).

"모든 일에서 똑같이 하느님을 사랑"해야 한다. 그래야 "변하지 않고 흔들림 없으며 영원토록 견고하신" 하느님처럼 될 수 있다(W 49). "부요하거나 가난하거나, 아플 때나 건강할 때나 똑같이 하느님을 사랑하라. 유혹이 있거나 없거나, 고통이 있거나 없거나 똑같이 그분을 사랑하라"(W 18).

그러나 엑카르트는 무엇보다도 우리가 초탈을 깨달아 심화시키는 기회가 고난에 있다고 본다. 그는 우리의 여정에서 부딪히는 물리적·외적 고난에 어떻게 응답해야 하는지를 인상 깊게 서술한다.

> 자신의 영혼, 밀알을 예수 그리스도의 인성人性의 밭에 뿌리고 그것이 썩어 많은 결실을 맺기를 바라는 사람에게는 두 가지 방법이 있다. 우선 육체

적인 방법, 다음은 영적인 방법이다. 육체적인 방법은 이렇게 이해해야 한다. 제아무리 허기와 갈증, 추위, 더위, 부당한 조롱과 고난을 겪는다 해도, 또 하느님께서 어떤 시련을 주시더라도 흔쾌히 받아들여야 한다. 하느님께서 그를 창조하신 것은 그가 고난과 불편과 수고를 견디어 내고, 자신을 위해서는 아무것도 추구하지 않으며, 하늘과 땅에서 그 무엇도 바라지 않게 하기 위함인 듯하다. 또 그가 자신의 모든 고난을 하찮은 것으로, 거친 바다에 떨어진 물 한 방울에 불과한 것으로 여겨야 하는 것이기도 하다. 이것이 예수 그리스도의 큰 고난에 비추어 그대의 모든 고난을 보아야 하는 방식이다. 그때에야 그 낟알, 그대의 영혼은 예수 그리스도의 인성이라는 숭고한 밭에서 풍성한 결실을 맺고 썩어 없어져 온통 자아를 잊게 될 것이다.

하느님 뜻에 대한 이 철저한 순명은 내적 영역에서도 필수적이다. 거기에서 우리는 더욱 미묘한 고난과 마주친다.

이제 영, 밀알이 풍부한 결실을 맺는 둘째 방법을 살펴보자. 하느님께서 그에게 허락하시는 모든 영적 굶주림과 쓰라림을 참고 견뎌야 할 것이다. 그는 내·외적으로 가능한 모든 것을 수행하고 나서는 아무것도 바라지 말아야 한다. 하느님께서 그를 멸절시키거나 지옥에 던져 버리려 하실지라도 하느님께 살려 달라거나 지옥에서 구해 달라고 청해서는 안 된다. 자기는 존재하지 않는 것처럼 하느님이 그대와 더불어 하시고자 하는 바, 하느님이 뜻하시는 바를 도와드려야 한다. 하느님의 능력이 당신의 창조되지 않은 본성 안에서 절대적이듯이 그대의 모든 것 안에서 절대적이어야 한다.

엑카르트는 우리가 영적 합일이라는 달콤한 위안에 빠져 하느님을 향한 여정에서 꾸물거리지 않도록 거듭 주의를 환기시킨다. 그것이 우리를 방해할 수 있다는 것이다. 2세기 뒤 십자가의 성 요한도 그와 유사한 가르침을 남겼다.

> 그대가 지녀야 할 것이 하나 더 있다. 하느님이 그대를 내적 가난에서 해방시켜 내면의 부와 은총을 주시고 그대 영혼이 견디어 낼 수 있는 한 그대를 당신 자신과 일치시키려 하신다 해도, 그대는 이런 부에서 벗어나 하느님께만 영광을 드려야 한다. 그대 영혼이 텅 비어 있을 때 하느님께서는 아무것도 아닌 그곳에서 그대 영혼을 무엇인가로 창조하지 않으셨던가(W 89).

결론

엑카르트가 제시하는 '영혼의 불꽃'과 '영혼 속 하느님 탄생' 개념이 일련의 형이상학적이고 영적인 의미를 전달하는 인상적 은유라면, **초탈**이라는 표현도 그렇다고 볼 수 있다. 우리는 앞에서 같은 의미의 주제와 문제 전반을 살펴보았다. 초탈은 곧 하느님에 대한 우리의 닮음이자 피조물로서 우리의 무이며, 하느님 뜻에 우리를 내맡김, 모든 사람에 대한 똑같은 사랑, 겸손인 것이다. 무엇보다도 초탈은 형이상학적 영역과 윤리적 영역 둘 다에 걸쳐 있는 용어로, 엑카르트 가르침의 매우 독특한 색조를 반영한다.[6] 엑카르트 이전과 이후의 서구 사상가들은 자신들의 수덕신학에서 형이상학에 대해 그다지 깊은 관심을 두지 않는 것이 일반적이었다. 그런데 엑카르트에게서 윤리 활동 체계의 결정적이고 확고한 형이상학적 관점이

---

[6] Dietmar Mieth (1969)는 특히 엑카르트의 작품에서 윤리적 영역과 존재론적 영역의 궁극적 일치 문제를 규명했다. Dietmar Mieth, "Meister Eckhart: Authentische Erfahrung als Einheit von Denken, Sein und Leben", in: A. Haas/H. Stirnimann (Hgg.) 1980, 11-61 참조.

드러난다. 엑카르트에게 초탈은 '영혼 속 하느님 탄생', 그리고 우리 내면의 하느님을 닮은 본질의 현실화에서 기인하는 삶의 형태다. 따라서 진심어린 의미에서 '초탈한' 방식으로 산다는 것은 세상에서 살지만 세상에 속해 있지 않은 것이다(요한 17장 참조). 그러나 초탈과 실존(또는 '일상')이라는 두 경험의 범주는 균형이 유지되어야 한다. 초탈한 삶에 관한 엑카르트의 일부 견해가 다분히 이상적일지라도 형이상학적 차원은 인간의 실제 삶에서 끊임없이 검증된다. 현실 세계의 투쟁과 덕행의 삶을 실천하지 않고도 우리가 본질적으로 하느님과 일치할 수 있다고 여긴다면 엑카르트를 대단히 잘못 이해한 것이다. 그가 이러한 투쟁을 깊이 다루지는 않았더라도 그의 저작 전반에 걸쳐 드러난다. 동시에 엑카르트는 우리의 성화가 외적 문제라거나 우리 자신의 에너지와 능력을 통해 실현할 문제라는 관념에 도전을 제기한다. 윤리적이고 수덕적인 모든 진보는 우리 존재의 심층에 있는 하느님의 지고하고도 은총 가득한 개입, 곧 '영혼 속 하느님 탄생'에 뿌리를 두고 있다는 견해를 그토록 체계적이고 명백하게 단언한 교회 스승은 드물다. 엑카르트는 자신의 모든 수덕적 가르침에서 이를 우리에게 상기시켜 준다. 그러면서 "이질적이고 부도덕한 것들로부터 인간을 지키고 보호해 주는"(W 3) 행위 역시 간과하지 않는다.

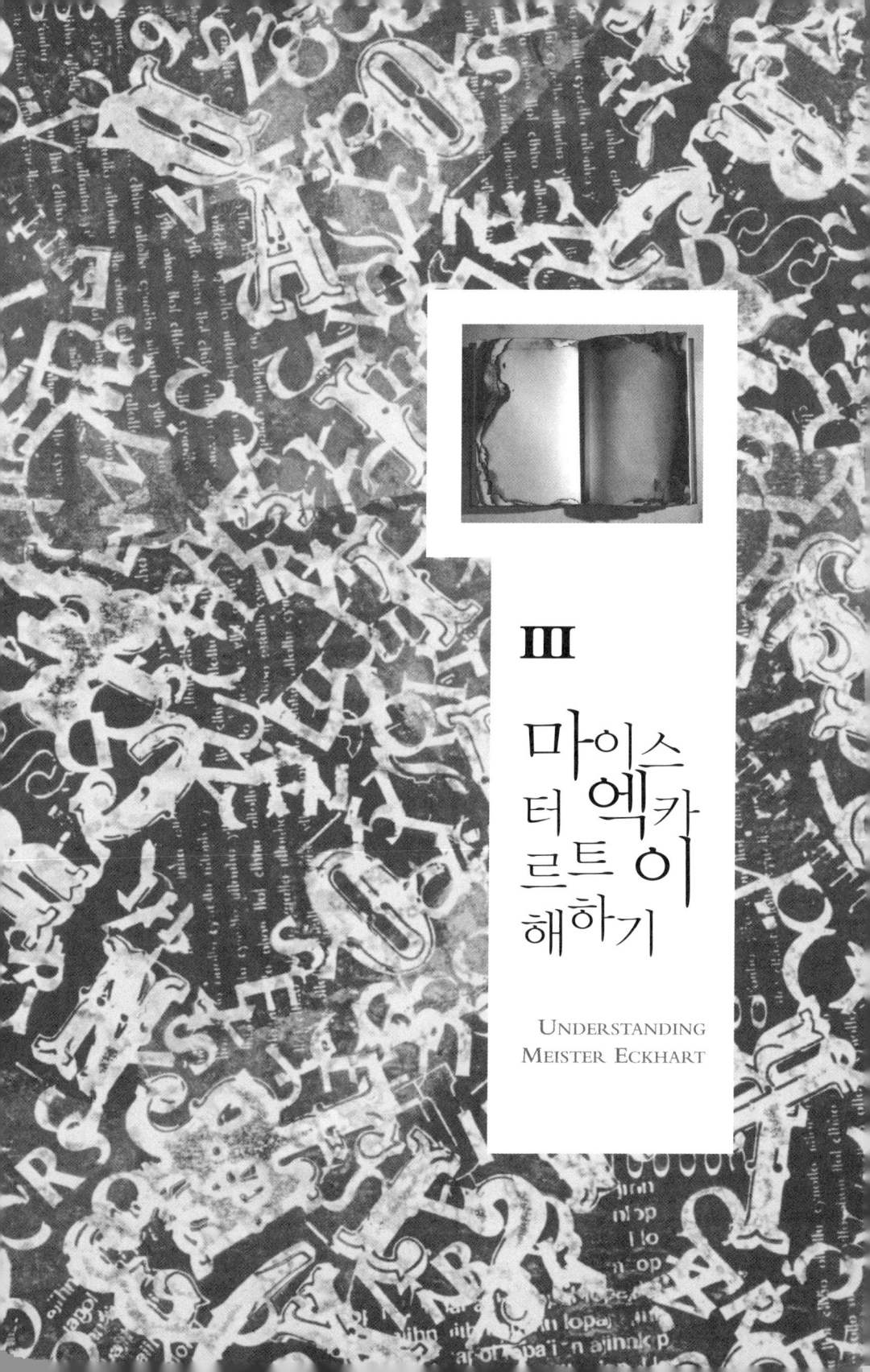

III

마이스터 엑카르트 이해하기

UNDERSTANDING
MEISTER ECKHART

8 · 마이스터 엑카르트의 언어

그리스도교 영성사에서는 주로 그리스도교 영성 전통 안에서 관념을 전개하는 데 집중하는 것이 보통이다. 그 관념의 별스러움 때문에 표상과 문체에 의문이 제기되는 경우는 드물다. 이는 우선적 관심이 신학 논쟁의 주류가 제시하는 원칙에 있기 때문인데, 그 원칙은 교설의 정의와 쟁론, 과학적 분석에 중심을 둔다. 이와 같은 개념 중심적 접근은 그 자체로는 신학 역사에 적절할지라도, 영성신학 분야에 적용될 때는 매우 부적절한 것으로 드러날 수 있다. 이유는 자명하다. 신학이 신앙의 명료화 및 체계화에 관계하는 것이라면, 영성신학은 인간 의식의 가장 내밀한 체험을 다루기 때문이다. 영성신학자는 인간 체험의 극히 미묘하고 파악하기 어려운 영역에 질서와 형태를 부여하고자 한다. 그는 창조된 지식과 체험의 온갖 범주를 넘어서면서, 창조되지 않은 신성과의 만남을 명료화하는, 불가능해 보이는 과제에 직면할 것이다. 엑카르트가 관찰했듯이, '하느님은 말이 미치는 영역 너머에 계시다'. 그러므로 여기서는 논증이 은유에, 과학이 시詩에 길을 내준다는 것이 전혀 놀라운 일이 아니다.

과거의 어떤 신비가들을 '위대하다'고 칭하면서 그들의 작품을 널리 읽는 것은 단지 그들의 말이 우리에게 전해 주는 지혜 때문만은 아니다. 근본적으로 그들이 뛰어난 문학적 재능을 지녔기 때문이다. 이 문학적 재능으로 그들은 자신의 삶에 영감을 불어넣어 준 바로 그 엄청난 체험을 독자인 우리를 위해 **현재화**할 수 있었다. 신비적 측면에서는 똑같이 탁월할지라도 표현 방식에서는 그렇지 못한 성현들의 체험이라면 성인들의 통공 없이 어찌 우리에게 전해질 수 있겠는가. 그러므로 오늘날 교계에서 널리 읽히면서도 각각의 전통 문학에서도 당연스레 중시되며 (연구되는) 과거 신비주의 작가들을 거론할 때는 반드시 이중의 재능을 언급해야 한다.

따라서 마이스터 엑카르트를 깊이 이해하려면 문장가로서의 특성도 고려해야 한다.[1] 언어학도들이나 관심을 보일 만한, 순전히 학문적인 돋보기를 엑카르트에게 들이대려는 것이 아니라, 어떻게 엑카르트의 저술이 우리에게 그의 초월적 통찰을 제시하고 전달함으로써 우리를 흥분시키는지를 분석하기 위한 것이다. 엑카르트는 "말 또한 큰 능력을 지니고 있으며, 우리는 말로써 놀라운 일들을 할 수 있고, 모든 말은 첫 말씀Word으로부터

---

[1] 마이스터 엑카르트의 언어에 관한 작품은 많다. 관련 참고문헌은 Schaller (1969) 32에 수록되어 있으며, 최근 작품은 Tobin의 중요한 연구 결실인 *Meister Eckhart: Thought and Language* (1986)의 참고문헌에 나온다. Alois Haas도 엑카르트의 언어와 신비주의를 주제로 영향력 있는 논문을 여러 편 썼다: "Mystische Erfahrung und Sprache", in: *Sermo mysticus*, 19-36; "Die Problematik von Sprache und Erfahrung in der deutschen Mystik", in: *Grundfragen der Mystik*, 75-104; "Meister Eckhart und die Sprache", in: *Geistliches Mittelalter*, 1984. Haas는 "Das Ereignis des Wortes", in: *Gott Leiden, Gott Lieben*, 201-40에서 엑카르트의 언어를 선불교와 비교한다. Walter Haug도 신비주의와 언어의 문제에 중요한 기여를 했다: "Zur Grundlegung einer Theorie des mystischen Sprechens", in: Kurt Ruh (Hg.) *Abendländische Mystik im Mittelalter*, 494-508.

그 능력을 지닌다"(W 36)고 믿었다. '수사학자' 엑카르트의 업적을 살펴봄으로써, 그의 신비신학자로서의 위대성을 더 잘 이해하게 될 것이다.

마이스터 엑카르트의 개념시

이 책의 중심 장들에서는 신학적 분석을 통해 엑카르트가 전통에서 주제가 되는 구체적 요소를 뽑아 그것들에 새롭고 표현력 있는 의미를 부여해 나간다는 것을 보여 주고자 했다. 이 과정을 신학 언어로 '시화'詩化라고 부르는 것이 온당하다. 표상하는 것과 표상되는 것 간의 관계를 느슨하게 하는 것, 그리하여 의미 자체보다 의미를 담는 언어를 전면에 내세우는 것(보통 시문의 일차적 특징으로 여겨지는 현상)과 관련되기 때문이다. 이로써 그의 손에서 '영혼의 불꽃'(과 그 대응물들)과 '영혼 속 하느님 탄생', '초탈'은 신학적 입장의 총체를 드러내는 암호가 된다. 이 주제들은 구체적 의미를 상실하며, 우리 안의 하느님 형상이나 은총의 작용이라는 신학적 영역, 마침내는 전통적 영성신학이나 수덕신학 영역으로 주의를 환기시키며 옮아간다. 그리하여 그것들은 구체적 유의미성을 지니는 고유한 관념이라기보다는 **이미지**image와 **은유**metaphor라는 환기 속성을 지닌다.

문학에서 이 두 용어에 대한 정의는 광범위한 만큼이나 복잡한 이론적 사유 더미를 만들어 냈다. 따라서 현재 목적을 위해서, 나는 이 용어들로써 우리가 뜻하는 바에 실제로 도움이 되는 정의에 국한할 것이다. 이 정의는 포괄적이라기보다는 단순하다. 그렇지만 **이미지**를 감각적 인식 행위에 기원을 두고 있는 (한 편의 시나 문학작품 안에 있는) 추상적 형태라고 정의하더라도 크게 틀리지는 않을 것이다.[2] 이 정의에 의하면 이미지는 세

---

[2] '표상'(imagery)에 대한 참고문헌은 *Princeton Encyclopedia of Poetry and Poetics* (1965) 참조.

상 안에 있는 어떤 것에 대한 우리의 체험으로 환원될 수 있어야 한다. 루이스C. Day Lewis는 '표상'imagery을 '말로 그린 그림'으로 정의하고, 포글Fogle은 '시에 담긴 감각적 요소'라고 부른다.[3] 설사 '이미지'가 전적으로 추상적 맥락에서 사용된다 하더라도, 그 기원이 감각 활동에 있다는 자취는 남아 있다. 반면에 '관념'idea은 이성적 논증 사슬에 엮여 있거나 그 기원이 물리적 감흥의 질서보다는 추상적 질서에 있는, 오로지 형식적인 실체formal entity라 할 수 있다.

이러한 정의에 의하면 '영혼의 불꽃'('왕관'/'정점'), '영혼 속 하느님 탄생', '초탈'은 모두가 이미지로 보일 수 있다. '불꽃'(과 그 대응물들)의 경우는 물론이고 '탄생'과 '초탈'의 경우도 마찬가지다. 결국 엑카르트는 '탄생'이라는 용어를 예수의 실제 탄생과 명확히 관련지어 아주 구체적 의미로 사용한다. 그는 하느님의 '모성'(W 90)과 그 탄생의 결과인 '아이'를 언급하는 것을 기꺼워한다. '초탈' 역시 세상에 대한 관찰에서 유래하는 개념이다. 엑카르트의 중세 고지 독일어 **abegescheidenheit***는 동사 **abescheiden**에서 왔다. '잘라내다'라는 의미를 지닌 이 단어는 **물리적** 관계를 나타내는 데 주로 쓰인다. 엑카르트가 그와 같은 용어에 부여하는 의미가 아무리 형이상학적일지라도, 그것들은 기원상 경험으로 남아 있으며 따라서 '이미지'라는 특성을 지닌다.

그런데 그들은 동시에 **은유**다. 여기서 전해야 할 한 가지 정의가 있다. 은유란 '하나의 관념이나 이미지 또는 상징symbol이, 하나 혹은 그 이상의 다른 관념이나 이미지, 상징들이 있음으로 인해서 생동성이나 복잡성 또는 암시 폭이 강화되는 응축된 언어 관계'라는 것이다. 달리 표현하면, 은

---

[3] *ibid.* 363.

* 이 책에서 '초탈'로 번역한 detachment는 abegescheidenheit의 영역(英譯)이다 ― 옮긴이.

유란 '알려지지 않거나 불완전하게 알려진 것을 알려진 것의 관점에서 명료화하고 정의하며 묘사하는' 언표言表다.[4] 엑카르트의 '개념시'의 경우, 수반되는 이미지들은 1) 불꽃, 2) 탄생, 3) 잘라냄이다. 그 이미지들이 은유적으로 조명하는 추상적 현실은 1) 영혼 안의 하느님 모상, 2) 은총 행위와 성화 과정, 3) 세상 '안에' 있지만 세상에 '속해' 있지 않은 상태다. 그리고 현실의 이 두 차원, 곧 감각·지각의 자연적 질서에서 발생하는 차원과 초월 및 은총의 초자연적 질서에 토대를 둔 차원을 나란히 두는 것은, 파악하기 어렵고 미묘한 추상적 개념들에 놀라우리만치 생생한 현실감을 더해 준다. '불꽃'과 '탄생' 그리고 '잘라냄'은 그것들이 반영하는 영적 세계에 대해, 제아무리 많은 논증적 주장과 묘사와 추론이 할 수 있는 것보다 더 많은 것을 우리에게 전달해 준다.

신학적 표상의 주요 세 영역에 더해, 엑카르트의 작품, 특히 독일어 설교에는 그가 다양한 영적 뉘앙스를 풍기는 온갖 것을 멋지게 포착하는 언표를 만들어 낸 수많은 사례가 있다. 그 일부나마 이 책에서 부각시키지 않는다면 큰 과오를 저지르는 셈이 될 것이다. 그 언표들은 저 저명한 도미니코회 수도승의 설교를 듣고자 교회와 수도원에 모인 당시 청중을 일깨우고 자극했던 것만큼이나 오늘 우리에게도 큰 울림을 준다.

모든 이미지와 말을 넘어서면서 그 자체로 무형한 하느님을 이야기할 때, 엑카르트는 매우 생생하고 물리적인 표상을 즐겨 사용한다. 그는 "모든 피조물은 하느님 안에서 푸르다"(피조물의 푸름은 신적 정신 안에 하나의 관념으로 존재하는 데 있다)고 말하며, 하느님은 초원을 질주하는 말의 기쁨으로 당신 자신을 피조물 안에 쏟아 부으신다고 표현한다.

---

[4] *ibid*. 490.

하느님은 이런 닮음을 매우 좋아하시기에 이 동등함에 당신의 전 본성과 존재를 쏟아 부으신다. 하느님은 이를 즐기신다. 아주 매끄럽고 평탄한 초원에 말을 풀어 놓으면, 말이 그 본성으로 초원을 전력 질주하는 것과도 같다. 하느님이 이를 즐기시는 것은 그것이 당신 본성이기 때문이다(W 57).

엑카르트는 하느님에 대해 대담한 물리적 언어를 사용하기도 한다. "하느님의 옷을 전부 벗겨야 한다. 아무것도 걸치지 않은 채 옷장에 계시는 그분을 벌거벗은 그대로 붙들어야 한다"(W 63)라거나, "난롯가나 마구간에서보다 묵상과 신심 행위, 무아경, 특별한 은총을 통해 하느님을 더 많이 체험할 것으로 여기는 사람이 있다면, 그는 하느님 머리에 망토를 덮어씌우고 그분을 의자 밑으로 밀어 넣는 셈이다"(W 13b)라고 말하는 경우다. 엑카르트는 설교(W 90)에서 하느님 안의 '모성'을 언급하거나, 하느님 안의 '분만'을 언급한다(W 16). '헛기침하는' 하느님을 설교하기도 한다. "이 하느님은 어디에 계시는가? 그것은 어떤 사람이 자신을 숨기고는 헛기침함으로써 자신을 드러내는 것과도 같다. 하느님도 똑같이 하셨다. 아무도 하느님을 찾아내지 못했으나 하느님은 당신이 계심을 드러내셨다"(W 91).

형언할 수 없는 분이신 하느님에 대한 체험을 묘사하면서, 엑카르트는 감각 활동을 강하게 환기시키는 생생한 언어를 폭넓게 사용한다. 그는 '하느님의 접촉'(W 66)을 이야기하고, '하느님을 맛봄'에 대해 인상적으로 서술한다. "하느님이 사랑하시고 또 당신 자신을 통교하시는 그 영혼은, 하느님께서 그 영혼에게서 당신의 향기만을 맡으시도록 시간으로부터 그리고 온갖 피조물의 향기로부터 완전히 벗어나야 한다"(W 73). 감각 언어를 하느님을 아는 데 적용하는 이 역설적 특징은 제3 천국에 대한 엑카르트의 언급에 요약되어 있다. 이것은 "순전한 영적 지식으로, 거기에서 영혼은 모든 물질적이고 육체적인 것들에서 벗어나 황홀해한다. 거기에서 우리는 아무 소리 없이도 듣고 아무 물질 없이도 본다"(W 76).

　엑카르트는 자신의 가장 뛰어난 이미지 중 하나에서 세 가지 형이상학적 은유를 만들어 냄으로써 인간 체험의 복잡성을 포착한다. 그는 여러 대목에서 인간 영혼의 내면에 대해, 겸손(초탈)의 깊이에 대해, 참으로 높음이기도 한 저 깊음(하느님께서 '비천한 이를 들어 높이신다'는 「마니피캇」의 표현)에 대해 말한다. 그런데 어느 대목에서는 이 세 차원이 형이상학적 영역에 대한 감각을 빼어나게 포착하는 하나의 이미지로 수렴된다.

> 천상의 능력은 그 어느 곳에서도 결코 지상의 근저에서만큼 효과적으로 활동하지 못한다. 지상의 근저가 가장 낮기는 하지만 천상의 능력은 가장 큰 활동 기회를 여기서 얻는다. 마찬가지로 하느님도 겸손한 마음 안에서 가장 많이 활동하신다. 하느님도 그 안에서 가장 큰 활동 기회를 얻고 당신과 가장 유사한 모습을 발견하신다. 그리하여 그분은 참다운 겸손과 벌거벗음의 근저로 들어가라고, 우리가 본성적으로 지니지 않은 온갖 것(죄와 결점)과 우리가 본성적으로 지녔으나 애착의 산물인 온갖 것도 모두 던져 버리라고 가르치신다. 하느님의 근저, 그분의 가장 내밀한 곳에 들어가려는 사람은 누구나 먼저 자기 자신의 근저, 자신의 가장 내밀한 곳에 들어가야 한다. 누구도 자기 자신을 먼저 알지 않고는 하느님을 알 수 없기 때문이다. 그는 자신의 가장 낮은 곳, 그리고 하느님의 가장 내밀한 곳에 들어가야 하며, 자신의 첫째가는 곳이자 가장 높은 곳에 들어가야 한다. 하느님이 행하실 수 있는 온갖 것이 거기로부터 함께 온다. 영혼 안에서 가장 높은 곳은 곧 가장 낮은 데 있다. 그곳이 가장 내밀한 곳이기 때문이다(W 46).

마이스터 엑카르트의 언어

요제프 퀸트식으로 말하면 속된 냄새를 풍기는[5] 감각적 표상을, '부정의 부정'(창조 질서를 초월함)이자 모든 형상을 넘어서는 무형의 하느님에게 적용하는 데는 대단히 역설적인 그 무엇이 있다. 그런데 앞서 보았듯이 엑카르트 작품 전체가 역설로 가득 차 있다. 이 점을 이 책 첫 장에서는, 우리를 변화시키는 하느님과의 만남에 대한 근본적인 그리스도교적 역설의 반영으로 해석했다. 바로 이것이 엑카르트의 사유와 저술에 영감을 불어넣어 주면서, 그로 하여금 이 통찰을 신학적·문학적 수단을 통해 **표현**하고 **전달**하는 가운데 **규정**하도록 한다는 점을 이미 우리는 논증했다. 시를 예로 들어 보자. 시는 시인의 체험과 정서를 개인적으로 표현한 것이며 동시에 독자와의 대화이기도 하다. 따라서 그것은 시인을 '위해서'뿐 아니라 독자를 '위해서'도 존재한다. 이런 방식으로 엑카르트의 작품은 그 자신의 내적 체험을 구체적으로 나타내기 위해서뿐 아니라 다른 이들이 공유하도록 하기 위해서 하느님에 대한 그의 변증법적 통찰을 **현재화**하는 역할을 한다. 어쨌든 그는 미묘하고 대담한 표상을 사용함과 더불어 자신의 언어를 짜깁기함으로써 이를 성취한다. 이제부터 보아야 할 것은 엑카르트의 산문이 지니는 문체상의 독특한 장치다.

반명제

엑카르트의 작품에는 대당 명제가 상이한 차원에서 다양한 형태로 등장한다. 그 한 가지 형태가 하느님 본성과 관련해 역설적 표현이 빈번히 사용된다는 것이다. 물론 여기서 엑카르트는 하느님은 창조된 차원을 초월

---

[5] Quint (1928) 687.

하지만 그 안에 내재하신다는 것을 우리에게 일깨우려 하고 있다. 따라서 이런 유형의 역설은 하느님이 피조물 안에 계시지만 동시에 이를 넘어 계시다고 하는 한에서는 대개가 모순어법oxymoron(두 가지 모순 개념이 조합되어 있음) 형태로, 유비에 관한 엑카르트의 가르침과 밀접히 상응한다. 이런 표현 유형 가운데는, 하느님은 "발설되며 또 발설되지 않는다"(W 22), "변하지 않는 변화"(W 93),[6] "쇄신 없는 새로움"(W 93), "순수 무"(W 54), "광야"(W 16), "존재하지 않는 존재"(W 62), 그리고 지성은 (물론 하느님 형상 안에서) "팽창하지 않는 팽창"(W 29)으로서 하느님과 결합할 때 "형상 없는 형상"으로 재형성된다는 구절이 포함된다. 유사 형태로 "하느님은 선이 아니시다"(W 96), "하느님에 대해서 어떤 것이라도 보는 사람은 그분에 대해서 아무것도 보지 못하는 사람이다"(W 55)라는 진술이 있다.[7]

엑카르트가 하느님을 언급하면서 역설적 언어를 즐겨 사용한다면, 이는 그가 초월적 신 존재와 우리의 합일을 언급하는 구절에서도 마찬가지다. 우리는 깊음에 관해 앞에서 언급하면서 이미 살펴보았다. 깊음은 곧 높음이자 내밀함이라는 것이다(W 46). 그런데 이 역설이 한층 더 강력하게 도출되는 대목이 있다.

> 가장 높음은 가장 깊은 겸손에 있다. 바닥이 깊고 낮을수록, 그만큼 높음과 높이는 더 높아지고 측량할 수 없으며, 우물은 깊을수록 더 높다. 높음과 깊음은 하나다. 누구든지 자신을 낮출수록 더 높아진다(DW V, 293f).

---

[6] Tobin (1986) 164.

[7] Tobin (1986) 165. Tobin은 Walshe (DW III, 66, 4: *Swer iht sihet an gote, der ensihet gotes niht*)의 번역을 선호한다.

동일한 의미의 역설이 사랑, 우리 자신과 하느님 간의 사랑에 대한 엑카르트의 은유에서는 낚시꾼의 낚싯바늘로 제시된다.

> 이 그물에 걸리는 사람, 이 길을 걷는 사람은 누구나, 하는 일이 무엇이든 모두 하나다. 그가 무엇을 행하든지 아무것도 행하지 않든지 상관없다. 그의 가장 보잘것없는 행동이나 실천은, 죽음에 이르게 하는 죄로부터는 자유롭지만 사랑에 있어서는 그 사람보다 못한 다른 이들의 모든 행적보다, 그 사람 자신에게는 물론 만인에게 한결 득이 되고 풍부한 결실을 가져다 주며 하느님을 더욱 기쁘게 해 드린다. 그의 휴식은 다른 사람의 노동보다 쓸모 있다. 그러므로 걸려드는 복을 받도록 이 낚싯바늘을 기다리기만 하라. 많이 걸릴수록 그대는 더욱 자유로워지리라(W 4).

역설적 반명제는 또한 **소유** 영역에서도 사용된다. "모든 것을 받고 싶어 하는 사람은 모든 것을 포기해야 한다"(DW V, 295). 엑카르트는 자아에게 몰두하는 것과 하느님께 붙들리는 것이 명백히 대조된다는 사실을 우리에게 상기시켜 준다.

> 자기 자신을 많이 소유할수록 우리는 그분을 적게 소유한다. 자신을 적게 소유할수록 우리는 그분과 또 그분이 주실 온갖 것을 더 많이 소유한다. … 하느님을 위해 나 자신을 버린다면, 그분은 보답으로 당신이신 모든 것, 당신이 주실 모든 것과 함께 절대적으로 내 것이 되실 것이다. 그분 것이 그대로 내 것이며 그 이상도 그 이하도 아니다. 누군가 획득하여 가슴에 품고 있는 그 어떤 것보다도 많이, 그분은 내 것이 되실 것이다(DW V, 297f).

다른 곳에서 엑카르트는 우리의 하느님 '찾아내기'를 다시 한 번 고도의 역설적 용어로 묘사한다. "당신을 더 많이 찾을수록 우리는 당신을 더 적게 발견한다. 그대는 그분을 결코 발견하지 못할 만큼 그분을 찾아야 한다. 그분을 찾지 않는다면, 그대는 그분을 찾아낼 것이다"(W 51). 그리고 엑카르트는 '참으로 본향에 있는', 그리고 그것을 통해 주객이 융합하여 합일 상태에 이르는 그 '길'을 따르는 것에 대해 언급한다. "밖에 있는 것과 안에 있는 것, 포용하는 것과 포용되는 것, 보는 것과 보이는 것, 붙잡는 것과 붙잡히는 것은 얼마나 경이로운가. 그것이 목표다. 그곳에서 영은 기쁨에 찬 영원과 합치되어 언제나 휴식한다"(W 9). 끝으로, 하느님에 대한 '앎'은 곧 '알지 못함'이라는 엑카르트의 언급에서 하느님과의 만남의 변증법이 충만하게 표현된다.

> 여기서 우리는 변모된 지식에 이르러야 한다. 이 알지 못함은 무지에서 오기보다는 우리가 이 알지 못함에 이르러야 한다는 것을 아는 데서 와야 한다. 그러면 우리는 신적 앎을 지닌 앎이 되고, 우리의 알지 못함은 고귀하게 되어 초자연적 앎으로써 치장될 것이다(W 2).

문체

엑카르트의 저술 내용이 때로 지독히 역설적이라면, 이 특성이 유지되고 강화되는 것은 그가 순전히 문체상의 여러 장치를 사용하는 까닭이다. 교차대구Chiasmus(뒤바뀌어 반복되는 형태: a+b, b+a)의 예도 많다. 하느님과 세상에 대한 초월 및 내재의 변증법에 관한 엑카르트의 설명이 그러하다. "그는 사물 안에 있을수록 사물에서 더 벗어나 있다. 안에 있을수록 밖에 있으며, 밖에 있을수록 더 안에 있다"(W 18). 이는 엑카르트가 말의 수사적 효과를 높이기 위해서 사용하는 장치이기도 하다. "보라, 이렇게 우리는 내 주장의 진실함을 입증했다. 이는 참으로 그러하다. 그리고 이를 부정하는 모든 이에게, 나는 그들을 부정하며 그들에게 전혀 관심이 없다. 내가 말한 것은 참되며, 진리 자체가 그렇다고 선언한다"(W 15). 프랭크 토빈은 교차대구법이 대구법parallelism과 연결되어 있는 후속 진술을 별도로 떼어 놓았다. 하느님은 '**말씀하시는 활동**'ein sprechende Werk인 반면에 아들은 '**활동하는 말**'ein Spruch würkende(W 22)이라는 진술이 그 예다.[8] 여기서 토빈은 형식상의 교차대구가 의미상의 대구법(대치)과 대조됨을 보았다. 아버지의 활동은 말하는 것인 반면에 발설되는 (말인) 아들은 활동한다는 것이다. 엑카르트는 교차대구의 단순한 형태를 사용하는데도 매우 효과적인 예가 많다. "여기서 하느님의 근저는 나의 근저이며, 나의 근저는 하느님의 근저다"(W 13b)[9]라고 영의 가장 내밀한 곳에서 우리와 하느님과의 합일을 언급할 때나 "만일 내가 아무런 수단 없이 하느님을 알고자 한다면, 그때 나는 참으로 그분이 되어야 하며 그분은 내가 되어야 한다"(W 96)라며 하느님과 영혼의 상호 소유를 언급하는 경우다.

비례 구문constructions of proportion은 엑카르트가 좋아하는 형태로, '… 인한'이라는 그의 유비 이론에 힘을 실어 준다. 이런 유형의 문장 구문은 엑카르트 작품 어느 곳에나 허다하다. 그중 여러 곳에서 우리가 하느님과 하나라고 할 수 있는 정도를 구체적으로 언급하고 있다. "죽을 죄 중에 있으면서도 선행으로 자유로워진 그 정도, 하느님과 일치하고자 도약하는 바로 그 정도까지"(W 15). "그대가 만사에서 떨어져 나가는 한, 그래서 더도 덜도 아니고 하느님이 그대 안에 들어오시는 거기까지"(DW V, 197). "그대

---

[8] Tobin (1986) 169. [9] *ibid*.

가 하느님 밖에 있는 한, 그대는 평화 밖에 있는 것이다"(DW V, 308). 이 구문은 통상 비교 형태로도 나타난다. "마음은 하느님을 만나 하느님에 의해 지탱될 때 더 벗겨지고 더 비워지는 까닭에, 우리는 하느님 안에 더 깊이 놓이고 보다 수용적이 되며 …"(DW V, 262). "참되고 완전한 의지란 절대적으로 하느님 뜻 안에서 걸으며 자아 의지가 전혀 없이 행동하는 것을 의미한다. 이렇게 될수록 더욱 참되이 하느님 안에 놓이게 된다"(DW V, 227). "인간이 변모되어 그분과 닮을수록, 모든 죄와 죄의 고통은 그에게서 점차 떨어져 나갈 것이다"(DW V, 246). "누구든지 자신을 낮출수록 더 높아진다"(DW V, 293f). "자기 자신을 많이 소유할수록 우리는 그분을 적게 소유한다"(DW V, 297). "사람은 자신을 벗을수록 하느님처럼 되며, 하느님처럼 될수록 하느님과 하나가 된다"(W 63).

또 다른 전형적 장치는 조건절('… 한다면')이다. 여기서 엑카르트는 우리가 **원하는** 만큼 우리는 하느님과 가까이 있다고 제시한다. "하느님이 그대의 것이기를 **원한다면**, 그대는 내 혀나 손처럼 하느님의 것이어야 한다"(W 50). "외부 사물들로부터 우리 자신을 자유롭게 두고자 **한다면**, 그 대가로 하느님께서는 하늘에 있는 모든 것을 우리에게 주실 것이다"(DW V, 298). 이것은 '~하려는 사람은 누구나'의 형태를 취하기도 한다. "모든 매개로부터 자유롭게 되어, 이 벌거벗은 본성으로 존재하려는 사람은 누구나 인간의 모든 특성을 버리고 떠나야 한다"(W 13b). "하느님의 근저, 그분의 가장 내밀한 곳에 들어가려는 사람은 누구나 먼저 자기 자신의 근저, 자신의 가장 내밀한 곳에 들어가야 한다"(W 46).

엑카르트는 과장법hyperbole/exaggeration을 통해 요점을 명백히 하고자 가설적 조건을 자유로이 사용하기도 한다. "모든 피조물이 그를 거부하고 그에게 대적할 것을 맹세했다 하더라도, 참으로 하느님 자신이 그를 거부한다 하더라도 그는 신뢰를 잃지 않을 것이다"(DW V, 241). "진실로 하느님을 위해, 오로지 하느님만을 위해 고난을 겪는 사람이 있다. 인류가 지금껏 알고 있는 모든 고난과 세상의 온갖 시련이 그에게 닥친다 해도 그에게는 아무런 고통도 야기하지 않을뿐더러 그를 방해하지 못할 것이다"(W 8). 하느님이 특정한 방식으로 행동**하셔야 한다**고 엑카르트가 언급하는 경우들도 과장법으로 볼 수 있다. 엑카르트 자신도 알았다시피, 하느님은 당신이 하시는 모든 일에서 전적으로 자유로우시지만, 그 근저가 합당하게 준비될 때 우리의 필요에 응답하시는 것이 당신 본성이다. 엑카르트는 이를 수사적으로 표현해 하느님은 당신 자신을 텅 빈 영혼에게 쏟아 **부으셔야 한다**고 주장한다. "아버지께서는 영원 안에서 아들을 낳으시는 것과 똑같은 방식으로, 그것과 아무 차이 없이, 영혼 안에서 아들을 낳으신다. 그분은 자신이 좋아하든 않든 그렇게 하셔야 한다"(W 65). "아버지는 당신 아들을 낳으심으로써 당신의 전 본성을 다 태워 버릴 만큼 기쁨과 평화를 느끼신다. 하느님 안에 있는 것은 무엇이나 그분으로 하여금 낳도록 하기 때문이다. 과연 하느님은 당신 근저, 당신 본질, 당신 존재에 의해 낳지 않으실 수 없다"(W 59).

어휘

엑카르트는 자신의 신학에서 우리가 언제나 특정한 것을 초월해야 한다고 강조한다. 마찬가지로 추상적 방향으로 강하게 움직이는 것이, 그가 사용하는 어휘의 두드러진 특징이다. 여기에는 여러 방식이 있다. 첫째는 대개 -heit로 끝나며 좀 더 구체적인 명사에서 유래하는 (간혹 그 자신이 합성한) 추상명사를 사용하는 방식이다(gotheit/신성, wesenheit/본질, nihtheit/무성, zîtheit/일시성). 또 다른 방식으로는 형용사에서 유래하며 -keit로 끝나는 형태가 있다(innikeit/내면성, lûterkeit/순수성, grundelosikeit/근저 없음, wesenlicheit/본질 적임, unwandelberkeit/불변성). 반면에 또 다른 단어군은 -ung으로 끝나며, 퀸트에 따르면 일반적으로 '인식의 합일'이라는 신비스러운 행위를 가리킨다'(begrifunge/이해, beruerunge/접촉, inliuhtunge/계몽, indrukunge/인상, infliezunge/유입).[10] 퀸트가 지적하듯이, 이러한 말들은 종종 -tas와 -tio로 끝나는 라틴어 추상명사들을 독일어로 번역한 것이다. 과거 언어학자들은 엑카르트가 새 어휘를 만들어 내는 데 대해 오늘날 학자들보다 크게 의미를 두곤 했다. 오늘날에는, 라틴어에서 독일어로 넘어가던 그 당시 전반적 동향에 엑카르트가 속하는 것으로 본다. 이 점에 있어서 그의 독창성은 동시대인들의 업적과 균형을 맞출 필요가 있다.[11]

엑카르트 작품에서 독특한 점은 **그 자체로**per se 추상적 의미를 지니는 단어나, 한정되고 구체성을 띤 말들에 추상성을 부과하는 것처럼 보이는 단어가 엄청나게 많다는 것이다. 과연 퀸트는 엑카르트 언어의 가장 큰 특징이 체험의 **탈구체화**Entkonkretisierung라고 말한다.[12] 이는 독일어 부정법(영어 동명사 being, doing, going 등 참조)을 구사함으로써 이루어진다. "성스러움의 기초는 **행함**(uf ein tuon)에 있지 않다. 성스러움의 기초는 **존재함**(uf ein sîn)에 두어야 한다"(DW V, 198). 물론 부정법의 사용은 성, 시제, 수의 가능성을 배제한다.[13] 그러나 더욱 중요한 것은 통상 구체적 방식으로 표현되는 것

---

[10] Quint (1928) 685f. 바로 앞에 제시한 예들도 Quint의 논문에서 빌려 온 것이다.

[11] 이는 Georg Steer가 토마스 아퀴나스의 *Summa Theologica*(『신학대전』)의 중세 고지 독일어 번역에 대해 폭넓게 연구한 데서 도출해 낸 결론이다. 그의 "Germanistische Scholastikforschung", in: *Theologie und Philosophie* 1970, 1971, 1973 참조.

[12] Quint (1928) 685.

[13] Georg Stötzel, "Zum Nominalstil Meister Eckharts", in: *Wirkendes Wort* 16 (1966) 289-309, 특히 294 참조.

들을 지칭하는 명사를 추상적 형태로 만들어 내는 기술이다. 이에 대해서는 추상적 '소유명사'라고 부를 수 있는 것 전체를 엑카르트가 정리해서 조합한 멋진 대목이 있다. 단어들은 각각의 경우에 가장 직접적이며 이 세상에 속하는 것, 곧 개인의 정체성 자체, 심지어 개인의 실존personal existence 의미 그 자체를 나타낸다. 그런데 -heit와 -keit(영어의 -ness)를 덧붙임으로써 내용은 추상적·개념적이 된다.

> 그대의 그대 됨dîner dînesheit으로부터 온전히 벗어나 그분의 그분 됨sîne sînesheit에 녹아들어야 한다. 그분의 생성되지 않은 존재성istikeit과 이름할 수 없는 무성을 그분과 함께 이해할 수 있도록 그대의 '그대의 것'dîn dîn과 그분의 '그분의 것'sîn sîn은 전적으로 '나의 것'ein mîn이 되어야 한다(W 96).

이와 같은 '탈구체화'는 엑카르트가 부정적 형태를 풍부하게 사용함으로써 이루어진다. 엑카르트가 전달하고자 애쓰는 초월 바로 그것을 언어로 묘사하는 그의 놀라운 능력을 보여 주는 주요 분야 중 하나다. 우리는 이미 이에 대한 몇몇 예를 보았다(하느님은, W 22에서는 발설되지 않으며ungesprochen, W 62에서는 존재하지 않는다weselos). 하느님은 우리가 그분에 대해서 가질 수 있는 어떠한 개념도 넘어선다는 사실을 전달하고자 애쓰는 일련의 주목할 만한 부정적 어휘들을 포함한 설교(W 96)가 있다. 우리는 하느님을 '있는 그대로, 곧 비非하느님ein nihtgot, 비정신ein nihtgeist, 비인격ein nihtpersone, 비형상ein nihtbilde으로' 사랑해야 한다. 그리고 하느님에 대한 우리의 앎은 더욱 '알지 못함'ein unwizzen이며 '비친숙함'ein unbekantheit이다. 부정을 다루는 엑카르트의 기교적 특징을 특히 잘 드러내는 말은 entwirt(DP 273)다. 비분리전철非分離前綴 ent-는 영어의 'de-'인데, 어떤 것을 제거함을 나타낸다.

이 경우에 제거되는 것은 werden의 과정이다. werden은 '되다'라는 뜻인즉, 온전히 시간의 영역에 속하는 체험으로서 사물의 시작과 끝이 거기에 있다. 따라서 영어로 '되기를 그친다'로 표현할 수 있는 이 단어의 유의미성은, 시간에 토대를 두거나 시간에 의해 이루어지는 특정 존재를 초월하고 개별성을 넘어서서 시간에 제약을 받지 않는 영원한 상태를 바라는 과정이라는 데 있다.

엑카르트의 광범한 언어학적 재능에 대한 간략한 개관을 마치기에 앞서, 그의 통찰에서 긴요한 요소를 담당하는 일군一群의 어휘에 주의를 기울일 필요가 있다. 이것은 하느님과의 일치 체험을 강조하는 융합fusion 또는 합일union을 표현하기 위한 것인데, 무엇보다 '날아감'flying, '감'going, '떨어짐'falling, '가라앉음'sinking, '표류함'drifting, '달려감'running, '흘러넘침'bubbling, '밈'pushing, '잡아당김'pulling 같은 동사들이다. 동사들의 고유한 역동적 특성은 'in'(안으로), 'out'(밖으로), 'through'(통해서), 'over'(위로) 같은 동작을 나타내는 전철이 추가됨으로써 더욱 강화된다.[14]

결론

표상과 문체를 탐구하는 것이야말로 신비주의 저술의 근간이다. 직관적 체험에 생명을 불어넣고 형태를 갖추게 하는 것이 바로 표상과 문체다. 그렇지 않으면 직관적 체험은 개인의 주관에 갇혀 버리기 때문에 개인적으로 직접 접촉하지 않고서는 공유할 수 없다. 우리는 글을 통해 탁월한 선인들의 목소리를 또렷하고 생생하게 전해 듣는다. 신비가는 용어를 특정하게 사용함으로써 그 말이 지니는 통찰의 특징을 표현하고 전달하게 된

---

[14] Quint (1928) 701에서 인용.

다. 이런 의미에서 신비가의 작품을 언어학적으로 세밀히 분석하는 것은 그의 내면 세계의 부요함을 밝혀 준다.

우리는 엑카르트의 작품에서 사상의 차원에서뿐 아니라 표현의 차원에서도 역설이 두드러짐을 보았다. 역설은 대당에 바탕을 두고 있으며 상충하는 듯 보이는 두 개념이나 단어가 충돌할 때 발생한다. 엑카르트가 역설을 폭넓게 사용하는 것은 초월적 진리를 전달하려는 관심에서 비롯된다. 이를 위해서 그는 전통적 사고의 규범을 깨뜨리지 않을 수 없다. 그는 반대되는 것들을 택해 함께 밀어 넣음으로써 독자들이 초월과 내재, 신적인 것과 인간이 만든 것으로 이루어진 극히 역설적인 실체에 다가가도록 돕는다. 이 역설적 실체가 엑카르트에게는 그리스도교 진리의 토대다.

이 농밀함과 압축이 주로 명사형 어미(-heit, -keit, -ung)에 의해 한층 강화된 **추상적** 단어를 구사함으로써 이루어진다는 사실은 엑카르트의 저술 전체가 지적/인식적 색채를 강하게 띠는 데 기여한다. 이것은 하느님의 정신과 인간 정신의 자유로운 상호 관통인 **앎**의 체험을 우리에게 표현하는 **정신**의 현존에 우리가 압도당하고 있음을 느낀다는 것을 의미한다. 엑카르트가 '연주하는' "추상의 음악"(칼 야스퍼스의 표현)[15]은, 창조되어 세상에 속하는 모든 것을 초월해야 한다는 예민한 의식에서 샘솟는다. 그는, 우리가 일상적 앎(대상들에 대한 앎)의 형태를 버려야 한다고 판단했다. 그것들이 우리 일상의 존재를 규정하기 때문이다. 우리는 '지성'을 활성화시켜야 한다. 지성만이 규정되지 않고 한계가 없으며, 지성의 합당한 대상은 규정되지 않고 한계가 없는 신적 존재다. 엑카르트는 청중에게서 이러한 인식 변화가 일어나도록 하기 위해 첫째, 역설에 바탕을 두면서 초월적 차원을 좇아

---

[15] *Von der Wahrheit* (München 1947) 897.

일상적 인식 수준을 타파하는 데 기여하는 수많은 문체 장치를 선택한다. 그다음에는 특정 어휘lexis를 차용한다. 이로써 세상의 차원보다는 정신의 차원을 환기시키면서, 청중으로 하여금 다시 한 번 일상적 인식 차원에서 벗어나 신적 인식과 신적 존재라는 새롭고 초월적이며 온전히 추상적인 영역으로 다가가도록 도와준다.

9 · 마이스터 엑카르트와 그리스도교 정론

바오로 사도와 성 요한에서부터 히포의 아우구스티누스와 고백자 막시무스까지, 클레르보의 베르나르두스와 빙엔의 힐데가르트에서부터 십자가의 성 요한과 아빌라의 데레사까지, 프란치스코 드 살에서부터 샤를 드 푸코까지를 망라하는 그리스도교 신비 전통을 폭넓게 개관하노라면, 마이스터 엑카르트가 이 분야에서 다소 '괴짜'라는 사실은 누구나 쉽게 알 수 있다.[1] 과연 그리스도교 신비가로서의 유별남으로 인해 그는 어떤 이들에게는 서구 불교도의 '선구자'avant le mot로 존경받았는가 하면 다른 이들에게는 바로 그 이유로 비난받았다. 이 책에서 우리는 엑카르트가 자신의 고유한 중세 스콜라 전통에 깊게 뿌리내리고 있으며, 영혼의 신적 '근저'라든가 하느님 '탄생' 같은 주제들은 스콜라신학의 재료를 상상력 풍부하고 자극

---

[1] 갈등의 주요 원인인 '… **인 한**의 원리'를 포함하여, 교서 *In agro*의 신학적 내용에 대한 자세한 논의는 B. McGinn (1980) 참조.

적인 방식으로 제시하는 장치라는 것을 보여 주고자 했다. 또 엑카르트의 조직신학에는 살아 계신 하느님과의 직접적 합일에 대한 개인적 의식이 깊이 녹아 있고 이는 철저한 내재/초월의 변증법으로 표현된다는 것을 그의 라틴어 작품들을 통해서 다루어 보았다. 엑카르트는 독일어 설교의 수사 장치를 라틴어 작품에서는 별반 사용하지 않았다. 결국 엑카르트의 신학은 본질상 전적으로 신비스러운 국면에 머물러 있는 것들을 체계화한 것이다. 우리는 엑카르트가 삶을 통해 교회에 봉사하고 다른 가톨릭 신학자들에게 사상 면에서 도움을 받은 점, 재판 때 동료 도미니코회원들에게 분명한 지원을 얻었을 뿐 아니라 성좌의 판결에 복종했다는 관점에서도 그가 가톨릭교회의 울타리 안에 있었음을 강조하고자 했다. 그래도 여전히 의문은 남는다. 엑카르트의 신비신학은 얼마만큼 그리스도교적인가?

　이 질문에 답하기 위해, 우리는 먼저 그의 작품에서 일견 명백히 이단으로 보이지만 단죄 교서에서는 전혀 언급되지 않은 명제들을 검토해야 한다. 그런데 앞서 끊임없이 강조했듯이, 여기서 다시 한 번 우리는 엑카르트 저술의 상당 부분이 지니는 **의도성**을 지적하지 않을 수 없다. 의도성이란 청중의 인식 변화를 위해, 서술적 방식 대신 주로 풍부한 표현력으로 언어와 표상을 사용하는 그의 고의적 시도를 말한다. 이는 엑카르트가 사용하는 말의 문자상 의미가 늘 정확한 것은 아니라는 뜻이다. 표현력 풍부한 이미지 중심의 언어를 학문적 성찰 담론으로 오해하지 않으려면, 우리는 오히려 엑카르트 작품에서 발췌한 그 어느 명제에 대해서건 그의 사유 전체 맥락에서 보아야 한다.

　이런 견해는 엑카르트의 '이단적' 진술들이, 모순되고 철저히 정론正論의 입장을 대변하는 구절들과 나란히 있다는 사실로 강하게 뒷받침된다. 가령 엑카르트가 영혼과 하느님과의 **총체적 합일**을 언급하는 설교가 있다.

이 총체적 합일은 '하나이나 결합된 것이 아니며'(W 57, 78), 단지 '닮음'이 아니라(W 24) 그 안에서 영혼이 '자기 존재와 생명을 잃는'(W 5) **본질**의 동일함(W 7, 49)이다. 이는 범신론을 피하려면 하느님과 피조물 사이의 구별이 항상 유지되어야 한다는 원칙과 모순되는 내용으로 보일 수 있다. 교황 베네딕도 12세의 1336년 교서「복되신 하느님」*Benedictus Deus*은 무엇보다도 영혼이 현세 삶에서가 아니라 오로지 내세 삶에서만 하느님과 충만한 합일(지복직관을 누림)에 이를 수 있다는 정론적 입장을 재확인했다. 그러나 엑카르트의 이런 진술들은 그가 영혼의 개성individuality이 살아남는다고 설교하는 다음 구절과 비교해 보아야 한다(설교 94). "그리하여 그것은 영혼과 함께 있다. 곧 영혼은 하느님을 마실 때 하느님으로 바뀐다. 그리하여 영혼은 신적인 것이 되나 하느님은 영혼이 되지 않는다. 그때 영혼은 자신의 이름과 능력을 상실하지만 **자신의 의지와 실존을 상실하는 것은 아니다**." 이 점은 설교 63에서도 반복된다. "따라서 사람이 하느님과 하나라고, 또 그 일치에 따라 하느님이라고 말할 때, 사람이 하느님을 닮은 형상에 대해서 말하는 것이지 사람의 창조된 본성을 말하는 것은 아니다." 그리고 다시 설교 75에서 엑카르트는 하느님의 '활동'에 대한 충만한 지식은 내세 삶을 위한 것이라는 견해를 피력한다. "사람이 하느님의 활동을 볼 수 있고 또 알 수 있지만 이승에 있는 동안에는 완전하게 도달할 수 없다. 모세가 불타는 덤불을 보고도 곧장 다가갈 수 없었던 것과 마찬가지다."

갈등의 둘째 카테고리는 고난에 대한 엑카르트의 언급들이다. 우리가 참으로 초탈해 있다면 우리 자신의 고난뿐 아니라 우리와 가까운 사람들의 고난에도 동요하지 말아야 한다고 그는 누차 강조한다(W 11). 다른 이들의 고난에 슬퍼하는 것은 그 탄생이 아직 우리에게서 완전히 이루어지지 않았다는 신호다(W 7). 물론 그처럼 냉정한 초탈은 하느님의 절대적 무감함impassivity에 토대를 두고 있다. 그분은 모든 동요 너머에 계시는 분이기 때문이다. 그런데 이런 구절은 설교 9에서 명백히 드러나는 그 반대 견해와 상충한다. "그대는 말이 그대를 기쁘거나 슬프게 할 수 있는 한 그대가 불완전하다고 생각할지 모른다. 그렇지 않다. 그렇지 않다는 것을 그리스도께서 보여 주셨다. '내 마음이 너무 괴로워 죽을 지경이다'(마태 26,38)라고 토로하셨을 때다. 그러므로 나는 선언한다. 고통에 아파하지 않고 기쁨에 겨워해 보지 않은 성인은 아무도 없었고 앞으로도 없을 것이다." 고난에 관한 멋진 구절들에서 엑카르트는 하느님 친히 우리를 위해, 우리와 함께 고난을 겪으시고 "그 짐을 지신다"(W 8)는 사실을 언급한다.

셋째, 그리스도께서 구체적 인간 본성이 아니라 보편적 인간 본성을 취하셨다는 엑카르트의 언급이다. 정통 가르침은 그리스도께서 둘 다 취하셨다는 것이다. 그리스도가 개별 인간이 되지는 않았다는 견해는 1170년과 1177년에 교황 알렉산데르 3세에 의해 '그리스도 인성 부정설人性否定說(nihilianism)'로 단죄받았다.[2] 그런데 설교 92에 이런 구절이 있다.

> 스승들은 (본질적) 인간 본성이 시간과 아무 관련이 없으며 전혀 흔들림이 없고 훨씬 더 내적이며 인간이 자기 자신에게 가까운 것보다 더 인간에게 가깝다고 선언한다. 그것이 하느님이 인간 본성을 취해 당신 자신의 위격과 일치시키신 이유다. 인간 본성이 하느님이 된 것은 그분이 구체적 인간 본성이 아니라 이처럼 본질적 인간 본성을 입으셨기 때문이다. 따라서 그대가 그리스도와 하느님과 같고자 한다면, **영원으로부터 계시는 말씀이 취하지 않은 모든 것에서 벗어나라**.[3]

---

[2] Nihilianism에 대해서는 LTK VII, 962 참조.

[3] 엑카르트의 의미를 부각시키려고 Walshe의 번역을 윤문하면서 괄호와 강조를 보탰다.

같은 견해가 설교 47에서 되풀이된다. "영원으로부터 계시는 말씀은 이 사람 또는 저 사람을 취한 것이 아니라 자유롭고 나뉠 수 없는 한 인간 본성을 취하셨으며, 이는 순수하고 형상이 없다. 나뉠 수 없는 인간성은 형상이 없다." 그런데 이런 대목들은 하느님이 예수 안에서 구체적이며 본질적인 인간 본성을 모두 취하셨다고 엑카르트가 선언하는 다른 대목들과 균형을 이루어야 한다. 이것이 그가 "하느님은 단지 사람이 되신 것이 아니라 인간 본성을 취하셨다"(W 13b)고 말할 때의 의미인 것이다.

또 다른 갈등(이 부분은 단죄 교서에 나타난다)은 영혼 안에 창조되지 않은 그 무엇이 존재한다는 엑카르트의 가르침이다. '불꽃'은 엑카르트에게 "영혼의 창조된 존재를 초월하는 그 무엇"으로서 "창조된 것들과 접촉하지 않는다"(W 17). 그것은 "하느님이 당신 안에서 자유로우시듯이 모든 이름으로부터 자유롭고 아무 형체도 없으며 온전히 해방되고 벗어났다". 그리고 "하느님이 한 분이며 단일하듯이 완전히 하나이며 단일하다"(W 8). 다른 곳에서 엑카르트는 이렇게 진술한다.

> 영혼에 있는 능력에 대해서 전에 언급한 바 있다. 영혼 전체가 그 능력과 같다면, 영혼은 창조되지 않았을 것이고 창조될 수 없었을 것이다. 그러나 그렇지 않다. 이 능력은 자신의 다른 부분에서 시간과 관계 맺으며 시간에 종속되어 있다. 그리고 거기에서 창조와 접촉하며 창조된다(W 24a).

여기서 엑카르트가 영혼에는 두 개의 (또는 그 이상의) '부분'이 있는데 그 하나는 창조된 것이고 다른 하나는 창조되지 않은 것이라고 말하고 있다고 단정 짓는 것은 옳지 않다. 그는 이런 견해를 자신이 쾰른 도미니코회 성당에서 제시한 변론에서 상당한 근거를 가지고 분명하게 배격했다. 동료 도미니코회원 할베르슈타트의 콘라트Konrad von Halberstadt가 엑카르트를 위해 이 변론을 독일어로 읽었고, 엑카르트는 자신은 결코 '불꽃'이 영혼에 '보태진' 그 무엇이라고 가르친 적이 없노라고 항변했다.[4] 실상 우리가 **앎**의 행위를 통해 하느님과 일치한다는 것이 엑카르트의 일관된 가르침이었다. 이것은 그가 알베르투스 마뉴스와 독일 도미니코 학파로부터 물려받았으며 토마스 아퀴나스와 공유하는 전통이다. 말하자면 '불꽃'은 우리가 결합된 통찰력으로 하느님을 '아는' 능력인 바, 영혼 안의 **가능태**로 여겨야 하며 영혼의 한 '부분'으로 여겨서는 안 된다. '불꽃'의 형상은 하느님을 '아는' 우리의 능력을 나타낸다. 이 능력은 현세에서 다양하게 행사되지만 결코 완전하게는 행사될 수 없다. 이것이 영혼의 '불꽃'이나 '근저'에 대해 엑카르트가 누차 언급하는 의미다. 그것은 우리가 우리 존재의 바로 그 심층에서 실제적이고 매개되지 않은 방식으로 하느님을 '알' 수 있다는 주장이다. 이를 비슷한 방식으로 인간 정신과 인격을 이루고 있는 여타의 매우 보편적이며 창조된 '앎'의 (따라서 존재의) 방식은 없다는 의미로 받아들여서는 안 된다.

이는 마이스터 엑카르트에 대한 평가에서 극히 중요한 점으로, 설교 63에 실제로 요약되어 있다. 여기서 엑카르트는 우리 안에는 창조된 가능태와 초월적 가능태가 모두 들어 있음을 분명하게 인정한다. "그러므로 우리는 하느님과 하나이며 그 일치로써 하느님인 인간에 대해 이야기할 때, 그가 하느님을 닮은 형상을 언급하는 것이지 그의 창조된 본성을 언급하는 것이 아니다." 엑카르트는 한 측면('신적' 측면)에 집중하는 것은 동시에 다른 측면('창조된' 측면)을 소홀히 하는 것이라고 설명을 이어 간다.

---

[4] Laurent, 344f 참조.

왜냐하면 우리가 그를 하느님으로 여길 때, 피조성被造性에 따르는 것이 아니기 때문이다. 그를 하느님으로 여기면서 그의 피조성을 부인하는 것이 피조성에 대한 부정을 뜻하는 것은 아니다. 그것은 하느님의 피조성을 부인함으로써 하느님에 관해 단언한다는 뜻이다.

끝으로, 엑카르트는 그리스도를 본보기로 언급한다. 그분은 인간적이면서 또한 신적이다. 그분의 신성은 우리가 그분의 인성에 주의를 집중하는 **그 순간에** 시야에서 떨어져 나간다. "그래서 그리스도는 하느님이시자 인간이시다. 그분의 인성을 숙고하는 가운데 우리는 그분의 신성을 부인한다. 그런데 그분의 신성을 정말로 부인하는 것이 아니라, **그 순간에** 부인한다."[5] 엑카르트는 우리 마음(사랑)이 향하는 그것 자체가 우리의 고유한 본성을 결정짓는다고 말하며, 아우구스티누스를 언급한다.

> 이것이 우리가 아우구스티누스의 말을 이해하는 방식이다. "사람이 사랑하는 것은 사람이기 때문이다. 그가 돌을 사랑한다면 그는 돌이고, 사람을 사랑한다면 그는 사람이다. 그가 하느님을 사랑한다면 …? 더는 말하지 않으련다. 그를 하느님이라고 말하면 그대는 나를 돌로 치려 할 테니까."

엑카르트의 수사적 습성의 기본 원칙을 드러내고 있다. 그는 청중 앞에서 그들 안에 있는 초월적 가능태들을 치켜세우고 싶어 하는데, 그러기 위해 자신의 설교에서 그들 본연의 '창조된' 또는 비초월적 인식 능력을 활성화하는 요소들을 여지없이 생략하고자 한다. 이렇게 하는 또 다른 이유는,

---

[5] Walshe의 번역을 약간 윤문하여 nâch dem nemen을 '이 경우에' 대신 '그 순간에'로 옮겼다.

청중이 자신들 마음을 세상에 있는 어떤 대상보다도 하느님께 향하게 되면, 도미니코회 영성에 기본이 되는 앎의 합일 원리에 따라 그들 자신이 신화되고 하느님과 일치하게 될 것이기 때문이다. 달리 말해 청중 앞에서 청중 자신의 초월적 가능태를 치켜세움으로써, 청중이 자신의 '창조되지 않은' 앎의 형태를 활성화시키면서 반대로 '창조된' 앎의 형태는 소멸시키기를 바라는 것이다. 바로 이것이, 완벽하지는 않지만 청중을 하느님과의 직접적 합일로 이끌게 될 것이다.

앞서 분석한 '이단적' 진술의 몇몇 사례는 초월적 지식을 통해 듣는 이들 마음에 하느님과 하나인 상태를 유지하고자 하는 이러한 수사 장치의 뛰어난 예들이다. 그것들은 모두 창조된 요소를 수사적으로 제거하는 것이라는 한 가지 공통 요인을 지니고 있다. 그리하여 우리와 하느님과의 합일은 '완전'하며, 우리는 고난을 겪을 수 없고(오직 피조물만 고난을 겪기 때문에), 그리스도는 단지 비구체적 '인간 본성'을 취하셨을 따름이며, 우리는 고유한 본질상 '창조되지 않았다'. 그리고 여기에 다른 유사한 언급을 보탤 수 있다. "의인에게는 의지가 전혀 없다"(W 65)라거나 우리는 우리 안에 있는 "이러저러한 것"을 버려야 한다(W 10)는 언급, 또 '피조물'을 위해 기도해서는 안 된다(W 5)는 기도에 관한 엑카르트의 몇몇 난해한 언급이 그러하다.

청중의 초월적('신적인'/'창조되지 않은') 가능태를 일깨우기 위해 '창조된' 영역을 제거하는 이 기술을 요약하는 한 편의 설교가 「마음으로 가난한 사람은 행복하다」*Beati pauperes spiritu*(W 87)이다. 여기서 엑카르트는 사람을 '마음으로 가난하게' 만드는 것이 무엇인지 묻고, 세 가지가 있다고 답한다. 첫째, "가난한 사람은 아무것도 원하지 않는 사람이다". 엑카르트는 '가난한 사람'이 아무것도 원하지 않을 수 있는 것은 더 이상 의지를 소유하지 않기 때문이라고 부연한다. "참된 가난을 소유하려는 사람은 자신의 창조된 의지로부터 자유로워야 한다. 그가 창조되지 않았던 때와 마찬가지로." 여기서 중요한 말은 '창조된'이다. 둘째, "아무것도 알지 못하는 사람은 가난한 사람이다". 그런데 "가난한 사람은 자신이나 진리나 하느님을 위해서 살지 않는다는 것을 의식하지 않아야 한다". 그는 "자신의 지식으로부터 자유로워야 한다. 그가 창조되지 않았던 때와 마찬가지로". 그래서 다시 한 번 엑카르트는 '가난한' 사람은 창조된 모든 것을 뒤로 한 채 창조된 영역을 초월해야 한다고 말하고 있는 것이다. 이어서 그는 "셋째, 아무것도 가지지 않은 사람이 가난한 사람이다"라고 말하고, 이는 물질적 가난이 아니라 의지의 가난을 의미한다고 덧붙인다. "내가 전에 말했듯이 가난한 사람은 하느님의 뜻을 실천하려는 사람이 아니라 자신의 의지와 하느님의 의지로부터 자유롭게 살아가는 사람이다. 그가 창조되지 않았던 때와 마찬가지로." 따라서 「마음으로 가난한 사람은 행복하다」가 제시하는 세 명령은 본질상 동일하다. 세 명제 모두 창조 이전 무의 상태로의 회귀라는 관점에서, 창조된 영역의 잘라냄을 시사하는 이상적 표현을 제시하고 있는 것이다. 「마음으로 가난한 사람은 행복하다」는 놀라우리만치 독창적인 언어와 표상으로 가득 찬 명설교이자 본질적으로는 수사修辭의 '걸작'tour de force이다. 엑카르트의 말을 글자 그대로 취하면, 그는 신성과의 총체적이고 본질적인 합일이 지금 이 현세에서 우리에게 가능하다고 말하는 것처럼 보인다. 이 합일로 우리에게 특별한 모든 것이 사라지고 우리는 신성과 온전히 하나 되어 전적으로 동일한 채로 남는다는 것이다. 우리는 지금 이 순간 충분히 하느님이 될 수 있다. 그런데 엑카르트는 우리가 육체를 지니고 세상에서 살아가는 인간존재임을 잘 알고 있다. 하지만 설교에서는 청중으로 하여금 극단적이고 (불가능할 정도로) 이상화한 형태로 하느님과의 합일을 주창하고 있는 것이다. 자족해하는 청중을 흔들어 그들 마음에

할 수 있다는 자극과 영감을 가득 채워 주기 위해서다. 설교 말미의 "이것은 하느님 마음으로부터 직접 전해 온 순수한 진리다"라는 취지의 진술은 설교 정신 전체를 요약하는 마지막 수사적 미사여구다. 이미 입맛을 돋우는 음식에 양념을 더 치는 격이다.

엑카르트의 정론성이 의문시되어 온 마지막 지점은 그의 삼위일체 신학이며, 이는 단죄 교서에도 나타난다. 여기서 반대의 핵심은 엑카르트가 일부 독일어 설교에서, 삼위일체 안에서 일치가 삼위보다 앞서거나 우위에 있다고 제시하는 것처럼 보인다는 것이다. 이는 곧 엑카르트가 완전히 통합되고 하나인 신성의 '근저'에 우리가 들어감으로써 위격(성부·성자·성령)을 초월할 수 있다고 믿었음을 의미한다. 그리스도교 정론은 하느님은 셋이자 하나이며, 또 셋이든 하나이든 간에 서로에 대해 우위에 있거나 앞서지 않는다고 믿는다. 엑카르트가 전자의 의심스러운 견해를 드러내는 듯한 두 인용문으로 시작하자.

> 이 불꽃은 모든 피조물과 대치된다. 그것은 다만 있는 그대로의 벌거벗은 하느님을 원할 뿐이다. 위격들이 저마다 여러 속성을 간직하는 한, 이 불꽃은 아버지에게나 아들에게나 성령에게, 또는 세 위격 누구에게도 만족하지 않는다. 나는 진실로 선언한다. 이 빛은 신적 본성이 지니는 풍요 전체의 합일에 만족하지 않을 것이다. 실로 나는 더 이상하게 들리는 한층 더한 것을 말할 것이다. 나는 모든 진실에 입각하여, 영원하고 항구한 진실로 선언한다. 이 빛은 주지도 않고 받지도 않는 단일하고 불변하는 신적 존재에 만족하지 않는다. 빛은 오히려 이 존재가 어디에서 왔는지 알고자 하며, 그 존재의 단일한 근저에로, 아버지나 아들 또는 성령에 대해 어떤 구별도 드러나지 않은 침묵의 광야로 들기를 원한다(W 60).

영혼 안의 이 성채는 이토록 하나이며 단일하고 모든 양태modes 위에 들어 높여져 있다. 그에 대해 내가 말하고 또 의미하는 바는, 내가 언급한 그 고귀한 능력이, 이 성채 안을 한순간 힐끗 들여다보는 것만큼의 가치도 없다는 것이다. 내가 언급한 또 다른 능력, 그 안에서 하느님이 당신의 지극한 풍요로움과 기쁨으로 불타오르는 그 능력조차도 성채 안을 잠시나마 힐끗 들여다보는 것만 못하다. 이 성채야말로 참으로 하나이고 단일하며, 이 고독한 '하나'가 그토록 양태를 초월하고 능력을 초월하기에, 능력과 양태는 물론이거니와 하느님 자신조차도 그 성채를 응시할 수 없다! 참으로, 틀림없이 그러하다! 하느님이 양태로 존재하고 또 당신 위격의 속성으로 존재하는 한 하느님 자신도 결코 그곳을 한순간도 들여다볼 수 없다. 이 '하나'만이 온갖 양태와 속성을 결여하고 있음을 주목해야 한다. 따라서 하느님이 그 안을 보려면 당신의 신적 이름과 위격의 속성을 대가로 치러야 할 것이다. 하느님은 이 모든 것을 밖에 버려야만 안을 볼 수 있을 것이다. 하지만 그분이 하나이고 불가분리적이며 양태도 없고 속성도 없는 한에서만 (그렇게 하실 수 있다). 이런 의미에서 그분은 아버지가 아니며, 아들도 아니고, 성령도 아니다. 이것도 저것도 아닌 그 무엇이다(W 8).

여기서 엑카르트는 삼위일체의 위격 너머에 있는 신적 '근저'[엑카르트가 이 '근저'와 아버지를 실제로 동일시하는 대목도 있다(W 11)]에 상응하는 우리 안의 능력에 대해 이야기하고 있다. 이 궁극적인 신적 '근저'는 구별이나 이름이 허용되지 않는다. 따라서 액면 그대로 받아들일 때, 이 인용문들은 엑카르트가 삼위일체에 대한 전통적 그리스도교 가르침을 신플라톤주의적 형이상학의 '하나'에 예속시켰음을 시사한다. 『탈출기 주해』에도 유사한 입장이 나타나는데, 엑카르트가 삼위일체에서 위격 간의 구별을 '말하자면' 실체 밖에 있는 것으로 언급할 때다. "이런 이유에서 관계는 하느님의 실체에 흡수되는 것이 아니라 **외부에 있는 채로** 머무르는 범주 유형일 따름이다."[6] 엑카르트는 여기서 실제로는 토마스 아퀴나스를 따르고 있다. 그러나 레이놀즈P.L. Reynolds가 언급하다시피 "토마스 아퀴나스는 어찌하여 관계들이 본질과 하나이면서도 서로 구별되는지를 고찰하는 반면, 엑카르트는 어떻게 그것들이 본질의 일치에로 끌려 들어가지 않는지를 묻는다".[7] 엑카르트가 위격과 본질이 구별된다고 제시하지는 않더라도(위격들의 관계에서는 예외다), 토마스 아퀴나스의 경우에 비하면 위격이 본질 안에 **한결 불안하게 내재되어** 있다고 주장하는 셈이다. 그리하여 위격의 초월 이론의 길이 열려 있다. 영혼이 지식을 통해서 신성의 단일한 '근저'로 나아갈 때, 그곳에서 위격과 그 구별은 총체적 '하나'에 자리를 내준다.

그런데 이것이 엑카르트가 의도하는 바가 아님을 논증하는 사례가 있다. 엑카르트가 어떤 선행하는 '근저'를 향해 위격을 '넘어섬'에 대해 이야기할 때, 나는 그가 삼위일체 원리 자체를 거부하는 것이 아니라 그리스도교 삼위일체의 전통적 관점을 거부하는 것이라고 본다. 앞에서 다룬 둘째 인용문에 이에 대한 약간의 증거가 있다. 거기에서 엑카르트는 위격을 '넘어섬'에 대해 언급한다. 하느님이 우리의 고유한 '성채'나 신적 '근저'에 들어오시고자 한다면, 그때 그분은 '당신의 모든 신적 이름과 위격의 속성을' 버리고 떠나야 한다는 것을 엑카르트는 우리에게 말하고 있는 것이다. 엑카르트는 우리 안의 하느님 형상인 '영혼의 불꽃'이 이름들을 넘어선다고 말하기를 결코 주저하지 않는다. 영혼의 불꽃은 "이름을 지닌다기보다

---

[6] *Expo. Ex.* 65 (LW II, 69f; TP 65).

[7] "Bullitio and the God beyond God: Meister Eckhart's Trinitarian Theology", in: *New Blackfriars* (April 1989) 169-81; (May 1989) 235-44. 본문은 5월 호 236에서 인용.

이름이 없다"(W 17)는 것이다. 나아가, 그가 자신의 형이상학적 체계의 맥락에서, 하느님에게 속하는 것에 이렇듯이 이름을 붙이기 싫어하는 것은 능히 이해할 만하다. 엑카르트는 이름을 지니는 것은 구체적이거나 '창조된' 존재를 지닌다는 원칙을 빈번히 강조한다. 그것은 '이러저러'하지만, '하늘이 땅 위에 있듯이' 하느님은 모든 구체적 존재보다 훨씬 위에 계시다(W 8). 그러므로 오직 피조물만이 이름을 가질 수 있다. 다른 곳에서 엑카르트는 하느님에게 이름을 붙이는 것에 더한층 격렬히 반대한다.

> 그 동일한 근저, 그분이 휴식을 취하는 그곳에서 우리도 휴식을 취하며 그분과 함께 쉰다. 그곳은 아무 이름이 없으며, 아무도 그곳에 관하여 적합한 말을 꺼낼 수 없다. 그곳에 대해 어떤 말을 할 수 있다 하더라도 그 말은 하느님은 어떤 분이라고 하는 선언이기보다는 하느님은 어떤 분이 **아니**라고 하는 부인이다(W 39).

설교 72에서도 이렇게 반복된다. "말하건대 누군가 하느님에게서 어떤 것을 알아 그것에 이름을 붙인다면, 그것은 하느님이 아니다. 하느님은 이름 위에, 본성 위에 계시다." 그리고 설교 11에서는 다시 이렇게 말한다.

> 그것[영혼의 정점]은 성령이거나 아들인 하느님을 원하지 않는다. 그것은 아들에게서 달아난다. 하느님이 하느님인 한 그분을 원하지도 않는다. 왜냐고? **거기에서 그분은 이름을 지니기 때문이다.** 설령 하느님이 천 분 계시다 해도 그것은 계속 돌파해 나갈 것이다. 그것은 그분이 아무런 이름을 지니지 않는 곳에서 그분을 가지고자 한다. 그것은 이름을 지닌 하느님보다 더 고귀하고 더 나은 것을 원한다.

엑카르트는 계속해서 영혼의 정점이 원하는 '하느님'은 아버지 하느님이라고 말하다가는 온갖 은유('선함이 비롯되는 정수精髓', '선함이 흘러나오는 핵', '뿌리', '혈관')를 덧붙임으로써 이를 즉각 뒤엎어 버린다. 그리하여 '아버지'라는 용어가 존중할 만한 역사를 지녔음에도 하나의 은유에 지나지 않음을 묵시적으로 우리에게 일깨워 준다.

끝으로, 라틴어 작품의 한 대목에서 엑카르트는 자신의 견해를 아주 분명하게 진술한다. "성삼위에 관한 말이나 글은 모두가 결코 그대로가 아니며 진실하지도 않음을 주목하라. … 하느님은 본성상 표현될 수 없으니 그분이 어떻다고 말해도 그것이 그분에게는 있지 않은 것이 틀림없다. 그래서 시편에서도 '사람은 모두 거짓말쟁이'(시편 116,11)라고 말하는 것이다. (하지만) 하느님에게는 우리가 말하는 삼위일체와 여타 유사한 것들에 부합하는 그 무엇이 있다는 것은 물론 참되다."[8]

따라서 엑카르트는 이름들과 이름들에 따른 다양성을 신성 자체에서 발견할 수 있다는 생각을 단호히 배격한다. 신성 자체는 오로지 하나로서 "하느님이 피조물에 대치되듯이" 수와 대치되기 때문이다.[9] 하지만 나는 그가 삼위일체 원리를 그토록 부인하고 있다고는 생각하지 않는다. 엑카르트는 하느님의 통합된 본질을 '앎'intelligere의 행위와 동일시하고 있기 때문이다. 하느님은 이름들을 넘어선다고 엑카르트가 말한다면, 그것은 곧 하느님의 존재는 "그 자체로 앎"[10]이라고 말하는 것이다. 또 이런 말이기도 하다. "하느님 홀로 일치성을 지니신다. 일치는 하느님의 고유한 특성이다. 하느님이 스스로를 하느님이라고 **이해하는** 것은 하느님의 일치성 때

---

[8] Sermon 29 (LW IV, 269ff; TP 210ff).

[9] *Expo. Sap.* 154 (LW II, 481-94; TP 169)를 달리 표현한 것이다.

[10] 'sibi esse est intelligere', *Expo. Gen.* 11 (LW I, 195).

문이며, 그것 없이 하느님은 존재하지 않을 것이다."[11] 이 점은 대단히 중요하다. 이해나 지식의 원리를 통해, 엑카르트는 다양성의 요소를 신성의 하나(一性) 안에 편입시키는 것이다. 그리고 하나는 이 두 관념을 완벽한 조화 속에 결합시킨다는 게 내 생각이다.

엑카르트 사유의 이러한 영역을 밝혀내기 위해 먼저 『파리 토론집』에 등장하는 하느님에 대해서 고찰해 보자. 거기에서 엑카르트는 이렇게 진술한다. "하느님은 지성이고 이해다. 그리고 그분의 이해 그 자체는 그분의 존재 근거다."[12] 여기서 '지성'과 '이해'라는 용어의 의미는 정확히 무엇인가? 이 질문에 대답하기 위해서, 알베르투스 마뉴스의 도미니코 학파, 특히 프라이베르크의 마이스터 디트리히가 말하는 지성의 정의를 상기할 필요가 있다. 거기에서 지성은 '의식'과 동등한 것으로, 의식이란 자신을 반성하는 지식이다. 디트리히는 이렇게 말한다.

> 본질상 지성인 하나의 지성 안에는 지성이 자체 안에 자신의 고유한 작용을 받아들이는 실체와 행위가 구별되지 않는다. 이 모든 것, 곧 지성의 실체와 지성의 행위, 그 자체로 지성 안에 있는 지성적 행위의 대상은 사실상 하나이고 동일하다.[13]

여기서 디트리히는 인간 의식에서 주체(아는 당사자)는 주체가 아는 행위와 또 주체가 아는 대상(주체 자신)과 동일하다고 제시한다. 이 세 가지 원리는 완벽한 일치를 이룬다. 부르크하르트 모이지쉬Burkhard Mojsisch는 디트리히를 연구하며 비슷한 점을 지적한다.

---

[11] DW I, 368.   [12] LW V, 40 (M 45).
[13] *De vis. beat.* 1.1.3, 4 [de Libera (1984) 184에서 인용].

지성이 그 자신을 안다는 점에서 지성은 대상을 알며, 지성이 대상을 안다는 점에서 지성 그 자체가 대상으로서 알려진다. 따라서 지성적 존재intellectualiter ens로서 아는 것intelligens과 알려지는 것intellectum은 동시적이다. 그리고 그것은 같은 방식으로 그 자신과 타자他者 둘 다에게, 그 자신의 타자로서의 타자와 그 자신의 타자로서의 자기 자신에게 관련된다.[14]

여기서 요지는 '이해'에 대한 관념이 엑카르트가 물려받은 전통에서는, 일치 안의 삼위 관념과 삼위 안의 일치 관념을 포함한다는 것이다. '이해'는 이런 의미에서 전적으로 역동적이면서도 단일한 이미지로서 정신과 지성과 의식의 관념에 집중한다. 이 관념을 형성하는 것은 아는 주체와 알려지는 대상 그리고 앎의 고유한 실체인 아는 행위, 이 세 가지의 동일성이다. 엑카르트가 디트리히의 이론을 명백하고 간결하게 언급하는 곳은 없을지라도, 그의 말씀 형이상학은 **단 하나의 통합된 행위 안에 온전히 담겨 있는 풍요로운 다양성이라는 분명 같은 의미**에 토대를 두고 있다. 하느님은 '자신을 발설하는 말씀'임을 우리는 기억한다. 그분은 '말씀하시는 활동'이다. 그 말씀은 알려지지만 '안에 머문다'. 하느님의 "나감은 하느님의 들어옴이다"(W 22). 또 다른 설교(W 80)에서는 이렇게 말한다.

> 자, 주목하라! 신적 아버지 자신이 이 말씀만을 들으시고, 이 말씀만을 아시고, 이 똑같은 말씀만을 발설하시고, 이 똑같은 말씀만을 낳으신다. 이 말씀 안에서 아버지는 들으시고, 아버지는 아시며, 아버지는 그대 자신을, 이 똑같은 말씀을, 만물을, 당신 신성divinity 전체를, 당신 자신을 낳으신

---

[14] *Die Theorie des Intellekts bei Dietrich von Freiberg* (Beihefte zum CPTMA, Beiheft 1) Hamburg, 1977, 65.

다. 당신 본성에 따라서, 그리고 또 다른 위격 안에서 똑같은 본성을 지닌 이 말씀에 따라서 ….

엑카르트의 사유가 얼마나 철저하며 또 논쟁의 여지 없이 삼위일체적인지를 명백히 보여 주는 대목들이다. 엑카르트에게 신성 안 다양성 원리는 그 안에 절대적 일치를 포함할 뿐 아니라 무한히 풍요롭다. 그것은 창조(또는 존재)의 기원이며, 인간 영혼 안의 '하느님 탄생'이다. 엑카르트가 아버지와 아들과 성령에 관해 유보를 표명한다면, 창조되지 않은 질서와 관련해 이름들을 붙이기가 부적합하다는 신념 때문일 것이다. '말씀'에 관해 말하는 것은 물론 이름을 사용하는 것이다. 그런데 우리는 앞 장에서 엑카르트가 구체적인 것들을 체계적으로 추상화하기를 얼마나 즐겨 하는지 이미 확인했다. 이것은 그의 앎의 이론과 정확히 부합하며, 할 수 있는 한 그는 자신의 표상과 언어로 구체적 실체를 추상화하려 한다. 그러므로 엑카르트가 전통적 삼위일체의 이름들을 명백히 거부하는 것은, 창조된 질서의 기미가 보이면서 전적으로 부적절한 그 무엇을 제거하는 것이다. 그리고 엑카르트의 강력하고 광범한 로고스 신비주의는, 보다 추상적이고 엑카르트 체계에 보다 적합한 관점에서, 또 하느님은 완전히 셋이자 완전히 하나라는 진리와 더불어 그분은 사물들과 피조물의 영역을 전적으로 넘어 계시기에 창조된 질서에서 비롯된 표현으로는 생각할 수 없다는 진리까지도 반영하는 관점에서, 그리스도교 삼위일체의 동일한 핵심 진리(다양성 안의 일치, 일치 안의 다양성)를 포착하려는 시도로 보아야 한다.

따라서 엑카르트가 이단 명제를 가르쳤다는 견해를 내세우는 것은 아무런 근거가 없다. 이단 명제를 가르친 것으로 보이는 경우일지라도, 실제로는 하느님과의 합일이라는 궁극적이고도 **이상적인** 상태를 지칭하는 진술을 꾀하려는 수사적 목표가 동기로 자리 잡고 있다. 그리고 그가 삼위일체를 언급함에 있어 그의 일부 저술이 안고 있는 불안정성은, 그가 자신의 작품에서 그리스도교 삼위일체의 고전적 표현을 비평하고 대안적 표현을 부분적으로 창조하고 있다는 데서 기인한다. 똑같이 은유적이더라도 한결 추상적이라는 점에서 이런 특징은 더욱 적절해 보인다.

그런데 엑카르트의 정론성에 더 이상 의문을 갖지는 않더라도, 구체적으로 그리스도교 영성 사상가의 한 사람으로서 그의 위치와 자질에 대해서는 여전히 알아볼 필요가 있다. 그리스도교 영성은 사도들이 예수와 만나면서 체험한 제자직 소명에 어떤 식으로 토대를 두고 있음이 분명하다. 이 과정에 대해 일반적으로 받아들여지고 있는 성경 본문에 따르면, 제자직은 인간의 모든 차원에서 표현되는 철저한 회심을 포함하는 것으로, 예수 그리스도 안에서 하느님의 특별하고 유일무이한 현존을 받아들이는 데 초점을 두는 변화 양식이었다. 이 체험은 사랑을 기반으로 하여, 그리스도께 대한 끝없는 순명으로 정향된 믿음의 태도로 이어졌다. 무엇보다도 이것은 인간의 모든 영역, 말하자면 제자들의 신체적·정서적·지적 삶을 포함하는 사랑 가득한 순명의 응답이었으며, 그 자체가 아버지에 대한 아들의 관계에서 볼 수 있는 몸과 마음과 정신과 영의 총체적 순명의 반영이었다.[15] 그렇다면 이러한 시각에서 판단하건대, 일부 그리스도교 영성 체계는 그리스도교의 근본 주제들을 유독 깊이 구명하는 것처럼 보일 것이다. 또 그리스도교 영성 사유의 특성은 어떤 특별한 접근이 제자직과 하느님께 대한 사랑 가득한 순명의 동의를 중차대하게 강조하는 그리스도교

---

[15] 이것이 대체적으로 Hans Urs von Balthasar가 자신의 독창적인 논문 "Zur Ortsbestimmung christlicher Mystik", in: W. Beierwaltes (Hg.) *Grundfragen der Mystik* (Einsiedeln 1974) 37-71에서 분석하고 있는 관점이다.

계시의 가시적·비가시적 심층 안에서 공명共鳴하는 정도에 따라 가늠될 것이다.

　엑카르트의 사유에는 두 가지 기본 원리가 작용하고 있다. 풍요로운 지성 및 정신으로서의 하느님에 대한 이해, 그리고 신적 초월과 내재의 변증법이 그것이다. 앞서 보았듯이 전자는 그리스도교 삼위일체 교리를 강조하는 다양성 안의 일치 원리를 통합하는 것이라고 볼 수 있다면, 후자는 강생 교리와 그리스도교 삶에 토대가 되는 주제들을 건드린다.

　엑카르트의 초월/내재 변증법은 그의 유비 이론에서 가장 충만하고 체계적으로 표현된다. 한편으로 엑카르트는 하느님이 창조된 영역을 완전하고도 절대적으로 초월하신다는 확신을 이야기한다. 하느님은 '부정의 부정'이며 '순수한 무'다. 동시에 하느님은 당신 창조계의 중심에 존재하신다. 창조계의 존재는 그것이 존재를 지니는 한 그분의 존재이며, 창조계의 선함은 그것이 선함을 지니는 한 그분의 선함이다. 엑카르트의 가장 예리한 (그리고 가장 쉽게 오해되는) 일부 정식들, 특히 창조된 존재의 '무'를 이야기하는 정식의 기초가 되는 것이 바로 이 변증법이다. 나아가 우리는 엑카르트의 작품에서 신학적이고 문학적인 형태를 모두 지니는 이 역설이 그 자신의 신비 체험을 반영한 것임을 논증하고자 했다. 물론 오늘 그것을 다시 체험할 수는 없지만 그 삶과 진정성을 그의 사유 모든 면에서 감지할 수 있다. 그런데 엑카르트의 사유는 변증법에 체계적으로 도움을 줄 뿐 아니라 근본적으로 변증법을 향해 구조 지어져 있다.

　앞서 보았듯이 변증법은 그리스도교 신학에서 결코 새로운 것이 아니다. 실제로 그것은 신경信經에서 매우 분명히 드러난다. 신경은 우리에게 '하느님이 사람이 되셨을' 때의 위격적 합일hypostatic union을 말해 준다. 그리고 하느님인 사람(神人) 자신이 지극히 변증법적인 가르침을 제자들에게 전해 주었다. 그분은 제자들에게 "행복하여라, 온유한 사람들! 그들은 땅을 차지할 것이다"(마태 5,5), "꼴찌가 첫째 되고 첫째가 꼴찌 될 것이다"(마태 20,16), "나 때문에 자기 목숨을 잃는 사람은 목숨을 얻을 것이다"(마태 16,25)라고 말씀하셨다. 그래서 하느님 존재의 지성적 성격에 대한 엑카르트의 믿음과 마찬가지로 그의 초월/내재 변증법은 주요한 그리스도교 체험으로 환원될 수 있다. 그것은 인간적인 것과 신적인 것의 상호 관통으로, 역사 안의 예수 그리스도에게서 끊임없이 발생함과 동시에 내적으로 자신을 예수 그리스도께 맞추고 예수 그리스도의 교회를 건설하는 신자들의 영혼에서도 발생한다.

엑카르트 저작의 첫째 차원, 곧 그의 가장 깊은 직관의 차원에서는, 이 직관이 그 기원에 있어서 심오하게 그리스도교적이며, 그리스도교 계시의 두 가지 기본교리인 삼위일체와 강생에서 나오는 것이라고 논증할 수 있다. 그러나 둘째 차원, 그러니까 우리 성화聖化의 지적 본성을 강조하는 엑카르트 자신의 특정한 신학 구도 안에서 이 원리를 실행해 나가는 것과 관련해서는, 여러 질문이 제기된다.

마이스터 엑카르트는 당시 교육을 통해 신플라톤주의 영향을 강하게 받았다. '신플라톤주의'Neoplatonism라는 용어는 풍요롭고 다양한 하나의 사상군思想群을 나타내지만 넓게는, 보편적이고 일정한 철학 원리에 토대를 두고 있다. 일례로, 물리적 세계는 그 기원이 멀리 떨어진 초월적 실재 안에 있는 가상 세계라는 관점을 들 수 있을 것이다. 멀리 떨어진 이 초월적 실재는, 적어도 플로티노스나 프로클로스 같은 사상가들에게는 절대적 유일성으로 파악된다. 비록 사물들의 이 원천에서 멀리 떨어진 곳에 갇혀 있기는 하지만, 인간 영혼은 그 **정신** 능력 안에 있는 최고 원리와 유사성을 지닌다. 그러므로 신플라톤주의자들에게 성화 과정은 (일반적으로) 지적 관상으로 표현되는 원천으로 다시 올라가는 과정이다. 그 물리적 영역과 인간 육신은 그 자체로는 악하지 않지만, 최고 원리에서 유출되어 나온 가장 낮은 지점, 또는 가장 낮은 지점 중 하나를 나타낸다. 따라서 완전히 극복되어야 하며 영혼이 그 원천으로 다시 올라감에 따라 버려야 하는 것이다.

신플라톤주의 원리에 따라 형성되고 그리스도교적 공명共鳴을 얻은 엑카르트 사유의 핵심은 인간 육신과 이 세계가 정신이나 지성이라는 더 높은 원리 **안에 담겨 있다**는 신념이다. 엑카르트는 "영혼이 육체 안에서보다 육체가 영혼 안에서 더 참되게 있다"고 기술함으로써 이 주제를 명확히 표현한다. 그런 식으로 물리적 세계가 정신 세계에 포함되어야 한다면, 육체와 감정의 영적 감응을 발전시킬 여지는 거의 없는 셈이다.

그러므로 하느님과의 본질적이고 지적인 합일에 대한 엑카르트의 지식체계론 시각은 온전한 의미에서 강생적incarnational이라고 말할 수 없다. 강생이 엑카르트에게 깊은 의미를 지닌다는 점을 부인하는 것은 아니다. 강생하시는 하느님에 대한 믿음이 엑카르트 사상에 토대가 된 것은 사실이다. 엑카르트가 자신의 영적 **응답**responsorium을 발전시켜 나가면서 물리적·감정적 요소를 지닌 일상적 인간 현실 영역을 피해 간 점은 어느 정도 인정된다. 엑카르트는 이 영역이 보다 심오한 정신 차원에 실제로 포함되어 있다는 믿음에서 정신 차원만을 다루면서, 자신이 전체 안에서 인간 현실을 이야기한다고 여긴다. 이것이 그의 신플라톤주의다. 이런 경향이 그로 하여금 본질과 지성 차원에서뿐 아니라, 결정적으로, 일상적인 매일의 인간 실존 차원에서도 강생하시는 하느님의 개념을 충분히 심도 있게 구명하지 못하게 한다. 엑카르트는 말씀의 역사적 강생을 의심하지는 않았으나, 경험적 실존 현상을 강생하시는 하느님께 대한 그 자신의 감응이라는 영적 형태에 적절히 통합시키지도 않았다.

마이스터 엑카르트의 독창성

　마이스터 엑카르트가 영성신학자로서는 어느 정도 한계가 있다손 치더라도, 그의 작품에는 매우 독창적인 영성적 주제가 배태되어 있다. 엑카르트 작품에서 우리는 초탈의 장소를 주목한다. 그것은 윤리학과 형이상학 두 분야에 걸쳐 있을 뿐 아니라 서방 신비신학에서 확실히 유일무이한 위치를 점한다. 그러나 엑카르트가 채택하여 철저하게 새로운 방식으로 발전시키는 것은 단연 우리 자신의 본질적 '무'無라는 주제다.

　'무'는 그리스도교의 근본 주제인데도 너무 자주 홀대받아 왔다. 이 주제는 '하늘에서 내려와 동정 마리아에게서 태어난' 그리스도의 자기 비움 kenosis에서 나타나며, 또 삼위일체의 근저인, 성령 안에서 아버지와 아들의 상호 자기 비움에서도 나타난다. 자신의 삶을 그리스도께 맞추고자 하는 신앙인 개개인의 자기 비움에서도 이 주제는 드러난다. 그리하여 그들은 바오로와 함께 "내가 사는 것이 아니라 그리스도께서 내 안에 사시는 것입니다"(갈라 2,20)라고 말할 수 있는 것이다. 영적인 '무'는 다양한 마리아 신심에 활력을 불어넣는다. 이를 통해서 마리아는 '배'나 '창문', '빈 공간'이 된다. 따라서 '무'는 그리스도교에서 낯설지 않다. 오히려 부정이나 투명성, 자기 거부라는 개념들은 그리스도교 교의와 살아 있는 신앙 체험 두 가지 측면 모두에 바탕이 된다.

　엑카르트가 '우리는 무'라고 말한다고 해서, 경험적 의미에서 우리가 존재하지 않는다고 믿는 것은 물론 아니다. '무'가 되라는 말은 어쩌면 청중 앞에서 그들 본성의 가장 깊은 진리를 주창하는 엑카르트만의 기교에 비추어 보아야 한다. 하느님 앞에서 우리는 과연 무다. 어쩌면 신앙의 삶이란, 삼위일체의 풍성한 의미를 지닌 신적 무에 언제나 깊이 투신하는 것이다. 그렇다면 엑카르트가 이 주제를 거듭 강조하는 것은 바람직하다고 볼 수 있다. 그는 자기보다 앞선 이들과 자기 뒤에 올 이들의 노력을 능가하는 명료성과 활기로 이를 실행한다.

마이스터 엑카르트와 동양 종교

이것은 19세기부터 오늘에 이르기까지 상당한 문학 작품을 낳은 주제이다.[16] 그러나 많은 어려움을 내포한 분야이기도 하다. 엑카르트 주석가 중에는 난삽한 베단타 힌두교나 선불교와 정교한 중세 스콜라철학에 공히 정통한 이가 거의 없다. 하지만 신성神性 안의 절대적 유일성 원리에 대한 엑카르트의 주장에서, 영혼 속 신적 불꽃에 대한 가르침에서, 초월적 지식을 통해 하느님과 합일을 이룬다는 믿음에서, 특히 역동적이고 변화무쌍한 용어 구사에서 동양 종교와 명백히 상응하는 요소들이 부각된다. 따라서 엑카르트가 본질적으로 동양의 진리를 가르친다고 본 일부 해석자들의 견해에도 설득력이 있다.

그런데 문제가 겉보기만큼 단순하지는 않다. 우선 본문 비교가 상당한 언어학적 난점을 수반한다. 가령, 한쪽이 (중세 라틴어를 '번역'한) 중세 고지 독일어를 영어로 번역한 것이고, 다른 한쪽이 팔리Pali어(과거 인도 북서부 지역 언어 — 옮긴이)를 역시나 특징 없는 일상어로 번역한 것일 때, 우리는 두 본문에서 동일한 개념을 다룬다고 쉽게 단정 짓지 말아야 한다. 이런 번역은 (번역자라면 누구나 알다시피) 미묘한 사변적 성찰을 전달하는 데는 전혀 부적절하다. 둘째, 엑카르트의 말을 전부 다 액면 그대로 평가해서는 안 된다. 셋째, 엑카르트 사유에 바탕을 이루면서 그의 사변신학의 그리스도교적 뿌리를 반영하는 요소와 강조점들이 있다. 이 가운데서 맨 먼저 들

---

[16] Niklaus Largier는 Haas (1989) 428-31에서 작품 목록을 제시한다.

수 있는 것은, 그가 유일성의 원리를 앎intelligere이라고 밝힘으로써 그 원리를 조절하는 것으로, 이는 유일성 안의 역동적 다양성을 보증한다. 둘째, 영혼 안의 신적 불꽃에 대한 엑카르트의 언급은, 그 불꽃이 인간에게 내재되어 있으며, 더욱이 미래의 어느 지점에 이르러야만 충만히 실현될 **가능태**로 보아야 한다고 제시한다. 셋째, 엑카르트에게서는 소홀히 다뤄졌지만, 인간의 감각에 대한 부분이 여전히 남아 있다. 이타주의와 활동을 다룬 그의 신학의 기초를 이루는 것으로, 마리아와 마르타에 관한 고전적 주해에도 이 내용이 나온다(W 9).[17] 끝으로 (아마도 가장 중요한) 엑카르트의 '무'와 '초탈'은 우리 안에 계시는 하느님의 활동으로 주어지는 선물로 여겨야 한다. 그분은 영혼 속 하느님 탄생을 통해 자신을 전달하고 강생하신다. 따라서 하느님과의 합일이 엑카르트에게는 하느님 자신에 의해 이루어지며, 하느님은 강생의 관점에서 그려진다. 물론 엑카르트는 믿는 사람 개개인의 영혼 안에서 강생이 이루어지는 방식을 말과 인식이라는 순전히 추상적 관점으로 이해하고 제시한다.

　엑카르트의 사상이 동양 종교의 유파들과 지니는 유사성은 복잡하지만 매력을 끄는 문제로, 해결하려면 아직 한참 멀었다. 설령 엑카르트가 정말로 동양과 서양을 잇는 인물이라고 해도, 그를 지나치게 단순화하고 축소시킴으로써 고유한 그리스도교적 기원으로부터 떼어 놓아서는 안 된다. 이 책의 의도는 부분적으로, 엑카르트에게서 나타나는 광범한 사변적 주제가 실제로는 그를 형성한 그리스도교 세계로부터 유래한다는 점을 제시하는 것이었다. 그러므로 그것들을 그리스도교에 부과되는 일종의 상부구

---

[17] 둘째와 셋째는 Alois Haas가 자신의 고무적 연구 성과인 "Meister Eckhart als Gesprächspartner östlicher Religionen" (199f)과 "Das Ereignis des Wortes: Sprachliche Verfahren bei Meister Eckhart und im Zen-Buddhismus" (238) in Haas (1989) 189-200과 201-40에서 제시한 것이다.

조로 보아서는 안 된다. 그렇게 되면 그것들은 다른 종교 체계들과 편리하게 비교하려는 목적에서 벗어나기 쉽다. 참으로 엑카르트에게 교량적 인물의 역할을 부과하려면 그의 사변이 오롯이 그리스도교 교의와 사유에 뿌리를 두고 있어야 한다. 그리스도교 교의와 사유는 언제나 그 의미상의 특징을 함께 규정하는 역할을 할 것이다. 오직 그때만이 엑카르트와 일부 동양 종교 사상 및 체험들 간의 분명한 유사성이 영적 **색채**와 분위기라는 관점에서 충분히 풍요로운 토대를 제공하게 될 것이다.

10 · 마이스터 엑카르트의 영향

1575년, 스페인 예수회 총장 에베라르 드 마르쿠르Everard de Marcour는 회원들의 금서 목록에 신비주의 저술을 여러 편 포함시켰다. 그 가운데는 타울러, 라위스브룩, 하르피우스Harphius, 소이세, 메히틸트, 게르트루트Gertrude의 작품이 들어 있었다. 이 같은 결정은 도미니코회의 공격 때문이었다. 새롭게 창설된 예수회가 정적주의靜寂主義(quietism: 17세기 후반 스페인에서 시작되어 프랑스 등지로 확산된 종교적 신비주의. 하느님 앞에서 영혼의 철저한 수동성을 강조하면서 완덕을 향한 의지와 노력까지도 없애고자 했다 — 옮긴이)를 부추긴다고 비난한 것이다.[1] 이 목록과 관련해 흥미로운 사실은 엑카르트의 이름이 들어 있지 않았다는 것이다. 그러나 엑카르트에 대한 마르쿠르의 동정심 때문이 아니라 그 당시 스페인에서 엑카르트 작품을 접해 본(최소한 알고라도 있는)

---

[1] L. Cognet, *La Spiritualité moderne* (Aubier 1966) 190 참조. Ignatius는 라인 지방 신비가들의 작품을 다수 읽은 듯하다.

사람이 아무도 없었기 때문이다. 과연 에베라르 드 마르쿠르조차 엑카르트의 이름을 알고 있었는지 의문스럽기도 하다. 그런데 이 목록에서 엑카르트 이름이 빠진 데는 엑카르트의 사후 영향력에 대한 분석과 관련한 복잡한 문제가 있었다.

교서 「도미니코회 땅에」는 쾰른 교구에서만 공표되었지만, 그 효력은 꽤 먼 데까지 미치고 있었다. 엑카르트의 라틴어 작품은 주요 필사본 네 편 정도만 남아 있는 데 비해, 독일어 설교가 담긴 필사본은 제법 많다. 이 필사본 대부분은, 엑카르트가 설교하고 가르쳤으며 그에 대한 기억이 살아 있는 곳들을 중심으로 몰려 있다.[2] 엑카르트 저술에서 간접적으로 영향을 받은 사람들을 살펴보기에 앞서, 학생이나 제자로서 엑카르트를 개인적으로 알고 그의 가르침에 든 두 인물의 작품을 먼저 검토해 보자.

요한네스 타울러

타울러는 1300년경 슈트라스부르크에서 태어나 청년기에 그곳 도미니코회에 들어갔다.[3] 그와 엑카르트가 쾰른에 머문 시기가 일치할 수는 있지만 그가 쾰른 도미니코회 수도원 대학에서 공부했는지는 알 길이 없다. 그러나 타울러는 엑카르트가 슈트라스부르크에 있던 1313년부터 1323/4년 사이에 그의 영향을 받았을 가능성이 매우 높다.

요한네스 타울러는 당대 가장 인기 있는 설교가 가운데 한 사람이었다. 일찍이 한 묶음으로 수집된 그의 설교 약 84편은 16세기에 라우렌티우스 수리우스Laurentius Surius가 라틴어로 번역하여 엑카르트의 고향 라인 지방

---

[2] 슈트라스부르크, 쾰른, 에르푸르트, 바젤 등지다. 필사본 전승의 지리적 확산에 대해서는 Quint (1932) 참조.

[3] 이 장에 있는 자료의 상당 부분은 Davies, O., *God Within* (1988) 73-98에서 요약했다.

밖까지 널리 전해졌다. 흥미롭게도 근자에는 도리어 엑카르트의 설교 몇 편이 수리우스의 번역본에 들어 있는 것으로 판명되어 더한층 인기를 끌었다.[4] 엑카르트의 제자이면서 때로 엑카르트라는 필명을 사용한 타울러는 엑카르트 사상의 영향력 있는 핵심 통로였다.

타울러의 설교에서는 엑카르트에게서 차용한 어휘와 주제가 상당수 드러난다. 거기에는 영혼 속 하느님 탄생, 영혼의 불꽃, 피조물의 무, 초연 gelassenheit, 초탈abegescheidenheit 같은 이미지들이 포함된다. 실제로 타울러의 설교에는 엑카르트를 여실히 느끼게 하는 대목들이 있다. '영혼 속 하느님 탄생'에 관한 다음 설교가 그러한 예다.

> 우리 생각이나 영원의 관점에서 볼 때, 진실로 이 근저에서 하늘에 계신 아버지는 당신 외아들을 순식간에 낳으신다. 이 일은 그 자체의 형용할 수 없는 광채로 언제나 새롭게 이루어진다. 이를 체험하고자 한다면, 우리의 내적·외적 기능의 활동과 형상의 활동을 훌쩍 넘어서고 또 세상에 기원을 두고 있는 그 모든 것을 넘어서서 우리 자신 안으로 향해야 한다. 그리고 우리는 그 근저로 침잠해 들어가 근저와 하나가 되어야 한다. 그러면 아버지의 능력이 다가와 당신 외아들을 통해 우리를 당신 안으로 부르실 것이다. 아들이 아버지에게서 태어나 아버지에게 돌아가듯이, 우리도 아들 안에서 아버지에게서 태어나 아들과 함께 아버지에게 돌아가 그분과 하나가 된다(H 202).

---

[4] Surius의 Tauler 번역본에 들어 있는 엑카르트의 설교는 W 1, 2, 6(Eccardus junior 작품으로 추정), 36, 42(미완성), 47, 40(Quint는 이 작품의 친저성을 의심)이다. 1623년 파리에서 출간된 Surius 본에는 W 4가 포함되지 않았으나 Cognet는 이 설교도 Surius가 번역한 설교들에 포함시킨다(117).

그런데 대체로 타울러는 자신의 강조점들을 덧붙임으로써 엑카르트의 주제를 미묘하게 각색한다. 이 점은 영혼의 '근저'라는 용어 사용에서 분명히 드러난다. 엑카르트에게는 '근저'가 통상적으로 영혼의 초월적 가능태를 지칭하는 여러 동의어 가운데 하나라면, 타울러에게는 그 자체로 고유한 존재론적 무게를 지니면서 내면의 의미를 전달한다. 그것은 단순히 신적인 것이 아니라 영혼의 고유한 내적 실재다.[5] 이런 구별에 관한 언급이 다음 인용문에 등장한다.

> 창조된 빛은 어떤 것도 이 근저를 관통할 수 없다. 그곳에는 하느님 홀로 거처하신다. 창조계 전체라 할지라도 이 심연을 채울 수 없으며 가장 내밀한 심층에 도달하지도 못한다. 창조계는 우리를 만족시킬 수 없다. 무한하신 하느님 한 분 말고는 아무도 그렇게 할 수 없다. 오로지 신의 근저만이 우리 영혼의 이 근저에 상응한다. '깊은 곳이 깊은 곳을 부른다.' 우리가 이 근저에 주의를 기울인다면, 그때 이 근저는 영혼의 기능들에 작용한다. 이 근저에 주의를 기울이고, 우리의 벗으로 삼고, 고독 속에 머무는 가운데 이 근저에서 부르는 고귀한 목소리를 경청하고, 그 안으로 점차 다가간다면, 이 근저는 영혼의 높고 낮은 능력을 붙잡아 그 능력의 처음으로, 그 기원으로 되돌린다(H 336f).

전쟁과 윤리적 투쟁을 겪는 인간 현실에 대한 이 같은 힘찬 어조는 타울러의 작품 도처에서 감지된다. 그리하여 초탈은 그 형이상학적 유의미성을 상당 부분 잃어버리고, 한층 명백하게 윤리적 성격을 띤다.

---

[5] A. Haas in A. Raitt (ed.) *Christian Spirituality: High Middle Ages and Reformation* (London: Routledge 1987) 153 참조.

그런데 '참된 초탈'은 무엇을 의미하는가? 그것은 하느님뿐 아니라 모든 것에서 초탈해야 한다는 것과, 우리 영혼의 근저에 하느님 말고 다른 어떤 것은 없는지 또 능동적으로나 수동적으로 모든 일에서 하느님을 갈망하지 않는 어떤 것은 없는지를 살피기 위해 우리의 모든 행위와 말과 생각을 이성의 빛으로 검토해야 한다는 것을 의미한다. 그리고 하느님 아닌 무언가를 지향하는 것을 찾아내 잘라 내던져 버려야 한다(H 154).

이러한 흐름은 '피조물의 무'에 대한 타울러의 논고에도 나타난다. "자신의 무와 자신의 비존재와 자신의 무력함을 보는 사람, 그 사람 안에서 참으로 하느님의 은총이 탄생한다"(H 324). 다음과 같이 말할 때도 마찬가지다. "그대가 자신의 경건한 행동이나 실천을 중요하게 여긴다면, 그대 자신의 순전한 무와 아무짝에도 쓸모없음과 무력함에 내적으로 의지하는 것 외에는 아무것도 하지 않는 편이 더 나을 것이다"(H 390). 여기서 이 전형적인 엑카르트 용어의 내적 의미는, 그 용어의 형이상학적 특징이 순전히 윤리적인 조건의 범주에 흡수되면서 대부분 사라져 버렸다.

타울러는 또한 본질신비주의Wesensmystik 같은 용어를 성체 신심에 융합함으로써 한층 명확하게 성사적 차원을 도입한다.

그대가 하느님으로 변모되기를 원한다면, 그대에게서 그대 자신을 없애야 한다. 우리 주님께서는 "이 빵을 먹는 사람은 누구나 영원한 생명을 얻을 것이다"라고 말씀하신다. 그 지극히 신성한 성사에 참여하는 것이야말로 그대의 목적에 더할 나위 없는 도움이 될 것이다. 성사에 참여함으로써 그대를 그대 자신으로부터 자유롭게 하며, 또 그만큼 그대 안의 옛사람은 내적으로나 외적으로 완전히 사라진다. 생명과 존재를 지니도록 우리 인간 본성을 변화시키고 녹임으로써, 또 그 고유한 능력을 혈관을 통해 흘려보냄으로써 이 천상 양식은 우리를 우리 자신에게서 자유롭게 한다(H 211).

한 설교(H 104)에서 타울러는 '아무도 밟지 않은 길을 길잡이도 없이' 걸으며 성성聖性(sanctity)에 이르는 길을 개척한 '고귀한 스승'에 대해 언급하면서, 이것이 오해를 사 어떤 사람들에게는 '독이' 되었다고 말한다. 그러면서 타울러는 잘 닦인 길을 안내받아 따르는 것이 백 배나 낫다고 말한다. 여기서 '고귀한 스승'이란 분명 마이스터 엑카르트이며, 이 대목은 타울러가 엑카르트에게 느끼는 존경을 함축하는 듯하면서도 그의 메시지와 관련하여 모종의 경고를 곁들이고 있다. 이로써 타울러는 엑카르트의 주제와 용어를 미묘하게 각색하여, 수덕적 투쟁과 신심의 실천을 전통적으로 강조하는 영적 지도의 본류로 그것들을 다시 인도하고 있는 셈이다.[6]

하인리히 소이세

헨리 수소, 독일어 이름으로 하인리히 소이세Heinrich Seuse는 마이스터 엑카르트에게 직접 영향을 받은 라인 지방 학파의 또 다른 신비가다. 그는 1295년경 콘스탄츠 또는 위버링겐 부근에서 태어나, 열세 살이라는 이례적으로 이른 나이에 도미니코회에 들어갔다. 슈트라스부르크에서 잠시 공부했을 수도 있지만, 1325년경 쾰른 도미니코회 수도원 대학에서 공부한 것은 확실하다. 소이세는 마이스터 엑카르트가 내세우는 대의大義의 강력

---

[6] 타울러를 엑카르트보다 못한 사변신학자로 여기는 것은 부당하다. 인간 조건에 대한 타울러의 탐구는 실로 풍부하며, 우리는 그에게서 스페인 가톨릭 개혁(Counter-Reformation) 학파의 '영혼의 어둔 밤'을 예기하는 요소를 발견한다. 그는 뛰어난 사목 감각을 지녔고, 엑카르트가 지닌 독창성을 결여하지도 않았다. 이 점은 그가 일상의 표상을 다양한 영적 진리 전반에 인상적으로 적용하는 데서 드러난다. Davies, O., *God Within* (1988) 96-8과 *The Rhineland Mystics – An Anthology* (London: SPCK; New York: Crossroad 1989) 63-87 참조.

한 지지자이며, 이 때문에 그가 1330년 마스트리히트에서 열린 도미니코회 총회에서 견책을 받았다 해도 무리는 아니다. 소이세는 엑카르트를 개인적으로 알고 있었음이 분명하다. 자신의 부모가 도미니코회에 기부한 덕에 몇 년 일찍 수도회에 받아들여졌다는 사실로 괴로워하다가 사목적 도움을 받으러 엑카르트를 방문했다는 이야기가 전해진다.[7]

소이세는 『진리의 서』*Das Buechli der Wahrheit*에서 제자와 진리 간의 대화 형태로 엑카르트의 가르침을 옹호한다. 진리는 어떠한 오해도 단연코 불식시킬 만한 방식으로 엑카르트 가르침의 다양한 측면을 명료하게 밝히고 있다. 진리는 하느님과 신성에 대해 엑카르트가 구별한 것을 이렇게 설명한다.

> 진리: 그렇다. 신성은 행동하거나 탄생시키지 못하고 하느님만이 그 일을 하실지라도 하느님과 신성은 하나다. 그 차이는 우리 이성이 적용하는 이름들에서 나올 따름이다. 본질상 그들은 하나다(BM 330).

타울러와 마찬가지로 소이세도 엑카르트의 주제를 더욱 전통적인 맥락에 두는 데 관심을 기울인다. 여기서 진리는 '돌파'의 의미를 설명한다.

> 제자: 그로써, 그리스도를 통해 우리가 하느님께 돌아가고 그분의 축복을 얻는다는, 돌파에 관해 들려주십시오.
> 진리: 하느님의 아들 그리스도는 모든 사람과 공통되는 어떤 것을 지니셨으면서 아주 다른 것도 지니셨음을 그대는 유념해야 한다. 그분이

---

[7] '성인 같은' 엑카르트를 방문한 내용은 *The Life of the Servant*, ch.XXI (ET, J.M. Clark, London 1952) 65에 나온다.

> 모든 사람과 공통으로 지니신 것은 그분의 인간적 본성이다. 그러므로 그분은 또한 참으로 인간이셨다. 그분은 인격이 되셨을 뿐 아니라 인간 본성을 취하셨다. … 하느님께 참으로 돌아가고 그리스도 안에서 하느님 아들이고자 하는 사람은 누구나 자기 자신으로부터 그분에게로 돌아서야 한다. 그러면 목표를 달성할 것이다(BM 335f).

소이세는 영성생활에 관한 우리의 기대에 경고조로 개입한다. 그는 하느님과의 합일을 엑카르트나 타울러가 생각하는 것 이상으로 대단히 드문 현상으로 여기는 것 같다.

> 한 스승이 말한다: 영성생활에서 만날 수 있는 선택된 유형의 사람들이 있다. 너무나 순수하고 하느님 닮은 모습에 그 덕이 신적인 것으로 나타나는 이들이다. 파괴되었다가 첫 형상과 일치되게 재창조된 데다 덧없는 세상살이를 어떻게든 잊을 수 있기 때문에, 그들은 신적 형상으로 변모되고 그 형상과 하나가 된다. 그러나 이 상태는 엄청나게 이 축복을 소유하는 이들, 그리고 이승에서는 대단히 경건한 극소수에게만 가능하다는 점을 덧붙여야 한다(BM 338).

『진리의 서』 6장에서 소이세는 '야생아'라고 불리는 새로운 무리를 소개한다. 이 '야생아'는 엑카르트 당대에 그의 가르침을 일종의 윤리적 방종으로 남용한 이들을 가리킨다.[8] 소이세는 이들의 그릇된 해석에 맞서 엑카르트

---

[8] 소이세는 실제로 중성 정관사를 사용하는데(daz wilde), 아마도 자유정신의 형제들이라는 이단의 정체불명성을 강조하기 위함인 것 같다. 자유정신의 형제들의 도덕률 폐기론(anti-nominianism)은 자아 소멸에 토대를 두었다.

를 옹호하면서, 엑카르트의 가르침이 전적으로 건전하다는 점을 주장한다. 소이세는 하느님과 인간 영의 무를 통해 윤리적 방종을 오롯이 획득했다는 야생아의 주장에 맞서, 하느님께 적용되는 '무'는 차고 넘치는 존재를 지칭하는 용어이며, 하느님과 합일해 있는 인간의 영은 항구히 인간의 영 그대로 남아 있음을 강조한다. 둘째, 어떤 '스승'이 우리가 그리스도와 다르지 않다고 가르쳤다는 야생아의 주장에 대해 소이세는, 엑카르트가 이를 구체적으로 부인한 대목을 인용하여 반박한다. 그들은 결국 소이세에게 굴복하고는 진리를 가르쳐 달라고 그에게 청한다.

타울러와 소이세의 역할을 엑카르트의 제자라는 의미에 한정하는 것은 옳지 않다. 두 사람은 엑카르트의 대의를 강력히 지지하면서도 전통적 신심 형태에 더욱 적합하도록 그의 가르침을 각색하고 바꾸는 일도 게을리하지 않았다. 사실 소이세의 경우, 엑카르트의 흔적이 남아 있는 곳은 (필사본이 거의 남아 있지 않은) 『진리의 서』뿐이다. 그의 매우 대중적인 작품 『영원한 지혜의 서』*Das Büchlein der ewigen Weisheit*(와 라틴어 부본副本 『지혜의 시계』*Horologium sapientiae*)의 영성은 중세의 여느 신심 서적만큼이나 풍부한 표상을 담고 있지만, 엑카르트의 체계와 감성이 지니는 추상적 개념과는 매우 다르다. 은연중에 타울러가 내비치는 엑카르트에 대한 후의와 소이세가 엑카르트 입장을 강하게 옹호하는 것은 그러므로 더욱 인상적이다. 엑카르트와는 기질이 다르지만 그럼에도 그들은 엑카르트 편에 서기로 했으며, 힘들 때조차 그러한 자세를 견지했다.[9]

---

[9] *The Life of the Servant* 6장에서 소이세는 '복된 마이스터 엑카르트'가 어떻게 환시 중에 낙원에서 자신에게 내려와 자신의 질문에 답변했는지를 묘사한다(Clark, 30f). Edmund Colledge (Colledge/McGinn, 18f)는 거기에서 언급된 엑카르트가 실제로는 1337년이나 그 이후에 죽은 작센 지방 출신의 도미니코회원인 '젊은 엑카르트'(Eckhart the Younger)라고 주장한다. Edmund Colledge는 이런 취지에서 도미니코회 내부의 전승을 거론하면서 *Monumenta*

라위스브룩, 『독일 신학』과 『영적 가난의 책』

타울러와 소이세는 둘 다 엑카르트를 개인적으로 알고 있었다. 엑카르트를 직접 알지는 못해도 그의 주제들을 활용한 저자가 여럿 있었는데, 이들이 넓게는 라인 지방 영성학파를 형성했다. 얀 반 라위스브룩도 그들 중 하나다. 이 위대한 신비주의 저술가는 분명 플랑드르 지방의 영성적 전통에 속해 있다. 이 전통은 시토회원과 베긴회원을 주축으로, 사랑에 바탕을 둔 삼위일체적 신비주의에서 영향을 받았다. 대표적 인물로는 기욤 드 생 티에리, 나자렛의 베아트리스, 브라방의 하데위치 등이 있다. 그런데 중세 브라방 지방과 라인 지방이 문화적으로나 언어적으로 가까웠기 때문에, 라위스브룩을 그의 고향 브라방 지방 전통뿐 아니라 당대의 위대한 독일 신비가들과 관련지으려는 경향이 있었다. 이를 어느 정도 정당화하는 것은 1350년 라위스브룩이 자신의 저서 『영적 결혼의 화관』*Die Zierde der geistlichen Hochzeit*의 사본을 라인 지방에 보냈다는 사실이다. 타울러는 그루넨달에 있던 라위스브룩을 몸소 방문하기도 했다. 북해 연안 저지대는 엑카르트의 설교가 그 지방 언어로 번역·유포되던 몇 안 되는 지역이었다.[10]

라위스브룩은 1293년에 태어나 1381년 브뤼셀 남동쪽 그루넨달에서 세상을 떠났다. 1343년 그루넨달에서 그는 뜻을 같이하는 이들과 공동체를

---

ordinis fratrum praedicatorum historica 4 (1889) 258에 입각해 자신의 주장을 편다. 편집자가 '젊은 엑카르트'에 관한 자세한 전기를 수록한 이전 작품들을 언급하고 있지만, 소이세에게 나타난 사람이 이 젊은 엑카르트였다는 전승은 19세기에 고안된 듯하며, '정통으로 돌아가려는'(rückwirkende Orthodoxierung) 시도로 보인다.

[10] R.A. Ubbink는 자신의 값진 연구 *De Receptie van Meister Eckhart in de Nederlanden gedurende de Middeleeuwen* (Leiden 1978)에서 특별히 세 편의 설교(W 8, 84, 87)가 북해 연안 저지대에서 알려져 있었다고 제시한다. 하지만 이 세 편 중 잘 번역되었거나 제대로 이해된 설교는 한 편도 없다. 더 인기가 있었던 것은 『열두 미덕』(*Vanden XII Dogheden*)이라는 실용서였다. 이 책은 사실 엑카르트의 『강화』를 각색한 것이었지만 Godfried van Wevel이란 이름으로 유포되었다.

세웠다. 30대에 저술 활동을 시작했으며 많은 영성 작품으로 상당한 평판을 얻었다. 라위스브룩 영성의 출발점은 인간 인격을 삼중으로 구분하고 삼위일체 신비를 깊이 강조하고 있다는 점에서 엑카르트 영성과는 전반적으로 사뭇 다르다. 그의 어휘와 표상은 사랑신비주의loving mysticism 경향을 보이는데, 니사의 그레고리우스에서부터 토마스 갈루스Thomas Gallus, 클레르보의 베르나르두스, 기욤 드 생티에리에까지 걸쳐 있는 전통에서 드러나는 것과 동일하다. 그럼에도 라위스브룩 사유의 좀 더 사변적인 측면에는 엑카르트의 영향이 많이 드러난다. 이 가운데서도 영혼 속 '불꽃'(라위스브룩에게 이것은 선을 향한 감출 수 없는 성향이라는 전통적 의미를 지닌다), 피조물과 형상들의 초월 및 '형상 없는' 상태로의 진입, 영혼의 '근저', 그리고 간혹 영혼 속 하느님 탄생 같은 표현이 주목을 끈다.[11] 무엇보다도 라위스브룩은 '본질적인'weselec 또는 '벌거벗은'bloet 존재를 즐겨 언급한다.

    그러나 여기서 제시된 그 어느 것도 구체적으로 분명히 엑카르트로부터 빌려 온 것은 없다. 일부는 당시 보편적으로 유포되던 원천에서 입수했을 것이고, 대개는 타울러에게서 얻었을 것이며, 어떤 것들은 하데위치의 작품에도 확실히 나타나 있다. 그리고 라위스브룩은 (하데위치 2세의 것으로 여겨지는 시집을 포함하여) 하데위치의 작품을 잘 알고 있었다. 그리고 라위스브룩이 적어도「마음으로 가난한 사람은 행복하다」라는 설교를 알고 있었으리라는 데는 두말할 필요 없는 증거가 있다. 그는 저서『열두 베긴회원』Vanden XII beghinen을 통해 이 설교를 맹렬히 공격하면서, 자유정신의 형제들이 북해 연안 저지대에 출현한 것과 이 설교를 결부시킨다. 그런데 라위스브룩이 교서「도미니코회 땅에」를 알고 있었으면서도, (그의 추종자

---

[11] O. Davies, *God Within*, 129 참조.

얀 반 레이우엔Jan van Leeuwen이 엑카르트를 광적인 이단으로 여긴 것과는 달리) 엑카르트라는 이름을 어디서도 언급하지 않은 것은 놀랍다. 타울러가 그루넨달에 있던 라위스브룩을 방문한 것이 사실이라면 라위스브룩으로 하여금 당시 북해 연안 저지대에서는 관례였던 엑카르트의 이름을 깎아내리는 짓을 삼가도록 했을지 모른다고 생각해 보는 것도 흥미롭다.[12]

『독일 신학』Theologia deutsch은 1430년경 쓰인 것으로 추정되는 작품이다. 이름이 알려져 있지 않은 이 책의 저자는 사제로서 프랑크푸르트 암 마인 근처 작센하우젠에 있던 독일기사단Deutsche Orden의 책임자였다. 이 작품은 부분적으로 후대에 속한다는 점에서 그 성격이 타울러나 소이세, 라위스브룩의 작품과는 다소 차이가 있다. 사실 이 작품은 하느님과 우리의 합일에 대해 대단히 윤리적인 관점을 제시하면서, 또 전반적으로 사변적 요소를 피하고 있다는 점에서 토마스 아 켐피스Thomas à Kempis의 『준주성범』De imitatione Christi과 공통점이 많다. 『독일 신학』의 핵심 개념은 복종gehôrsam으로, 자아 의지eigenwille와는 반대된다.

이것은 언제 어떤 일에서나 하느님과 그분의 계명에 복종하는 데 전념하고 또 익숙해짐으로써 본성으로나 영으로 하느님께 더 이상 아무런 저항도 없을 뿐 아니라, 육체와 영혼과 그 모든 지체가 창조주의 뜻을 행할 준비가 되어 있으면서 기꺼이 이행할 수준이 되어야 한다는 것을 의미한다. 이는 누군가의 손이 그의 뜻을 이행할 준비가 되어 기꺼이 이행하는 것과 마찬가지다. 손은 그의 지배하에 있고, 그는 손을 뒤집어 자기 뜻대로 사용할

---

[12] Geert Grote도 엑카르트를 이단이라고 공격했다. G. Epiney-Burgard, "La critique d'Eckhart par Ruusbroec et son disciple Jean de Leeuwen", in: Flasch (1984) 177-85, 특히 n.28, 184 참조.

수 있다. 그리고 사정이 여의치 못할 때면 우리는 두려움에서가 아니라 사랑으로 그 사정을 바로잡는 일에 착수해야 하며, 모든 일에서 우리 마음을 하느님께 두고 그분께 영예와 찬양을 드리도록 해야 한다.[13]

『독일 신학』의 영성적 성격이 타협의 여지 없이 실천적이라 할지라도, 라인 지방 전통의 사변적 요소는 여전히 남아 있다. 여기에는 하느님과 신성 간 구별에 관한 암시, 하느님의 일치성과 '영적 가난'과 부정신학에 대한 강조도 포함된다.[14] 부정신학과 관련해서는 이렇게 언급한다.

> 이 완전함은 피조물이 파악하고 인식하는 것을 넘어서며, 피조물은 이를 피조물이라는 자기 본성으로는 표현할 수 없다. 그래서 이 완전함은 '무'라고 불린다. 그것은 피조물의 형태에 속하지 않기 때문이다. 이것이, 어째서 피조물이 피조물로서는 그것을 인식하거나 이해할 수 없으며, 피조물 자신의 생각으로 그것을 이름 짓거나 파악할 수 없는지에 대한 이유다.[15]

그러나 저자는 그런 문제들을 숙고하기보다는 영성의 실천적·윤리적 측면을 강조하기를 더 좋아한다. 이는 '영적 가난'에 관한 언급에서 분명히 드러난다.

> 영적 가난과 참다운 겸손이 있는 곳에서는 사정이 아주 다르다. 그리고 영적 가난은 우리 자체와 우리가 소유하는 것으로는 우리가 무라는 사실, 그

---

[13] W. von Hinten, *Der Franckforter* (München 1982) 152f.
[14] O. Davies, *God Within*, 113f 참조.
[15] W. von Hinten, *Der Franckforter*, 71f.

리고 범죄와 부정과 악에 보탬이 되는 것밖에는 아무것도 할 수 없다는 사실을 진리 안에서 깨닫고 인정하는 데서 생겨난다. 그리하여 우리는 하느님과 그분의 피조물이 우리를 위해 행했거나 행했을지 모르는 모든 것을 감당할 자격이 없음을 깨닫는다.[16]

『독일 신학』은 종교개혁자들 사이에 아주 인기 있는 작품으로 입증되었다. 실제로 이 작품은 1516년 마르틴 루터에 의해서 불완전한 형태로 처음 출판되었다. 그리고 루터는 1518년에 완전한 사본을 출판했는데, 그는 에르푸르트의 카르투지오회 도서관에서 그 사본을 발견했다. 루터는 그것이 타울러나 타울러의 제자 중 한 사람의 작품으로 믿었기에 그것이 '옛사람들의 것과 동등한 것'이라고 선포했다.[17] 후대에 『독일 신학』은 독일 경건주의자들과 재세례파 계열에 크게 영향을 미쳤다. 단순하고 직접적이며 내밀하고 개인적인 종교를 주창했기 때문이다.[18]

우리는 『독일 신학』을 쓴 프랑크푸르트 사람에 관해서 거의 알지 못하는 것처럼, 『영적 가난의 책』*Das Buch von geistlicher Armut*의 저자에 관해서도 아는 바가 거의 없다. 이 책 역시 15세기 초 작품으로, 오랫동안 요한네스 타울러의 작품으로 여겨져 1621년 프랑크푸르트에서 프로테스탄트인 다니엘 수더만Daniel Sudermann이 타울러의 이름을 내걸고 (『그리스도의 가난한 생애를 본받음』*Doctor Johann Taulers Nachfolgung des Armen Lebens Christi*이라는 제목으로) 출판했다.[19] 『영적 가난의 책』은 이 시기의 두 가지 큰 영성적

---

[16] *ibid*. 105.

[17] O. Davies, *God Within*, 111f 참조.

[18] Stephen Ozment, *Mysticism and Dissent: Religious Ideology and Social Protest in the Sixteenth Century* (New Haven - London 1973) 참조.

주제(내적 쇄신의 조건으로 이해되는 영의 가난, 그리고 물질적으로 가난한 생활을 포용하는 가운데 쇄신을 표현하는 것으로 이해되는 삶의 가난)를 조화시킨다는 점에서 매력을 끄는 작품이다. 소이세는 이 책을 다룬 자신의 1877년 판 저서에서 저자가 프란치스코회원이 분명하다고 설득력 있게 주장했다.[20]

이처럼 엑카르트의 전통을 지닌 요소들이 여전히 남아 있다. 물론 이 요소들은 한결 상투적으로 사용할 수 있도록 용어나 주제가 대체로 각색된 형태를 띠고 있지만 그럼에도 다음 인용문에는 엑카르트적 영감을 지닌 그 무엇이 있다. 여기서 저자는 '영적 가난이란 무엇인가'라고 질문한다. '초탈한'과 '초탈'이라는 표현은 원문에 있는 엑카르트의 용어 abegescheiden을 번역한 것이다.

> 영적 가난을 소유하는 것은 하느님처럼 되는 것이다. 그런데 하느님이란 무엇인가? 하느님은 모든 피조물로부터 초탈한 존재다. 그분은 자유로운 능력이며 순수한 행위다. 그래서 영적 가난은 또한 피조물로부터의 초탈이다. 그러면 초탈이란 무엇을 의미하는가? 아무것에도 집착하지 않는 사람은 초탈한 사람이다. 영적 가난은 아무것에도 집착하지 않으며, 아무것도 영적 가난에 집착하지 않는다.[21]

물질적 가난이라는 맥락에서 본질신비주의가 읽히기는 하지만, 엑카르트적인 분위기를 확실하게 감지할 만한 대목이 분명 여러 군데 있다. 이어지는 인용문에는 '탄생'이라는 말이 실제로는 없지만 영혼의 가장 내밀한 부

---

[19] O. Davies, *Rhineland Mystics*, 117 참조.

[20] H.S. Denifle, *Das Buch von geistlicher Armuth*, München 1877.

[21] *ibid*. 1.

분에서의 하느님 탄생에 대해 우리에게 들려주고 있다. 그리고 하느님은 영혼 안에서 '활동하고' 계신 것으로 묘사된다.

> 하느님이 우리에게 말씀하시는 첫째 방식은 영혼의 본질에서인데, 어떠한 피조물도 그곳을 관통할 수 없고 그곳에서 이야기할 수 없다. 하느님 홀로 그곳에 거처하시고 그분 홀로 그곳에서 말씀하실 수 있기 때문이다. 하느님이 그곳에서 말씀하실 때 영혼은 모든 것을 버리고 떠나며, 영혼의 모든 기능은 침묵하고, 영혼은 자신의 벌거벗은 본질의 근저를 흘끗 본다. 이 벌거벗음과 침묵으로 하느님은 당신의 말씀을 말씀하시며 영혼은 그 말씀을 듣는다. 하느님의 소리는 다름이 아니라 우리 안에 계신 하느님에 대한 내적 의식이다. 이것은 하느님에게서 솟아 나와 우리 영혼의 본질 속으로 들어가서 영혼의 모든 기능에 흘러넘치며, 우리가 자신의 모든 활동으로부터 기꺼이 자유롭게 되고 또 하느님 홀로 우리 영혼의 본질 안에서 활동하시게 하는 기쁨을 조성한다. 우리가 자신의 활동에서 떠나면 떠날수록, 하느님은 우리 안에서 더욱 왕성히 활동하신다.[22]

종교개혁자들, 안젤루스 질레지우스, 니콜라우스 쿠자누스, 스페인과 영국의 신비가들

이 장의 마지막 단원에서는 엑카르트의 이름과 연관된 과거 그리스도교의 인물들을 살펴볼 것이다. 여기서는 엑카르트 작품이나 그의 최측근 추종자들 작품의 이용 가능성과 해석의 문제를 주로 다루려 한다.

우리는 라인 지방 영성을 다루면서 **마르틴 루터**를 만났다. 그는 1516년과 1518년에 『독일 신학』을 출판했다. 루터는 타울러의 작품을 알고 있었

---

[22] *ibid*. 68.

다. 그는 타울러의 설교들을 1508년의 아우크스부르크 판으로 읽었다. 이 판에는 오늘날 엑카르트의 것으로 여겨지는 설교 세 편(W 1, 2, 4)이 포함되어 있다.[23] 아우크스부르크 판은 페트루스 카니시우스Petrus Canisius의 1543년 판과 두드러지게 차이가 난다. 1543년 판은 쾰른의 카르투지오회원 라우렌티우스 수리우스의 1548년 라틴어 번역본의 토대가 된 것으로, 타울러의 작품이 고국 독일 밖에까지 널리 알려지게 된 계기가 되었다. 루터는 타울러를 매우 존경했으며, '그토록 참다운 신학'에 깊은 감명을 받았다. 신비주의 저술들에 대한 루터의 열정은 훗날 변화·발전하여 자신의 풍요로운 믿음의 신학에 통합되었다.[24]

엑카르트나 타울러의 세계와 마르틴 루터의 세계 사이에 큰 차이가 있다는 점은 의심의 여지가 없다. 루터는 하느님 앞에서의 우리의 수동성과 포기가 지닌 깊은 의미와 더불어 타울러의 작품에서 드러나는 '영적 유혹의 공격'Anfechtung의 차원에 흥미를 느낀 것 같다. 그것은 '벌거벗은 하느님'deus nudus을 이야기하면서 '영광의 신학'theologia gloriae을 크게 강조하는 사변적 차원으로, 루터는 영광의 신학이 건전한 '십자가의 신학'theologia crucis뿐 아니라 역사 안에서 우리를 위해 이루어진 그리스도의 구원 행위 Christus pro nobis에 대한 합당한 믿음도 간과하는 것으로 여겼다. 게다가 루터는 영혼과 하느님 사이에 접촉점이 있다는 믿음에 비판적이었기에, 타울러의 어느 설교에 대한 주석에서는 타울러의 '영혼의 불꽃'을 '신앙'으로 대체하기도 했다.[25]▶ 따라서 루터가 타울러에게 공감했던 요소 대부분이

---

[23] Cognet (1968) 115, n.27 참조. Cognet은 반신반의하면서 W 3도 덧붙인다.

[24] 1516년 12월 14일 Spalatin에게 보낸 편지(*Weimar Ausgabe*, Briefe I, nr.30, 58). 루터와 신비가들 일반에 관해서는 Heiko Obermann, "Luther and Mysticism", in: *The Dawn of the Reformation* (Edinburgh 1986) 126-54와 Alois Haas, "Luther und die Mystik", in: Haas (1989) 264-85 참조.

타울러가 엑카르트와 공통으로 가지고 있지 않은 것들이라는 사실에 비추어, 우리는 루터가 엑카르트의 설교 전체를 입수하였으되 그다지 감명받지는 않았으리라고 결론지을 수 있다. 루터는 하느님과 우리의 본질적 유사성에 대한 한층 두드러진 의식과, 하느님 앞에서의 우리의 수동성에 대한 사사롭지 않은 관점과, 그리고 무엇보다 루터 자신의 유명론唯名論(nominalism)과는 매우 다른 철학적 성향을 타울러보다는 엑카르트에게서 발견했을 것이다. 엑카르트와 루터가 그토록 다른 분위기가 나는 이유가 이러한 차이 때문이다. 엑카르트는 인식 본질주의noetic essentialism에 바탕을 둔 영광의 신학에 최고로 관심을 가졌다면, 루터는 십자가의 신학에 큰 비중을 두었다. 하지만 '종교의 내적 실재', '행위에 대한 비판', (루터 자신의 의화 이론과 매우 밀접한) '의로움의 원인에 대한 이해', '인간 존재의 무'라는 개념들에서는 루터도 엑카르트를 존중했을 것이다. 루터에게 인간은 오로지 신앙의 과정을 통해서만 그 고유한 실재에 도달하는 존재다.[26]

야콥 뵈메Jacob Böhme는 넓게는 루터의 전통에 속한다. 하느님과 세상에 대한 복잡한 이론으로 일부 주석가를 매료시키고 다른 주석가들을 경악케 한 인물이다. 뵈메는 1575년에 라우시츠의 슐레지엔 지방 괴를리츠 인근에서 태어났다. 그는 제화공이었다. 뵈메의 저술에는 엑카르트의 작품을 상기시키는 세 가지 주제가 나온다. 그 첫째는 '**끝 간 데 없음**'Ungrund으로, 영원한 휴식 상태에 있는 신성의 절대적 초월과 헤아릴 수 없음(無量)을 나타낸다. 신적인 자기 의지와 자기 인식의 행위에 의해 만물이 생겨나는 가

---

[25] 참조: *Weimar Ausgabe* IX, 103, 41[Tauler의 설교들에 대한 방주(旁註) 1516]; Johannes Ficker, "Zu den Bemerkungen Luthers in Taulers Sermones" (Augsburg 1508) in *Theologische Studien und Kritiken* 107 (1936) 46-64.

[26] Stephen Ozment, *Homo spiritualis*, Leiden 1969 참조.

능태의 영역이다. 나머지 주제는 영혼 속 하느님 탄생과 신적 불꽃이다. 이러한 개념들의 원천은 타울러의 작품과 『독일 신학』이며, 뵈메 자신에게는 아니더라도 가까운 동료들에게 친숙한 개념이었다.[27]

밀교적이고 연금술적이며 신비주의적인 주제가 뒤섞인 야콥 뵈메의 저술들은 그의 고향 슐레지엔 너머 멀리까지 상당한 영향력을 미쳤으며, 셸링과 헤겔 같은 탁월한 관념주의 철학자들의 흥미를 끌었다. 독일 바로크 시대 최고 시인 가운데 한 사람으로 안젤루스 질레지우스라는 필명을 가진 요한네스 셰플러Johannes Scheffler도 뵈메의 작품을 읽었다. 셰플러는 뵈메가 죽은 바로 그해인 1624년에 역시 슐레지엔에서 태어났다. 그는 명문 루터 가문 출신이었지만 나중에 가톨릭으로 개종했다. 라이덴 대학에서 공부했으며 거기에서 뵈메의 저술을 접했다. 그런 그가 뵈메의 친구이자 첫 전기 작가인 프랑켄베르크의 아브라함Abraham von Franckenberg과의 교분을 통해 타울러와 라위스브룩과 『독일 신학』을 접한 것은, 훗날 고향에서 의사로 일하기 위해 브레슬라우에 돌아왔을 때다.[28] 셰플러를 가장 널리 알린 풍자시 「천사 같은 방랑자」Cherubinic Wanderer는 엑카르트의 영성을 다분히 반영하고 있다. 여기서 그는 하느님 너머의 하느님을 묵시적으로 언급한다.

나의 거처는 어디인가? 그곳은 내가 결코 설 수 없는 곳,
내가 올라야 할 최종 목적지는 어디인가?

---

[27] Robin Waterfield, *Jacob Böhme: Essential Readings* (Wellingborough 1989) 20-31 참조.

[28] Scheffler도 Maximilian Sandeus의 신비신학 개론서 *Clavis ero theologia mystica*를 통해서 라인 지방 자료를 접했다. Maria Shrady가 번역한 *Angelus Silesius*, Classics of Western Spirituality series (New York: Paulist Press; London: SPCK 1986)에 대한 Josef Schmidt의 탁월한 서문, 특히 17-33 참조.

모든 장소를 넘어서는 그곳, 그렇다면 내가 찾는 것은 무엇이란 말인가?
나는 하느님을 초월하여 광야로 달아나야 하리 ….[29]

다른 곳에서 셰플러는 우리가 영원히 파악하지 못하는, 무로서의 신관神觀을 강조한다.

하느님은 시간이나 공간으로 접촉할 수 없는 가장 순수한 무다.
그대가 다가갈수록 그분은 멀어지실 것이다.[30]

셰플러에게서도 영혼 속 하느님 탄생이라는 주제가 나타난다.

그대 안에서 하느님은 틀림없이 탄생하신다.
베들레헴에서 수없이 태어나시는 그리스도께서
그대 안에서는 태어나지 않으신다면
그대는 영원히 사라진 것이다.[31]

영혼 속 신적 불꽃도 등장한다.

그 불 속에 있는 불꽃을 말할 수 있는 분은 누구일까?
뉘라서 하느님 안에 머물면서도 자신을 의식할 수 있을까?[32]

---

[29] Book 1, 7. Shrady (tr.) *Angelus Silesius*, 39.

[30] Book 1, 25. Shrady, 40.

[31] Book 1, 61. O. Davies (tr.).

[32] Book 4, 137. Shrady, 95.

셰플러는 특히 타울러의 작품과 『독일 신학』을 통해 엑카르트의 초탈[셰플러는 gelassenheit를 사용]을 접하게 된다.

> 나의 내가 내 안에서 줄어들고 희미해질수록
> 하느님의 내가 내 안에서 강하게 성장한다.[33]

신화神化에 관한 다음 구절에서처럼, 이따금 셰플러는 역설로 충만한 엑카르트의 희열을 제대로 포착한다.

> 내가 하느님 같고 하느님이 나 같다.
> 내가 하느님처럼 위대하고 그분이 나처럼 작으니,
> 그분이 위인 것도 아니요, 내가 그분 아래인 것도 아니다.[34]

엑카르트가 독일어권에 미친 영향에 대한 논의를 마치기에 앞서 우리는 니콜라우스 쿠자누스Nicholaus Cusanus를 고려하지 않을 수 없다. 그는 15세기 교회의 지도적 인물로, 학식이 뛰어났으며 1433년 바젤 공의회에서 중요한 역할을 했다. 그는 원래 공의회 우위설Conciliarismus을 편들었으나 나중에는 교황을 지지하면서 교황을 위해 동방교회와 화해를 추진했다. 교황 니콜라우스 5세는 그를 추기경에 임명했다.[35]

---

[33] Book 5, 126. O. Davies (tr.).

[34] Book 1, 10. O. Davies (tr.). Benno von Wiese, "Die Antithetik in den Alexandrinern des Angelus Silesius", in: *Euphorion* XXIX (1929) 503-22 참조.

[35] J. Hopkins, *A Concise Introduction to the Philosophy of Nicholas of Cusa* (Minneapolis 1978)와 같은 저자가 *De Visione Dei*를 번역하고 주석한 *Nicholas of Cusa's Dialectical Mysticism* (Minneapolis 1985) 참조. 또한 P.M. Watts, *Nicolaus Cusanus: A Fifteenth Century Vision of Man*, Leiden 1982 참조.

니콜라우스 쿠자누스의 작품 가운데 『무지의 지知』가 가장 유명하다.[36] 여기서 그는 하느님에 대한 우리의 최고 지식은 모든 모순을 초월하는 일종의 특별한 직관 형태라고 주장했다. 이렇게 그는 하느님을 아는 데 있어서 의지가 먼저냐 지성이 먼저냐 하는 당시 논쟁에 깊이 관여했다.[37] 니콜라우스 쿠자누스는 자기 입장을 논증하면서 여러 원천을 끌어들였는데, 그중 하나가 분명 마이스터 엑카르트였다. 하느님의 절대적 유일성에 관해서뿐 아니라 하느님에 대한 우리의 지식에 있어서 지성의 자리에 관한 엑카르트의 사상은 의심할 여지 없는 영향력을 지니고 있었다.[38]

니콜라우스 쿠자누스를 신비가로 여기는 것이 합당하냐 아니냐를 두고 논쟁이 있었다. 그러나 분명한 것은 그가 신비신학의 문제에 관계했다는 점이며, 그를 얼마나 신비가로 여기느냐 하는 사안은 대체로 신비주의에 대한 정의에 달려 있으리라는 것이다.[39] 그런데 엑카르트에 대한 니콜라우스 쿠자누스의 지식은 확실히 직접적인 것이었다. 그는 모젤 강변 쿠에스에 있는 자신의 도서관에 엑카르트 라틴어 작품의 주요 사본 하나를 소장하고 있었다. 소이세가 찾아내 1886년에 지면을 통해 소개한 바로 그 사본이었다.[40] 따라서 근대 이전에 엑카르트의 스콜라 작품을 접한 인물로는 유일했으며 오늘날의 우리처럼 엑카르트를 실질적으로 읽을 수 있었다는 점에서, 니콜라우스 쿠자누스는 엑카르트와 관련해 독특한 위치를 차지한

---

[36] R. Klibansky (ed.) *De docta ignorantia* (Latin/German) Hamburg 1977. J. Hopkins의 번역 (Minneapolis 1981)이 있다.

[37] Alois Haas의 논문 *Deum mistice videre … in caligine coincidencie: zum Verhältnis Nikolaus' von Kues zur Mystik* (Vorträge der Aeneas-Silvius-Stiftung an der Universität Basle XXIV) (Basle 1987) 참조.

[38] Degenhardt (1967) 64-8 참조.

[39] Haas (1987) 9ff 참조.

[40] Degenhardt (1967) 175ff 참조.

다. 그는 하이델베르크의 교수 요한네스 벵크Johannes Wenck의 비난에 맞서 엑카르트의 대의를 강력히 옹호했다.[41]

엑카르트 본문과 자료의 이용 가능성과 관련하여 스페인은 독일어권 지방들과 상황이 크게 다르지 않았다. 엑카르트가 직접 알려져 있지 않았고, 그의 설교를 다수 포함한 타울러 설교의 라틴어 번역본과 『독일 신학』이 엑카르트 사상을 전달할 수 있는 두 주요 통로였다. 수리우스는 타울러를 번역하여 스페인 왕 필리페 2세에게 상을 받았다. 후안 데 로스 앙헬레스 Juan de los Angeles가 타울러의 작품을 알았다는 주장도 제기되어 왔다.[42] 아빌라의 데레사나 십자가의 성 요한이 수리우스의 번역본에서 타울러를 알았을 것이냐에 관해서는 논쟁 중이다. 데레사 주변의 가르멜회원들은 『독일 신학』을 잘 알았던 것으로 전해지지만,[43] 데레사와 십자가의 성 요한이 문학적 영향을 받았다고 단정하는 데는 상당히 무리가 있다. 그리고 그들의 두드러진 업적이 라인 지방 영성에 의존했다고 주장하려는 시도는 적절치 못해 보인다.

영어로 쓰인 영성 작품이 만개한 위대한 14세기 영국에서도, 라인 지방 자료가 충분했다는 증거는 빈약하다. 당시 영국에서 소이세의 『지혜의 시계』를 접할 수 있었을지는 몰라도, 이 작품은 우리가 아는 엑카르트의 정신과는 거리가 멀다.[44] 영국의 영성적 분위기가 대륙의 사변적 신비주의와

---

[41] Degenhardt (1967) 50-63 참조.

[42] 스페인에서 Tauler가 끼친 영향은 E. Filthaut (Hg.) *Johannes Tauler: ein deutscher Mystiker* (Essen 1961) 400ff에 실린 A. Winklhofer의 논문과 J. Orcibal, *S. Jean de la Croix et les mystiques rhéno-flamands*, Brussels - Paris 1966 참조.

[43] J. Orcibal, *La rencontre du Carmel Thérésien avec les mystiques du Nord* (Paris 1959) 참조.

[44] R. Lovatt, "Henry Suso and the Medieval Mystical Tradition in England", in: M. Glasscoe (ed.) *The Medieval Mystical Tradition in England* (Exeter 1982) 47-62 참조.

특별하게 맞았던 적은 거의 없었던 것 같다. 라위스브룩의 『영적 혼인』 제2권을 발췌한 초기 영어 번역서 『하느님 자녀의 정화』가 라위스브룩의 사목적·실천적 정신에 호의적이라는 점은 흥미롭다.[45] 하지만 필사본들을 근거로 14세기 영국의 영성 고전 작품들에 마이스터 엑카르트가 영향을 미쳤으리라는 추측은 단연코 배격해야 한다.

결론

엑카르트의 영향을 탐구해 본 결과, 19세기에 이르러 그의 독일어 작품을 먼저 발견하고 뒤이어 라틴어 작품을 발견하기 전까지는 그의 사유에 대한 직접적 동화同化가 거의 이루어지지 않았음을 알 수 있다. 엑카르트 살아생전에도 그를 이해하기란 결코 쉽지 않았다. 단죄 때문에 필사본이 유포되기 힘들었던 점도 그를 쉽게 받아들이지 못하게 한 요인이다. 애석하게도 우리는 엑카르트의 초기 작품을 찾지 못했다. 타울러와 소이세의 경우에는 그들이 살아 있을 때부터, 라위스브룩의 경우에도 그가 죽고 얼마 지나지 않아서부터 우리는 그들의 초기작을 확보해 왔다. 엑카르트에 대한 단죄는 그의 모국어 작품이 라틴어로 번역되는 것조차 가로막았다. 중세 때 어떤 사상을 그 지역 너머까지 유포시키기 위해서는 라틴어 번역이 중요한 전제 조건이었다. 그러나 엑카르트의 사상은, 익명이나 다른 사람 이름으로 유포되던 단편들과 가까운 이들의 저술을 통해 확산되었다. 그 덕에 '영혼 속 하느님 탄생', '영혼의 불꽃', '초탈' 같은 엑카르트의 특징적 용어와 주제가 오래도록 살아남아 종교개혁 이후까지도 이어진 것을 알 수 있다. 그런데 그 이미지들은 본디 맥락에서 멀어져 대단히 감각적이

---

[45] J. Bazire/E. Colledge (eds.) *The Chastizing of God's Children and the Treatise of Perfection of the Sons of God* (Oxford 1957).

고 내적이며 사사로운 신심을 부각하는 데 그치고 말았다. 따라서 니콜라우스 쿠자누스는 예외로 하더라도, 엑카르트 사상 전반에 관해 온당한 평가를 내릴 수 있는 해석자를 만나는 것은 엄밀한 자료를 갖춘 현대에 이르러서야 가능해졌다.

□ 에필로그

어떻게 엑카르트가 시대마다 다양한 인물과 집단에게 각기 다른 모습을 제시해 왔는지를 살피면서 이 책을 시작했다. 이는 엑카르트가 교회의 변방에 머물러 있으면서, 그를 형성한 지적·사회적 배경이 과거에는 드러나지 않았다는 데서 주로 기인한다. 지금까지의 논증에 따르면, 엑카르트가 구사하는 문장의 수사적 스타일로 인해 분별없는 독자들은 엑카르트가 자신이 의미하는 바와 실상 동떨어진 것을 이야기하는 것처럼 오해하기 쉽다는 점도 하나의 이유가 된다고 본다. 또한 엑카르트의 사회적 상황과 지적 원천과 그 자신의 영성적 동력을 염두에 두면서 각 단계마다 그가 원래 의미하는 바를 재구성하려 시도했다. 그런데 이런 의문이 든다. 엑카르트보다 약 7세기나 후대에 살고 있는 우리가 과거 중세의 인물에게 이토록 흥미를 느끼는 이유는 과연 무엇일까? 오늘날 종교적 심성에 호소하는 무언가가 그에게 있는 걸까? 특히 영어권에서는 정녕 엑카르트가 이 시대를 위한 신비가로 여겨지기도 한다.

현대 정서와 어긋나는 것처럼 보이는 엑카르트의 특성부터 주목해 보자. 첫째, 엑카르트는 중세 전통 속에서 이성을 통해 신앙의 핵심을 관통하는 것이 가능하다고 믿은 스콜라신학자다. 토마스 아퀴나스에게서 시작되고 근대 사유 세계의 토대를 이루는, (이성과 신앙 간) 관할권의 경계가 그에게는 없다. 둘째, 엑카르트는 아리스토텔레스적 인지 모델, 즉 아리스토텔레스의 인식론을 당연시한다. 우리에게는 매우 낯설지만, 그와 당대 독일 도미니코회원들이 공유하는 부분이었다[하지만 인간 본질(문자 그대로 '앎'으로서의 본질)의 역동적 본성에 대한 엑카르트의 견해는 현대의 자아 이해 형태와 잘 부합한다]. 셋째, 엑카르트 사상의 철학적 토대는 신플라톤주의 성격이 짙다. 이것은 엑카르트가 물질 세계 너머 보이지 않는 지적 세계를 끊임없이 주목한다는 것을 의미한다. 그의 표현대로 "영혼이 육체 안에서보다 육체가 영혼 안에서 더욱 참되게 있다". 이는 엑카르트가 그리스도교 강생 교리에 온전히 의존하는 신비가가 아님을 의미한다. 그리스도교 강생 교리에서는 육체를 비롯한 물리적 실재가 신적 신비로 고양된다. 더욱이 창조계에 대해 엑카르트는 '창조계란 우리가 멀리해야 하는 것'이라는 데 오로지 관심을 둔다. 피조물은 존재를 제한하고 축소시키면서 우리로 하여금 제한된 영역의 지식만으로 '활동하게' 한다는 것이다. 엑카르트의 관점에서, 우리가 참으로 **실재**實在하기를 바라고 우리 자신의 지고한 능력에 부합하기를 바란다면, 우리는 모든 피조물과 또 피조물이 우리 안에서 야기하는 모든 형상을 초월해야 한다. 참된 존재는 불확정적이고 형상이 없는 존재이기 때문이다. 이런 입장은 우리 정신 구조와 매우 뚜렷이 대조된다. 우리 자신의 정신 구조는 물질주의적 실재관에 더 비중을 둔다. 우리는 그리스도교 윤리에서 중시하는 생태학적 문제나, 정의와 평화를 호소하는 복음의 사회적 요구를 의식하는 데 비해, 엑카르트 작품에서는 그러한 사회적 가치를 거의 찾아볼 수 없다(중세 사상가에게 이런 의식을 크게 기대할 수도 없겠지만). 하지만 이런 가치들은 인간 존엄성에 대한 엑카르트의 믿음과, 행위에 대한 몇몇 언급에 확실히 암시되어 있다.

그렇다면 엑카르트 저작에서 현대 사유와 한층 긍정적으로 부합하는 측면을 지닌 것은 무엇일까? 여기서 엑카르트가 내면 종교를 선호한다는 점을 쉽게 짐작할 수 있다. 내면 영역은 (릴케의 내면 세계Weltinnenraum나 프로이트의 무의식적이고 꾸밈없는 '인간 본성'처럼) 매우 현대적인 개념이다. 이는 풍부하면서도 언제나 영적 함의를 지니고 엑카르트에게서 드러나는 영역이다. 내면성에 대한 이 같은 의식으로부터 인간 정신 안에 있는 초월적 가능태인 '불꽃'이라는 엑카르트의 주제가 발전한다. 모든 개개인 안에 신적 형상을 둔다는 점에서 관대하면서도 철저히 현대적인 개념이다. 엑카르트에 따르면, 그리스도가 보편적 인간 본성을 취함으로써 우리 모두가 '불꽃'을 소유한다. 여기서 우리는 칼 라너Karl Rahner의 초월적 토마스주의를 상기하게 된다. 라너의 초월적 토마스주의는 최근 들어 크게 영향력을 미치고 있는 것으로, 하느님을 향한 우리의 본질적 정향을 의식 과정 바로 그 자체에 두고자 한다.

둘째, (어쩌면 가장 중요하게도) 추상적이고 철학적인 어휘로 표현된 사변을 엑카르트가 선호한다는 점이 오늘날에도 여전히 우리의 호기심을 자극한다. 현대의 최고 지성들, 마르틴 하이데거Martin Heidegger, 자크 데리다Jacques Derrida, 스타니슬라스 브르통Stanislas Breton, 에른스트 블로흐Ernst Bloch 같은 사상가들이 이러한 엑카르트의 사유에 매료되었다.[1] 이들은 엑카르트의 일상어 저작에서 현대 담론에 의미심장한 중요성을 지닌 특정 주제를 발견했다. 엑카르트의 표상과 언어는 수많은 비전문가의 마음도 사로잡았다. 전통 그리스도교의 교의적 입장과 영적 언어에 어려움을 느끼던 많은 사람이 엑카르트의 인상 깊은 개념 표현에 감동했다. 그리스도교가 과거의 틀 안에서 소통의 위기에 직면해 있음을 부인할 사람은 없다. 그리고 이런 맥락에서 엑카르트 영성의 역할은 잠재적으로 대단히 긍정적이다. '초탈'에 관한 그의 가르침 이면에는 철저한 겸손을 바탕으로 한 진정한 통찰이 있고, '영혼 속 하느님 탄생' 이면에는 은총의 지고한 자기 전달을 통해 강생하여 우리 안에서 활동하시는 하느님에 대한 그의 직관이 자리하고 있다.

셋째, 디트마르 미트Dietmar Mieth의 작품이 보여 주듯이, 엑카르트에게서는 윤리적인 것과 존재론적인 것이 긍정적으로 동일시된다. 이는 세상에서 올바른 행동은 하느님을 위한 그리고 하느님 안에서의 올바른 존재와 동일시되며, 그리하여 현대 사상에 그토록 영향을 미친, (사적이고 내적인) 신비주의와 (공적이고 외적인) 사회적 행위 간의 치명적 분리가 극복됨을 의미한다.

마침내 우리는 엑카르트가 자신의 도전성만큼이나 신선한 용어들로 그리스도교 신앙을 강력히 표현했음을 확인했다. 그가 라인 지방 수도원과 교회에서 가르치던 14세기 이래로 세상은 변했을지라도, 비길 데 없는 그만의 목소리는 우리 존재의 지평인 신성한 진리와 실재들을 되새기도록 여전히 우리를 고무한다.

---

[41] 참조: W. Fues, "Unio inquantum spes: Meister Eckhart bei Ernst Bloch", in: Haas/Stirnimann (1980) 109-66; Caputo (1978); Breton (1985); R. Silverman, *Derrida and Deconstruction* (London: Routledge 1989). 엑카르트의 기여와 현대 문학 이론의 부정적 담론 개념에 관해서는 Mauris Buning, "Samuel Beckett's Negative Way: Intimation of the *Via Negativa* in His Late Plays", in: David Jasper (ed.) *European Literature and Theology in the Twentieth Century: Ends of Time* (London 1990) 129-42 참조.

□ 부록 I

엑카르트의 독일어 설교 본문 편집사

엑카르트 설교의 진정성과 본디 취지를 확립하고 전달하는 일은 엑카르트 연구자들에게 특별한 과제를 제시해 왔다. 이는 두 가지 요인에서 비롯된다. 첫째, 엑카르트 본인은 결코 면밀히 검토하지 않았던 보고문reportationes 형태의 본문들을 우리가 우선적으로 취급하고 있다는 점이다.[1] 그리고 둘째는, 타울러나 중세기 여느 설교자들의 경우와는 달리, 엑카르트의 설교 가운데 주요 부분이 단죄로 인해 그의 생전이나 사후에 바로 편찬되지 못한 점이다.[2] 따라서 엑카르트의 독일어 설교는 산발적 모음집corpus disjectum을 이루고 있다. 이런 까닭에 앞에서 언급한 어려움뿐 아니라 엑카르트

---

[1] V. Honemann/N.F. Palmer, Hgg., (1988) 400ff에 있는 G. Steer의 언급 참조. 실제로 엑카르트가 생각보다 많이 편집했다는 주장이 있기는 하다. 참조: P.G. Völker, "Die Überlieferungsform mittelalterlicher deutscher Predigten", in: *Zeitschrift für deutsches Altertum und deutsche Literatur* 92 (1963) 212-27; K. Ruh, "Geistliche Prosa", in: W. Erzgräber (Hg.) *Europäisches Mittelalter* (Wiesbaden 1978) 580.

[2] Ruh, *Kleine Schriften* II (Berlin 1984) 296-317 참조.

사상을 평가하는 데도 큰 문제가 따른다. 설교 본문의 연대를 알 수 없으니 엑카르트 사상의 발전을 연대기적으로 조망하지도 못하게 되었다.

1857년 프란츠 파이퍼 본이 나오기 이전까지 엑카르트의 설교는 타울러의 작품에 대한 다양한 (그리고 진귀한) 간행본에 포함된 것들이 전부였다. 타울러 설교의 바젤 본 부록에는 엑카르트의 설교가 50편 넘게 들어 있었다.[3] 파이퍼 본은 엑카르트 연구의 일종의 경계석境界石이었다. 파이퍼 본이 큰 영향을 끼쳤다고는 해도 본문비평의 현대적 기준에는 한참 못 미쳤다. 엑카르트의 독일어 작품들은 무수한 필사본으로 유럽 도처에 흩어져 있었다. (단죄 때문에) 그의 설교의 상당수가 다른 사람 이름이나 작자 미상으로 알려져 왔다. 게다가 여하한 경우든 보고문에 불과한 그 설교 번역본들은 다양한 중세 고지 독일어 방언으로 쓰여 있었다. 파이퍼는 오직 45편의 필사본을 이용할 수 있었다. 그는 자신이 적용한 비평 방법론을 제2권에서 충분히 설명하겠노라고 약속했으나 제2권은 끝내 출간되지 않았다. 어느 것이 엑카르트의 작품인지에 관한 파이퍼의 결정은 결국 자의적일 수밖에 없었다. 파이퍼는 (엑카르트의 출생지가 슈트라스부르크라는 확신에서) 자신의 최종본 전체를 알라만어(독일 서남부 고지 방언)로 출간함으로써, 필사본에 쓰인 다양한 방언을 표준화하고자 했다.[4]

1932년에 퀸트는 엑카르트의 독일어 저작들과 관련한 필사본 전승을 개관하는 작품을 출간하여, 파이퍼 본에서 약 2,000가지 오류를 발견했다고 주장했다.[5] 이 슈투트가르트 본은 퀸트와 그의 동료들이 독일과 오스트리아, 체코슬로바키아와 네덜란드의 도서관에서 수많은 자료를 조사하면

---

[3] Cognet (1968) 115f 참조.

[4] Degenhardt (1967) 197ff.

[5] Quint (1932) xix.

서 시작되었는데, 그 결과 220편 이상의 필사본이 나왔다. 진정성 여부와 관련해서, 퀸트는 일련의 기준을 적용하기로 결정했다. 그는 현존하는 목록 가운데 단죄 조항이 들어 있는 자료가 포함된 설교들을 최고로 여겼다. 이 방법이 문제가 없는 것은 아니었지만(단죄 조항은 모두 라틴어로 번역되었으며, 때때로 엑카르트는 자신이 가르쳤다고 비난받은 몇몇 조항에 관해서 유보적 입장을 표명했기 때문에) 다른 어떤 방법보다 나은 것으로 간주되었다. 이 설교들 다음으로 친 것은 엑카르트의 라틴어 작품들과 명백한 유사성을 보이는 설교들이었다. 편집자들이 진정성을 가리기 위해 다른 설교들과 관련한 내용과 문체상 기준에 의지한 것은 그다음에 가서였다. 그런데 설교들의 진정성을 할 수 있는 한 최대로 확립하고도, 엑카르트가 실제로 가르친 것과 동일한 본문을 구축하기란 불가능하다는 점을 퀸트는 인정했다. 필사본 전승의 다양성 때문에, 그리고 **보고문**이라는 한계로 인해, 어떠한 최종 번역본도 기껏해야 엑카르트가 실제 말한 것과 유사한 어떤 것일 수밖에 없었다.[6] 결국 서로 다른 방언으로 전해 온 설교들을 알라만어 본으로 간행하면서 퀸트는 파이퍼를 따랐다. 퀸트는 엑카르트가 실제로는 튀링겐 출신으로, 알라만어를 사용하는 슈트라스부르크 출신이 아님을 알고 있었다. 그러나 그는 중세 고지 독일어의 가장 표준적인 형태로 본문을 작성하고자 파이퍼를 따름으로써, 많은 사람이 이를 접할 수 있도록 한 것이다.[7]

  퀸트가 편집 작업에 쏟은 노고는 전반적으로 대단했다. 하지만 단죄 조항들을 우선시하는 편집 기준에 불균형의 위험이 내재하고 있음은 분명하다. 최근의 작업은 특히 『지혜로운 영혼의 낙원』의 설교들에 집중되었으며 그중 13편은 여전히 작업 중이다.[8] 장기적으로는 퀸트가 적용한 것보다 한

---

[6] *ibid*. xxxvii.   [7] Degenhardt (1967) 297ff.   [8] Löser (1986) 209, n.13 참조.

층 광범한 기준에 입각하여 엑카르트 모음집이 마련될 것으로 기대한다. 퀸트가 자신의 비판본에 포함시킬 만한 충분한 토대가 없다고 여긴 설교들의 새로운 필사본을 이용할 수 있게 된 것이다.[9] 현재 약 150편의 설교를 엑카르트의 것으로 보고 있으며, 그중 100여 편은 그의 작품으로 확신할 만하다. 슈투트가르트 본의 첫 권은 86편의 설교를 담고 있으며, (아이히슈태트의) 게오르그 슈테어Georg Steer가 넷째 권을 준비하고 있다.[10]

---

[9] *ibid*. 207.

[10] Haas (1989) 156-8의 엑카르트 저작에 대한 개관 참조.

□ 부록 II

성경 주석가 엑카르트

중세 스콜라신학자들은 때때로 비성경적/반성경적 신학 작업을 한 것으로 여겨지곤 했다. 그러나 그들의 학문 형성에 근본적 역할을 한 것이 성경 주석인 한, 이러한 평판은 별 의미가 없다. 게다가 최상급 신학자들은 성경 주석에 전념하여 실속 있는 대작을 남겨 놓았다. 현대 신학자들과 달리 중세 신학자들은 고도로 우의적인allegorical 해석 체계에 따라서 성경을 이해했다. 성경에서 다중 의미의 원칙은 오리게네스에 의해 중세 그리스도교에 전해졌다. 거기에서 그 원칙은 4중 해석 체계를 확립하고, 이로써 성경 본문은 문자적literal, 우의적allegorical, 전의적轉義的(tropological), 영적anagogical 의미를 지니게 된다.[1]

마이스터 엑카르트의 광범한 성경 주해들은 성경을 신학의 중심에 두는 중세기의 관심사를 반영한다. 엑카르트 저작에는 4중 체계의 전통적 관점

---

[1] Andrew Louth, "Allegorical Interpretation", in: R.J. Coggins/J.L. Houlden (eds.) *Dictionary of Biblical Interpretation* (London: SCM 1990) 12-4에 잘 요약되어 있다.

(신비적 설명mystice exponere, 전의적 의미sensus tropologicus)이 언급되기도 하지만, 실제로 엑카르트는 두 차원의 의미, 곧 문자적 의미와 우의적 의미(그가 비유parabola라고 부르는)만을 적용한다. 본문을 비유로parabolice 읽는다는 것은 더 이상 세분細分하지 않고 단지 비문자적 의미의 차원을 본문에 적용하는 것이다. 바이스K. Weiss는 엑카르트에게서 문자적이면서 비문자적인 아우구스티누스의 이중 의미 체계가 드러나며, 비문자적 의미 체계를 위해 엑카르트가 여러 용어를 차용한다고 주장했다.[2]

엑카르트는 『창세기 비유』 Liber parabolarum Genesis(In Gen. 2. n.1; EE 92f 참조) 서문에서, 비문자적 의미 차원은 신적divina, 윤리적moralia, 자연적naturalia 인 것을 포함한다고 진술한다. 이는 신 문제뿐 아니라 윤리 문제와 자연과학 문제에 속하는 정보를 일컫는 것이다. 여기서 엑카르트는 유대인 철학자 모세스 마이모니데스Moses Maimonides의 영향을 반영하고 있다.[3] 자연법과 신법의 일치라는 의미는 엑카르트식 일치의 전반적 특징으로, 그가 아리스토텔레스와 마이모니데스와 그리스도를 조화시키는 데서도 드러난다. 이에 따르면 아리스토텔레스는 자연적/철학적 진리를 가르쳤고, 마이모니데스는 윤리적 진리를 가르쳤으며, 그리스도 자신은 이 두 가지를 포함하는 진리이다.

엑카르트는 성경 주석 과정에 큰 가치를 둔다. 그의 『삼부작』에서는 『주해집』이 『명제집』이나 『문제집』과 동등한 자리를 차지한다. 그는 심지어 '진리이신 그리스도'는 성경의 '감추어진 정수精髓'라고 진술하기까지 한다

---

[2] 참조: K. Weiss, "Meister Eckharts biblische Hermeneutik", in: *La Mystique Rhénane*, 99f; Tobin (1986) 23-9.

[3] 참조: Koch (1973) 349-66; H. Liebeschütz, "Meister Eckhart und Moses Maimonides", in: *Archiv für Kulturgeschichte* 54 (1972) 64-96.

(*In Gen.* 3; EE 94). 그런데 엑카르트는 언제나 '진리'가 철학이나 신학 원리의 빛으로서 이미 『명제집』과 『문제집』에서 작용해 왔다고 해석한다는 점을 주목해야 한다. 아마도 이러한 사실이 엑카르트가 성경 해석의 이중체계를 선호하는 이유를 설명해 줄 것이다. 이로써 엑카르트는 그 무엇보다도 성경을 매개로 크나큰 유연성과 자유를 확보하여 자신의 고유한 관념을 구명한다.

□ 참고문헌

엑카르트의 주요 작품만 선별했다. 더 자세한 목록은 Degenhardt (1967), Schaller (1968/9), O'Meara (1978), Fues (1981), Sturlese (1987) 등을 참조할 것.

원전

Meister Eckhart: Die deutschen und lateinischen Werke, hrsg., im Auftrage der deutschen Forschungsgemeinschaft (Stuttgart - Berlin: Kohlhammer 1936ff).

JOSTES, F. (Hg.) *Meister Eckhart und seine jünger: ungedruckte zur Geschichte der deutschen Mystik* [Fribourg/Switzerland 1895 (repr. De Gruyter 1972)].

PFEIFFER, F. (Hg.) *Meister Eckhart*, Deutsche Mystiker des Mittelalters Bd.2 [Leipzig 1987 (repr. Scientia Verlag Aalen 1962)].

사료

DANIELS, A. (Hg.) "Eine lateinische Rechtfertigungsschrift des Meister Eckharts", in: *Beiträge zur Geschichte der Philosophie des Mittelalters* 23, 5 (Münster 1923).

KAEPELLI, Th. (Hg.) "Kurze Mitteilungen über mittelalterliche Dominikanerschriftsteller", in: *Archivum fratrum Praedicatorum* 10 (1940) 293-4.

―― (Hg.) "Praedicator monoculus. Sermons parisiens de la fin du XIIIe siècle", in: *Archivum fratrum Praedicatorum* 27 (1957) 120-67.

―― (Hg.) "Eine Kölner Handschrift mit lateinischen Eckhart-Exzerpten", in: *Archivum fratrum Praedicatorum* 31 (1961) 204-12.

LAURENT, M.H., "Autour du procès de Maître Eckhart: Les documents des Archives Vaticanes", in: *Divus Thomas* ser. III, 13 (1936) 331-48, 430-47.

PELSTER, F. (Hg.) "Ein Gutachten aus dem Eckehart-Prozess in Avignon", in: *Beiträge zur Geschichte der Philosophie des Mittelalters* suppl. Bd.III, 2 (Münster 1935) 1099-124 (Festschrift für M. Grabmann, Bd.2).

THÈRY, G. (ed.) "Edition critique des pièces relatives au procès d'Eckhart continues dans le manuscrit 33b de la bibliothèque de Soest", in: *Archives d'histoire doctrinale et littéraire du moyen âge* 1 (1926) 129-268.

영역본

독일어 설교와 논고들에 대한 가장 권위 있는 번역은 M. O'C. Walshe의 번역이다. A. Maurer와 B. McGinn은 『라틴어 서문』과 『파리 토론집』, 성경 주해들을 잘 번역해 놓았다.

BLAKNEY, R.B., *Meister Eckhart* (New York: Harper and Row 1941).

CLARK, J.M., *Meister Eckhart: An Introduction to the Study of His Works with an Anthology of His Sermons* (Edinburgh: Nelson 1957).

CLARK, J.M./SKINNER, J.V., *Treatises and Sermons of Meister Eckhart* (New York: Harper and Row 1958).

COLLEDGE, E./MCGINN, B., *Meister Eckhart: The Essential Sermons, Commentaries, Treatises and Defence* (New York: Paulist 1981).

DAVIES, O., *The Rhineland Mystics: An Anthology* (London: SPCK 1989; New York: Crossroad 1990).

――, *Meister Eckhart: Selected German Works* (Harmondsworth: Penguin).

EVANS, C. de B., *Meister Eckhart by Franz Pfeiffer.* 2 vols. (London 1924/31).

FLEMING, U., *Meister Eckhart: The Man from Whom God Nothing Hid* [London: Fount 1988 (tr. C. de B. Evans)].

FOX, M., *Breakthrough: Meister Eckhart's Creation Spirituality in New Translation* (New York: Image Books 1980).

MAURER, A., *Master Eckhart: Parisian Questions and Prologues* (Toronto: Pontifical Institute of Medieval Studies 1974).

McGinn, B./Tobin, F./Borgstadt, E., *Meister Eckhart: Teacher and Preacher.* Classics of Western Spirituality (London: SPCK; New York: Paulist 1986).

Walshe, M. O'C., *Meister Eckhart: German Sermons and Treatises.* 3 vols. (London - Dulverton: Element Books 1979/81/85).

2차 문헌

단행본

Albert, K., *Meister Eckharts These vom Sein: Untersuchungen zur Metaphysik des Opus Tripartitum* (Saarbrücken 1976).

Breton, S., *Deux mystiques de l'excès* (Paris 1985).

Brunner, F., *Maître Eckhart* (Paris 1969).

Caputo, J., *The Mystical Element in Heidegger's Thought* (Ohio 1978).

Cognet, L., *Introduction aux mystiques rhéno-flamands* (Paris 1968).

Davies, O., *God Within: The Mystical Tradition of Northern Europe* (London: Darton, Longman and Todd; New York: Paulist 1988).

Degenhardt, I., *Studien zum Wandel des Eckhartbildes* (Leiden 1967).

Fischer, H., *Meister Eckhart* (Freiburg - München: Karl Alber 1974).

Flasch K. (Hg.) *Von Meister Dietrich zu Meister Eckhart* (Hamburg 1984).

Fues, W.M., *Mystik als Erkenntnis? Kritische Studien zur Meister Eckhart Forschung* (Bonn 1981).

Haas, A.M., *Sermo mysticus: Studien zu Theologie und Sprache der deutschen Mystik* (Fribourg/Switzerland 1979).

—, *Geistliches Mittelalter* (Fribourg/Switzerland 1984).

—, *Gott leiden, Gott lieben* (Frankfurt am Main: Insel 1989a).

—, *Deum mistice videre ⋯ in caligine coincidencie: Zum Verhältnis Nikolaus' von Kues zur Mystik* (Basel - Frankfurt am Main 1989b).

— / Stirnimann, H., Das *'Einig Ein'* (Fribourg/Switzerland 1980).

Kelley, C.F., *Meister Eckhart on Divine Knowledge* (New Haven: Yale University Press 1977).

Koch, J., *Kleine Schriften* I (Rome 1973).

La mystique rhénane: colloque de Strasbourg (Paris 1963).

Langer, O., *Mystische Erfahrung und spirituelle Theologie* (München 1987).

LIBERA, A. de, *Le problème de l'être chez Maître Eckhart: logique et métaphysique de l'analogie* (Geneva - Lausanne - Neuchâtel 1980).

——, *Introduction à la mystique rhénane* (Paris: O.E.I.L. 1984).

LOSSKY, V., *Théologie négative et connaissance de Dieu chez Maître Eckhart* (Paris 1960).

MCDONNELL, E., *The Beguines and Beghards in Medieval Culture* (New York 1969).

MIETH, D., *Die Einheit von Vita activa und Vita contemplativa in den deutschen Predigten und Traktaten Meister Eckharts und bei Johannes Tauler* (Regensburg 1969).

MOJSISCH, B., *Meister Eckhart. Analogie, Univozität und Einheit* (Hamburg 1983).

QUINT, J., *Die Überlieferung der deutschen Predigten Meister Eckharts* (Bonn 1932).

RUH, K. (Hg.) *Altdeutsche und altniederländische Mystik* (Darmstadt 1964).

——, *Meister Eckhart: Theologe, Prediger, Mystiker* (München 1985/89²).

SCHÜRMANN, R., *Meister Eckhart: Mystic and Philosopher* (Bloomington - London 1978).

SEPPANEN, L., *Meister Eckeharts Konzeption der Sprachbedeutung* (Tübingen 1985).

SOUDEK, E., *Meister Eckhart* (Stuttgart: Metzler 1973).

SMITH, C., *Meister Eckhart: The Way of Paradox* (London: Darton, Longman and Todd 1988).

TOBIN, F., *Meister Eckhart: Thought and Language* (Philadelphia: University of Pennsylvania Press 1986).

TRUSEN, W., *Der Prozess gegen Meister Eckhart* (Paderborn: Schöningh 1988).

TUGWELL, S., *Albert and Thomas: Selected Writings* (New York: Paulist 1988).

WOODS, R., *Eckhart's Way* (Delaware: Michael Glazier 1986; London: Darton, Longman and Todd 1987).

ZUM BRUNN, E./LIBERA, A. de, *Métaphysique du verbe et théologie negative* (Paris 1984).

논문

ALBRECHT, E., "Zur Herkunft Meister Eckharts", in: *Amtsblatt der Evangelisch-Lutherischen Kirche in Thüringen* Jg. 31, nr.3, 10 (February 1978).

BRUNNER, F., "L'analogie chez Maître Eckhart", in: *Freiburger Zeitschrift für Philosophie und Theologie* 16 (1969) 333-49.

COLLEDGE, E./MARLER, J.C., "'Poverty of the Will': Ruusbroec, Eckhart and 'The Mirror of Simple Souls'", in: Mommaers, P./de Paepe, N. (eds.) *Jan van Ruusbroec: The Sources, Content and Sequels of His Mysticism* (Louvain 1984) 14-47.

DAVIES, O., "Why were Meister Eckhart's Propositions Condemned?", in: *New Blackfriars* 71 (October 1990) 433-45.

——, "Hildegard of Bingen, Mechthild of Magdeburg and the Young Meister Eckhart", in: *Mediävistik* 4 (1991).

FLASCH, K., "Die Intention Meister Eckharts", in: Röttges/Scheer/Simon (Hgg.) *Festschrift für Bruno Liebrucks* (Meisenheim - Glan 1974) 292-318.

——, "Kennt die mittelalterliche Philosophie die Konstitutive Funktion des menschlichen Denkens?", in: *Kant-Studien* 63 (1972) 182-206.

HAAS, A.M., "Die Problematik von Sprache und Erfahrung in der deutschen Mystik", in: *Grundfragen der Mystik* (Einsiedeln 1974) 73-104.

——, "Schools of Late Medieval Mysticism", in: Raitt, J. (ed.) *Christian Spirituality: High Middle Ages and Reformation* (London, Routledge 1987) 140-75.

LÖSER, F., "Als ich mê gesprochen hân", in: *Zeitschrift für deutsches Altertum und deutsche Literatur* 115 (1986) 206-27.

MCGINN, B., "Meister Eckhart's Condemnation Reconsidered", in: *The Thomist* 44 (1980) 390-414.

——, "Meister Eckhart on God as Absolute Unity", in: O'Meara, D. (ed.) *Neoplatonism and Christian Thought* (Albany: State University of New York Press 1982) 128-39.

O'MEARA, Th. F. et al., "An Eckhart Bibliography", in: *The Thomist* 42 (1978) 313-36.

QUINT, J., "Die Sprache Meister Eckharts als Ausdruck seiner mystischen Geisteswelt", in: *Deutsche Vierteljahrsschrift für Literaturwissenschaft und Geistesgeschichte* 6 (1928) 671-701.

SCHALLER, T., "Die Meister Eckhart Forschung von der Jahrhundertwende bis zur

Gegenwart", in: *Freiburger Zeitschrift für Philosophie und Theologie* 15 (1968) 262-316, 403-26.

——, "Zur Eckhart-Deutung der letzten 30 Jahre", in: *Freiburger Zeitschrift für Philosophie und Theologie* 16 (1969) 22-39.

STEER, G., "Germanistische Scholastikforschung: Ein Bericht", in: *Theologie und Philosophie* 45 (1970) 204-26; 46 (1971) 195-222; 48 (1973) 65-106.

——, "Der Prozess Meister Eckharts und die Folgen", in: *Literaturwissenschaftliches Jahrbuch* 27 (1986) 47-64.

——, "Meister Eckhart — Predigten in Handschriften des 14. Jahrhunderts", in: Honemann, V./Palmer, N. (Hgg.) *Deutsche Handschriften 1100-400, Oxforder Colloquium 1985* (Tübingen 1988) 399-407.

STÖTZEL, G., "Zum Nominalstil Meister Eckharts", in: *Wirkendes Wort* 16 (1966) 289-309.

STURLESE, L., "Recenti studi su Eckhart", in: *Giornale critico della filosofia italiana* an. LXVI, fasc. II (Firenze 1987) 368-77.

색인 인명

갈루스, 토마스 269
게르트루트 259
게릭 (생켕탱의) 102
고드프루아 드 퐁텐 83
곤살부스 (발보아의) 36 68
귀고 2세 190
귈렐무스 페트리 데 고디노 43
그레고리우스 (니사의) 150 152 157 191 269
그레고리우스 (대) 105
그룬트만, 헤르베르트 27 83 97-8 186
기 2세 (캉브레 주교) 82 85
기욤 드 생티에리 168 190 268-9
기욤 드 오베르뉴 103
기욤 드 오세르 169
기욤 윙베르 83

뉴먼, 바바라 65
니콜라우스 5세 (반反교황) 60
니콜라우스 (슈트라스부르크의) 39-41 45-8
니콜라우스 쿠자누스 279-80 283

단테 75
데겐하르트, 잉게보르크 24-5
데니플레, 하인리히 소이세 15 22 25-7 30 94 96-7 186 259 264-8 270 273 280-2
데레사 (아빌라의) 233 281
데리다, 자크 287
드 세르토, 미셸 142
드롱케, 피터 65
디아도쿠스 (포티케의) 150

디오게네스 (아폴로니아의) 151
디트리히 (아폴다의) 75
디트리히 (프라이베르크의) 29 106 110-2 140 153 155 247

라너, 칼 287
라위스브룩, 얀 반 168 176 259 268-70 277 282
라이네리우스 프리스코 39-40
랑거, 오토 90 98-9
레르너, 로베르트 51
레이놀즈, 린든 244
로스키, 블라디미르 28
로젠베르크, 알프레트 26
롬바르두스, 페트루스 34-5 167
루, 쿠르트 15 61 83-5 97
루드비히 (바이에른의) 41 48 54 57-62
루터, 마르틴 24 27 123 272-7
리베라, 알랭 드 109
리카르두스 (생빅토르의) 170 190

마리 (우아니의) 87 92
마이모니데스, 모세스 294
막시무스 (고백자) 151 166 170 192 233
말러 83 85
맥긴, 버나드 30-1
메히틸트 (마그데부르크의) 63 67 74-82 91-2 259
모러, 아르망 30 144
모이지쉬, 부르크하르트 247
미카엘 (체세나의) 62

303

미트, 디트마르 28 288

바르바로사, 프리드리히 57 64
바실리우스 마뉴스 166 168
바이스, 콘라트 294
반 레이우엔, 얀 270
베네딕도 11세 50
베네딕도 12세 235
베네딕도 (누르시아의) 190
베렌가르 (란도라의) 47 53 90
베르나르두스 (클레르보의) 64 170 175
    190 233 269
베르톨트 (나이펜의) 58
베아트리스 (나자렛의) 91 268
벤츨라프에게베르트 97
벤크, 요한네스 281
보나벤투라 150 167 170
보니파시오 13세 49
보카시니, 니콜라우스 75
뵈메, 야콥 276-7
뷔트너, 헤르만 26-7
브루너, 페르난트 28
브르통, 스타니슬라스 287
블로흐, 에른스트 287
비그볼트 (홀테의) 49
빌헬름 데 니데케 41

샤를마뉴 57
셰플러, 요한네스 ☞ 안젤루스 질레지우스
쇼펜하우어, 아르투르 31
수리우스, 라우렌티우스 260 275
수아레즈 118-9
쉬르만, 라이너 31
슈미트, 칼 23
슈밤보른, 그레고르 50
슈테어, 게오르그 292
슈트라우흐, 필립 26
스미스, 치프리안 29

스코투스, 둔스 54
시제 브라방 35

아 켐피스, 토마스 ☞ 『준주성범』
아낙사고라스 151
아녜스 (헝가리 왕후) 38
아리스토텔레스 35 101-4 107-8 133 143
    151-3 164 167 198 286 294
아말리쿠스 (베네의) 128
아베로에스 152
아벨라르두스 40 65 102
아비첸나 109-10
아우구스티누스 105 107-9 122 138 144
    150 153-4 157 166-70 233 239 294
아타나시우스 165 191
아테나고라스 191
안나 (람스바그의) 96
안젤루스 질레지우스 277
알랭 (릴의) 102
알렉산더 (헤일스의) 102 167
알렉산데르 3세 236
알베르투스 마뉴스 29 35 51 103 109
    168 238 247
알베르투스 (밀라노의) 40
알베르트, 칼 128
알브레히트 왕 61
암브로시우스 166
야스퍼스, 칼 230
에리우게나, 요한네스 스코투스 152 157 170
에바그리우스 (폰투스의) 150 191
에베라르 드 마르쿠르 259-60
엘리사벳 (베겐호펜의) 93 96
엘리사벳 (오예의) 93-4 96
오리게네스 149 151 165 170 293
오컴, 윌리엄 48 62
오토, 루돌프 28
오토 1세 57
옥센바인, 페터 93-4

요한 22세 13 39 41-3 47-9 56-62 66
요한 (다마스쿠스의) 170
요한 (보헤미아의) 60
요한 (십자가의) 15 208 233 281
요한네스 (취리히의) 52 54 56
우즈, 리처드 31
울리히 (슈트라스부르크의) 106-7 110 112
월시, 모리스 오코넬 30 68
위그 (생셰르의) 102
위그 (아미엥의) 102
위僞디오니시우스 110 166
윙크워스, 수잰 30
이냐티우스 (안티오키아의) 191
이레네우스 149 165 170

질베르 (푸아티에의) 102
질송, 에티엔 139

치릴루스 (알렉산드리아의) 166
치프리아누스 (카르타고의) 150

카놀리, 바르나바스 47
카니시우스, 페트루스 275
카러, 오토 27 61
카에타누스 117-9
켈리 31
코흐, 요제프 27 35 40 42-3 123 186
콘라트 (할베르슈타트의) 41
콜리지, 에드먼드 30-1 83 85
쾰른 대주교 ☞ 하인리히 2세 (비르네부르크의)
퀸트, 요제프 27 67-8 220 227 290-2
크리스티나 (기적의) 92
클레멘스 4세 53 89
클레멘스 5세 50
클레멘스 (알렉산드리아의) 149 165 170 191
클리반스키, 라이문드 27

타울러, 요한네스 22 24 30 66 81 95 259-82 289-90
탕피에, 스테판 35 143
터그웰, 사이먼 102
테르툴리아누스 150 166
토마스 아퀴나스 25 35 38 61 97 105 111 117-21 123 129-30 150 152 168-9 227 238 244 286
토빈, 프랭크 30-1 224
트루젠, 빈프리트 39 44-5 53
티에리 (샤르트르의) 102

파이퍼, 프란츠 21 290-1
팔라마스, 그레고리우스 166
페트루스 데 에스타테 39-40
포레트, 마르그리트 52 63 82-6
폭스, 매튜 31
폰 바더, 프란츠 23
프란치스코 (아시시의) 86 92 190
프로이트, 지그문트 153 287
프로클로스 106 108-9 130 132 252
프리드리히 2세 57
프리드리히 (미남왕) 50
플로티노스 151 252
필로 (알렉산드리아의) 151
필리페 169
필립스, 데이턴 55

하데위치 (브라방의) 92 176 268-9
하르피우스 259
하스, 알로이스 28-9
하이데거, 마르틴 287
하인리히 (뇌르트링겐의) 75
하인리히 (룩셈부르크의) 60
하인리히 2세 (비르네부르크의) 39 44 48-62
헤겔, 프리드리히 23 277
헤라클레이토스 152
헤르만 (민덴의) 89

헤르만 데 숨모 41
헤르페우스 나탈리스 47
헨리 2세 64
헨리쿠스 데 치뇨 42
후고 리펠린 (슈트라스부르크의) 105 110
훔베르투스 (로마인) 16
히에로니무스 145 153
힐데가르트 (빙엔의) 64-74 82 233

 사항

고통의 신비 94-5
궁정 연애 74 76 92 ☞ 연가
그리스도 인성 부정설 236 ☞ 알렉산데르 3세

낭만주의 22 24
니케아 신경 123 184

단죄 13 25 35 38-40 42 45-8 52 59 61
　　67 83 85 103 128 143-5 148 234-7
　　242 282 289-91

(피조물의) 무(성) 145-6 208 254 261

범신론 23 127-8 167 235
베가르드 50-1
베긴 50-1 87
베단타 힌두교 255
변증법 131 136 141-2 223 234 251-2
본질신비주의 63 263 273
부정의 부정 130-1 134 136-7 220 251
불교 12 31
비엔 공의회 51-6 88

삼위일체 17 124-5 150 168 172 175
　　177 242-6 249-54 268-9
성경 주해 36 38 293
스토아철학자 151 191
신플라톤주의 27 29 98 101 136 151-2
　　243 252-3 286
신화神化 78 106 110 165-70 172 174
　　189 194 197 240 279

아파테이아 191-2
여성 문제 86
역설 18 140 220-2 230 251 279
연가 74
영혼 속 하느님 탄생 147 170-1 176 182-6
　　189 208-9 215-6 256 261 269 277-8
　　282 288
영혼의 근저 26 141 152-4 177-8 181
　　195 263 ☞ 영혼의 불꽃
영혼의 불꽃 73 78 153-4 172 208 215-6
　　244 261 275 282
외텐바흐 공동체 93 95
유비 29 116-31 136 142 144 148 163
　　221 224 251
은총 166-8
… 인 한inquantum 126 128 130 141 163
　　184 224 233

자기 비움 254
자유정신의 형제들 51 55 57 266 269
정론(성) 14 27 31 39 41-2 234 242 250
존재와 하느님 127-31 135 140-2
지복직관 102-3 105 235
지성
　　인간 ~ 29 104-9
　　신적 ~ 104-9
　　~으로서의 하느님 131-4

창조 143-4
철회 41-3 52
초월적 속성(특성) 121-2 124 127-8 130

307

157 ☞ 유비
초탈　77-8　94　96　183　192-4　198-201
　　　203　206　208-9　215-6　219　235　254
　　　256　261-3　273　279　282　288

푸름　65　70-3　82　217
프란치스코회　36　53-6　61-2　88-9　157　167
피조성　18　73　239

하나　108-9　125　130　134-9　177　196　247
하느님과 신성　☞ 삼위일체
하느님의 형상　149-64
헬프타 공동체　74-5
혼인의 신비　77　175

 작품

『강화』 35-6 81 90 201-2 268

『단순한 영혼의 거울』 52 82-5 ☞ 마르그리트 포레트
「도미니코회 땅에」 43-4 59-61 128 143 260 269
『독일 신학』 30 270-4 277 279 281

「마음으로 가난한 사람은 행복하다」 83-6 240-1 269
『명제집』 34-5 167 ☞ 페트루스 롬바르두스
『명제집 서문』 126

『변론』 40 43 128-9 143 148
「복되신 하느님」 235 ☞ 베네딕도 12세

『삼부작』 128 130-2 294
「수녀 생활」 92
「수도 규칙」 190
『신성의 흐르는 빛』 67 74-5 ☞ 마그데부르크의 메히틸트

『영적 가난의 책』 272
『요한 복음 주해』 40 123-4 132

『자매들의 책』 95 ☞ 「수녀 생활」
『준주성범』 270
『지혜로운 영혼의 낙원』 67-8 70 291
『지혜서 주해』 120 144

「초탈에 관하여」 194

『축복의 서』 38-40 56-7 123 132

『탈출기 주해』 141 145 243
『티마이오스』 151

『파리 토론집』 131-3 135 163 247

309